新时代大学生文化自信教育研究

仓明 著

吉林大学出版社

·长春·

图书在版编目（CIP）数据

新时代大学生文化自信教育研究 / 仓明著 . -- 长春：吉林大学出版社，2024.6. -- ISBN 978-7-5768-3356-0

Ⅰ . G645.5

中国国家版本馆 CIP 数据核字第 20244RS024 号

书　　名	新时代大学生文化自信教育研究
	XINSHIDAI DAXUESHENG WENHUA ZIXIN JIAOYU YANJIU
作　　者	仓　明
策划编辑	矫　正
责任编辑	矫　正
责任校对	陈　曦
装帧设计	久利图文
出版发行	吉林大学出版社
社　　址	长春市人民大街 4059 号
邮政编码	130021
发行电话	0431-89580036/58
网　　址	http://www.jlup.com.cn
电子邮箱	jldxcbs@sina.com
印　　刷	天津鑫恒彩印刷有限公司
开　　本	787mm×1092mm　　1/16
印　　张	13.25
字　　数	200 千字
版　　次	2025 年 1 月　　第 1 版
印　　次	2025 年 1 月　　第 1 次
书　　号	ISBN 978-7-5768-3356-0
定　　价	68.00 元

版权所有　翻印必究

前　言

　　文以化人、文以载道。中华文明作为世界上唯一延续至今且保持旺盛生命力的文明，造就了国人独具一格的文化自信，并传承至今。历史和现实已经证明，强大的文化基因始终是中华民族五千多年历劫不衰、生生不息的强大精神动力。文化作为一种软实力，是一个国家综合国力和国际竞争力的重要组成部分。党的十八大以来，以习近平同志为核心的党中央高度重视文化建设，多次阐释新时代推进文化建设的必要性，增强文化自信的重要性，从多个方面为实现社会主义文化大发展大繁荣统筹规划、谋篇布局，为新时代中国特色社会主义文化建设提供了根本遵循。习近平总书记在中国共产党成立95周年讲话中明确提出，中国共产党人要"坚持不忘初心、继续前进，就要坚持中国特色社会主义道路自信、理论自信、制度自信、文化自信，坚持党的基本路线不动摇，不断把中国特色社会主义伟大事业推向前进"[①]，从"三个自信"到"四个自信"，并把文化自信视为更基础、更广泛、更深厚的自信，体现了党和国家对文化价值的充分肯定，对文化发展的高度重视。

　　当代大学生是祖国的未来，民族的希望，未来将肩负起实现社会主义现代化和中华民族伟大复兴的历史重任。大学生的文化自信程度和政治素质如何直接关系着党和国家事业的兴衰成败，直接关系着中华民族的前途和命运。当代大学生正处于人生成长的关键阶段，知识体系正处在搭建和完善中，价值观正处在塑造和逐渐形成中，情感和心理也正处在成长和逐步成熟中，极容易受到某些错误观念的影响，必须加以正确的引导。全球

---

① 习近平. 在庆祝中国共产党成立95周年大会上的讲话（2016年7月1日）[M]. 北京：人民出版社，2016：12.

化背景下,各种多元多样的文化交流、交汇、交锋,这些源自不同地域和民族、代表着不同阶级立场和价值观念的文化思想的涌入,直接导致我国社会文化环境的错综复杂,使得文化自信面临着来自全球化、市场化、网络化的严峻挑战,拜金主义、实用主义、自由主义等错误思潮沉渣泛起。究其原因,一是随着改革开放的深入推进和市场经济体制的建立健全,我国利益主体多元,导致人们的价值观念多样化;二是随着全球文化交流的推进和我国文化领域的开放,各种错误思潮和文化观念与外来文化趁势而入,尤其是西方发达国家极力推行的文化霸权和文化渗透,导致了我国文化安全的困境与现实威胁;三是我国的思想政治教育工作在理念、内容、载体等方面需加以更新,体制、机制建设也需进一步跟进,对文化危机的应对效果亟待进一步加强。当前,大学生文化自信的培育还没有形成系统的理论体系和成型的实践模式,大学生文化自信问题迫切需要从理论层面进行深入的研究、从实践层面进行细致的规范。因此,立足于新时代、新要求,我们应从教育各要素入手,深入开展新时代大学生文化自信教育研究,全方位提高大学生的文化自信,从而促进大学生的全面发展,助力社会主义文化强国建设,实现中华民族伟大复兴的中国梦。

　　本书从文化自信的内涵切入,梳理文化自信的理论基础与现实依据,阐述新时代大学生文化自信的生成逻辑、主要内容与价值意蕴,深入剖析新时代大学生文化自信教育存在的问题及原因;客观针对新时代大学生文化自信缺失的现实表现,提出大学生文化自信教育必须丰富优化文化自信教育内容结构、明确依循的主要目标、基本原则及具体路径,为高校思想政治教育改革提供了新视野、新思路,有助于更好地发挥文化自信的精神力量,用文化基因"补钙壮骨"、铸魂育人。

　　当前伴随着世界经济全球化、文化多元化、社会信息化等趋势深入推进,我国经济体制和社会结构的深刻变革,利益格局和思想观念的深刻变化,新时代大学生文化自信教育面临着新形势、新机遇、新挑战。由于笔者的研究能力、写作水平有限,本书还存在许多不足,如理论挖掘不深、调研样本的数量还不够多、原因分析不够精准、目标原则与路径架构阐述不到位等问题,对此,在以后的工作中,笔者将持续关注相关研究,不断提高研究能力；同时也呼吁更多的学者加入文化自信教育的研究之中，寻找提升大学生文化自信的新路径、新方法，从而全方位提高文化自信教育实效性，培养一代又一代社会主义文化强国的建设者和接班人。

仓明

2022 年 12 月

目 录

第一章　文化自信的基本理论解读 ··· 1
　一、文化自信的内涵与特征 ··· 1
　二、文化自信的基本构成与主要功能 ······································ 13

第二章　新时代大学生文化自信教育概述 ···································· 27
　一、大学生文化自信教育的内涵与价值 ··································· 27
　二、文化自信教育与新时代的总目标总要求 ······························ 36
　三、新时代大学生文化自信教育的内涵与主要内容 ····················· 42
　四、新时代大学生文化自信的生成逻辑与价值意蕴 ····················· 46

第三章　新时代大学生文化自信教育理论渊源 ······························ 52
　一、新时代大学生文化自信教育的理论基础 ······························ 52
　二、新时代大学生文化自信教育的现实依据 ······························ 79

第四章　新时代大学生文化自信教育的现实审视 ··························· 84
　一、新时代大学生文化自信教育的现状 ··································· 84
　二、新时代大学生文化自信教育存在的问题及原因 ····················· 91

第五章　构建新时代大学生文化自信教育的内容体系 ··················· 119
　一、突出中华优秀传统文化教育 ··· 119
　二、加强红色文化教育 ·· 130
　三、全面推进社会主义先进文化教育 ···································· 142
　四、强化社会主义核心价值观教育 ······································ 145

第六章　全面推进大学生文化自信教育融入思想政治教育 …………152
　　一、思想政治教育与大学生文化自信的内在关联 …………152
　　二、文化自信融入大学生思想政治教育的现状 …………161
　　三、全面推进大学生文化自信教育融入
　　　　思想政治教育的实践路径 …………170

第七章　优化新时代大学生文化自信教育的实践路径 …………181
　　一、明确新时代大学生文化自信教育的目标与原则 …………181
　　二、优化新时代大学生文化自信教育的实践路径 …………189

参考文献 …………200

第一章　文化自信的基本理论解读

文化兴国运兴，文化强则民族强。没有高度的文化自信，没有文化的繁荣兴盛，就没有中华民族伟大复兴。文化自信，是一个社会和国家发展当中最基本、最深厚、更精深和更持久的力量。中国不断迈向现代化的过程，实质上是一个构造新文明的过程；中国的崛起不仅是经济体量的增大，更是精神层面的丰盈、文化的复兴。告别自卑，走向自信，国家复兴与文化自信之间存在着紧密的关联性，后者是我们迈向社会主义现代化强国过程中必须重视和认真对待的一个重要元素。

文化自信作为一种稳定的心理特征，是支撑中华民族从现在走向未来的强大精神力量。文化自信的生成与发展有其客观规律，同时也表现出极为鲜明的时代特征。新时代背景下，文化自信是坚定中国特色社会主义道路的指路明灯，是加快推进中国特色社会主义现代化建设的强劲动力，是实现中华民族伟大复兴的凝聚力和向心力。高校作为文化传承与创新的重要阵地，肩负着立德树人、促进大学生全面发展的历史使命，培育大学生的文化自信是高校思想政治教育的重要任务。准确理解文化自信的内涵意蕴，科学分析文化自信的基本特征，深刻把握文化自信的基本构成与主要功能，积极应对大学生文化自信面临的严峻挑战，努力构建培育大学生文化自信的现实路径，具有非常重要的理论意义与实践意义。

一、文化自信的内涵与特征

（一）文化自信的内涵

"文化"是人类不断"人化"的过程，其中"人化"又包括外在自然的"人化"和内在自然的"人化"。同时，"文化"与"文明"两个概念在内与外、显与隐等方面有一定的差异。当然，文化自信除了坚信文化自身的科学性、真理性之外，还对文化的现实成就和未来前景充满憧憬、信心。除此之外，我们还需要明晰文化自信与道路自信、理论自信与制度自信的内在关联，这也是文化自信科学内涵的重要组成部分。

1. "文化"的内涵及其与"文明"的关系

首先，文化是人类不断进行"人化"的过程与结晶，这一过程同时涉及外部自然的"人化"和人的内在自然的"人化"（二者是否定性统一的关系）两部分。具体来讲，文化体现了人类在漫长历史中与自己、他人和外部自然相处的方式，彰显了人类对外部自然和自身本能的超越。正是由于文化的创造过程让人类有了区别于本能的自由维度，这是人异质于动物界的重要标志。动物直接依附于自然界从而与其存在着直接统一性，动物依靠本能在自然所赋予的方式与范围内生活着：它们一方面屈从于外部的自然，另一方面也受制于自身的自然。总而言之，在自然面前，动物是一种纯粹消极、受动和狭隘的存在。与之形成鲜明对比的是，人类活动具有鲜明的能动性、创造性和普遍性，作为实践主体的人是活生生的、普遍性的存在物。具体来讲，人类从自然界获取生活资料的同时，还能运用和创造新的生产资料，自然界由此也成为我们人类"无机的身体"。不仅如此，我们还能在人与自然的互动中进行科学发现、文艺创作，最终去探寻人生的意义与价值，这样自然界也就扮演了"精神的无机界"的角色。文化就是"人化"的过程与结果。同时由上述内容可知，这一"人化"过程包括了两个方面（或者称之为双向否定的过程）：一方面是外部自然，即山川河流的"人化"，是我们运用生产工具直接或间接重新塑造自然的过程；另一方面是内在自然，即人的器官、情感、欲望和需要的"人化"，我们正是在与外部世界交往的过程中使我们的生理性自然逐渐呈现出鲜明的属人性。这也就是文化学所讲的人性塑造，它是人类漫长历史活动长期积淀的结果。在前一过程中，创造了巨大的生产力和物质财富，极大改善了人们的物质生活和物质文明；在后一过程中，整个人类的文化心理结构也在不断发展和丰富，我们的情感、想象、思辨等也日渐细腻、丰富和复杂。这两种不同性质的"人化"过程从本质上来讲是同一进程的内外两个不同侧面，它们同时发生，双向促进。可见，"化人"也是"文化"的题中之义和重要内涵。所谓"化人"，指的是人类通过文化来重塑本能、提升本性，使自己最大程度上不断趋于"文"，从而去指引我们如何找寻自己人生的价值与意义。正是在此意义上，马克思主义经典作家认为，一旦人类在精神文明层面取得大的成就，就意味着对"必然"有了深刻的认识，那么我们就有了更大的"迈向自由"可能、实现全面发展的可能。

其次，"文化"与"文明"是一对既有明显联系、又有显著区别的概念。一般来讲，文明是文化的外在表征，文化是文明的潜在底蕴；文化滋养文明，文明昭示文化。在一定程度上可以认为，文明是外在的、显性的，文化是内在的、隐性的。文化在社会基本矛盾体系中属于上层建筑，是精神、理念和思想；而文明则主要是一个国家和社会在一定历史阶段呈现出的整体样貌和风范。更进一步，文明一般指人类在历史活动中所创造的肯定性的、积极性的成果，彰显了社会进步程度和发展层次，因而它是与野蛮相对立的。而文化的内涵和外延要宽泛得多，它既囊括了人类肯定性的成果、也容纳了否定性的元素。只有通过具象器物、价值取向、思维模式、行为方式等中介，优秀文化才能发展为文明。所以从这一视角来看，文化不能仅仅存在于观念领域，它还得进入实践层面。所以马克思主义经典作家认为："文明是实践的事情，是社会的素质，……"[1]

在理解了文化与文明的内涵之后，还有必要弄清楚文化认同、文化自觉、文化反省的内涵及文化自信之间的关系。所谓文化认同，是指民族成员对本民族文化的认可和赞同，由此产生归属意识，进而获得文化自觉的过程。所谓"文化自觉只是指生活在一定文化中的人对其自身文化有'自知之明'，明白它的来历，形成过程所具的特色和它发展的趋向"[2]。文化自觉是文化自信的前提，没有深刻的文化自觉，就不可能有高度的文化自信，文化认同助力文化自觉、文化自信的实现。在实现文化认同、文化自觉、文化自信的过程中文化反省也不缺位。文化主体在寻求认同过程中形成文化自觉意识，并结合现实发展进行反思批判，最终促使文化自信的实现。所以，文化认同、文化自觉、文化反省、文化自信四者之间密切相关。由此，我

---

[1] 中共中央马克思恩格斯列宁斯大林著作编译局编译. 马克思恩格斯文集（第一卷）[M]. 北京：人民出版社，2009：97.

[2] 费孝通. 反思、对话、文化自觉[J]. 北京大学学报（哲学社会科学版），1997（03）：22.

们可以更加准确地对文化自信的内涵加以界定。

2. "文化自信"与"新时代文化自信"的内涵

党的十八大以来，世界局势的风云突变和我国改革开放的纵深推进都让我们面临一个重要的时代课题，那就是必须基于理论与实践的双重视角来有效解答：在新的历史方位中，在新的发展时期里，我们该如何正确对待中国特色社会主义。文化自信是中华民族对其自身独特的文化传统和精神特质的充分肯定与信任，是对中国特色社会主义的认同、坚守和期待，是对社会主义在当今世界格局中强大生命力的认可。由此，我们党所提出的文化自信寄托了中华民族的追求与憧憬，关联着民族的过去与未来，在精神层面上更高程度地、更深层次地充实和完善着中国特色社会主义的文化理论。大致来讲，文化自信主要体现在以下逐级递进的三个层面。

第一，文化自信意味着一个民族对其自身文化科学性和先进性充满信心。中国特色社会主义文化主要包括中华优秀传统文化、新民主主义革命文化以及社会主义先进文化这三个部分。首先，中华优秀传统文化以其悠远久长的历史与丰富多彩的内涵，使得我们的文化自信具有更加厚实的基础和强大的战略定力。历久弥新的中华文化为我们在新时代可能面临的各种机遇和挑战提供了丰富经验、博大智慧和高远境界。这些宝贵传统既是精神命脉，也是文化基因，更是独特标识（更加彰显了中国特色社会主义），为中华民族绵绵不绝、发展创新提供了丰厚的道德滋养与文化熏陶。其次，红色文化是近代以来中国共产党领导人民在进行新民主主义革命过程中所孕育和形成的理想信念、价值追求和民族特质，众所周知的长征精神、延安精神就属于此。这些宝贵的红色文化既有随着时代发展而得到不断转化和创新的一面，又有其强大的连续性与稳定性，因而具有历久弥新的时代价值的一面。最后，社会主义先进文化是中国共产党在不断推进马克思主义中国化、以此来指引中国特色社会主义建设的过程中形成的。这种文化是对西方资本主义文化的批判与超越，引领着时代发展趋势和未来方向，因而表现出鲜明的现代特征、世界视野和未来向度。

第二，文化自信意味着一个民族对其文化自身的实践效果充满信心。思想文化来自现实活动，同时又对现实的发展进程给予巨大的指引作用。如同理论自信一样，文化在一个民族实现自信的程度，在根本上取决于这种文化满足这个民族实际需要的程度。因而，文化自信一方面源于"古"，更重要的一面是成于"今"，即文化自信的实现与提升在于这种文化的实际效果，在于这种文化带来巨大的现实成效。中国特色社会主义文化的实践成效主要体现在将近五十年的改革开放成就；尤其是党的十八大以来我国取得的历史性成就：抗击新冠肺炎疫情成效显著、脱贫攻坚取得全面胜利、全面小康社会如期建成。确实如此。处在中华民族伟大复兴战略全局和全球大变局的背景下，中国共产党、中华民族和中国人民具备最为充足的自信理由。中国特色社会主义文化的实践性、成效性正是我们对其有充足自信的底气所在！

第三，文化自信意味着一个民族对其文化自身的未来前景充满期待和信心。文化自信，既体现在注重和弘扬其自身优秀传统文化这一行为上，也表现在其高度认可本民族所取得的当代成就上，更彰显在它对于本民族文化前景的乐观、期待和憧憬上。这是因为我们的文化自信是建立在充分把握中国共产党执政规律、社会主义建设规律以及人类社会发展规律的基础之上。由于资本主义自身无法克服的矛盾，进而必定会被取代，所以社会主义才真正预示了人类社会发展的必然方向和趋势。由于社会主义先进文化具有现代向度、世界向度和未来向度，所以它表征了当今人类社会文化的基本走向。社会主义文化对资本主义文化中存在的奴役和剥削、物化和异化以及"历史之谜"[①]等现象是一种有效的规制和克服。同时它在社会主义市场经济环境下也能够发挥道德滋养、文化熏陶和价值引领的作用，因而也是当今中国进行全面深化改革可以依靠的重要资源。毫无疑问，文化自信指向历史，即中国优秀传统文化具有永不褪色的现实价值，新时代文化自信使命的完成需要对其进行创造性转化和创新性发展。与此同时，它们也是中华民族在全球文化激荡中立稳脚跟的重要支撑。文化自信还指向未来，即对于中华文化在实现"第二个百年"奋斗目标和中华民族伟大复兴过程中的重要价值、在推进全球治理变革和实现"世界大同"进程中的关键作用等具有坚定的信心和信念。

笔者认为，所谓文化自信，是指主体通过一定的自觉、认知、评判、反省、

---

① 中共中央马克思恩格斯列宁斯大林著作编译局编译．马克思恩格斯全集（第三卷）[M]．北京：人民出版社，2002：297．

比较、认同以及创新等环节，对其自身在对象性活动过程中所创造的文化的现实价值、潜在活力的高度认可和坚守。这种具有一惯性、持续性和稳定性的心理特征，既表现在人们对本民族文化生命力的积极认可，也表现在人们将其作为自己理想信念与价值依托所在，还表现在与其他民族异质文化交流、互鉴的过程中所呈现出的开放与包容心态。而所谓新时代文化自信，指的是在社会主要矛盾发生转变、中华民族迎来复兴光明的时代背景下，中华民族对自身文化的价值、功能和历史使命有着充分的自觉；对我们能够有效应对文化发展所面临的机遇和挑战、顺利实现文化使命等重大问题有着极大的信心；对提升自身文化软实力和话语权始终保持着开放、包容和平等的积极心态。可以说，新时期、新的历史方位、新发展阶段赋予了新时代文化自信更加丰富的价值和意义。

进入新时代，文化自信之所以是更基本的力量，就在于其包含了信心、信念与信仰，关乎中华民族在实现"第二个百年"奋斗目标、建设社会主义现代化征程中的理想家园和价值取向。文化自信之所以是更深沉的力量，是因为在庞杂的社会体系里面，文化元素表征了我们长久以来的深层次追求，其对我们的价值理念、思维模式、行为方式产生"润物细无声"式的影响。文化自信之所以是更持久的力量，是因为文化的影响和塑造具有鲜明的连续性、稳固性和恒久性，甚至在某种情况下，一定的精神文化在时间的推移中会历久弥新。文化自信的力量在中华民族历史进发展程中得以呈现，在新时代的历史方位下依然有效，我们可以在其与道路自信、理论自信以及制度自信的辩证关系中得到了鲜明的展现。

3. 文化自信与道路自信、理论自信以及制度自信的辩证关系

"四个自信"之间的关系具体如下。

第一，道路自信是根本，决定命运和前途。一旦误入歧途，就会前功尽弃、功亏一篑。因此，中国特色社会主义道路的成功开辟和不断发展，明确显示了当初中国共产党人选择的正确性，也就是中国道路自信的根本所在。它既不同于封闭僵化的老路（必须要坚持和推进改革开放），也异质于改旗易帜的邪路（绝对不能依附西方国家的发展模式）。我们的道路之所以能够彰显出强大的必然性、优势性和道义性，不仅在于我们通过这条道路创造了成就和奇迹（实践基础），还在于这条道路符合我们的国情

和历史传统（文化渊源）。这就告诉我们，道路选择其实也是一种文化选择，因为任何一条发展道路的形成和坚守必须以某种特定的文化为前提，而中国特色社会主义道路是传承中华民族悠久文明的结果。正是基于这一现实逻辑，我们完全有理由相信，既然中华民族在以往的历史和当今社会主义现代化建设中取得了令人瞩目的成就，那么我们应该而且必须坚持这条道路不动摇。确实如此。"我们走出了这样一条道路，并且取得了成功"①，这是我们当今能够坚定道路自信的底气所在。鞋子是否合脚，穿上才知道；发展道路合不合适，生于斯、长于斯的人民最有发言权。

　　第二，理论自信，特指在我国，对当前中国特色社会主义理论体系的自信。这其中，内在逻辑地包括了对之前的实践成果——毛泽东思想的自信。由前文的分析可知，理论自信占据十分重要的地位，起着思想引领和行动指南的巨大作用。"主义"就如同一面旗帜，只有竖立起这面旗帜，人们才会有明确的所趋所赴。因此我们在改革开放的过程中必须充分重视理论的价值，不断提升我们的理论自信与战略定力。但是，一种理论在一个国家中的接受程度往往决定于其是否能够有效解决紧迫问题、满足现实需要。我们的理论自信源于马克思主义经典作家基本理论的科学性与当代性，源于在马克思主义指引下中国逐步实现了"站起来""富起来"以及"强起来"的巨大飞跃。只有始终坚定对马克思主义的充分自信，中华民族才能拥有定力、立稳根基，才能行稳致远、走向复兴。这是中国共产党成立一百多年来的一条重要经验。中国特色社会主义的成就彰显了马克思主义的科学性，文化自信的提升、文化使命的实现得力于我们对马克思主义理论的坚定自信与不断创新，因此，理论自信与文化自信之间存在着紧密的关联。一方面，中国哲学社会科学拥有自己鲜明的特色、风格、气派，是自身实力的表征，也是自信的一种有力彰显。而文化自信与理论自信提升和增强，其中的一个共同方面就是，务必结合我国国情继续推动和实现马克思主义在 21 世纪的发展创新，力争在马克思主义领域逐步形成自己的学术和话语体系；另一方面，没有理论自信，文化发展就会缺乏理论根基，就会陷入盲目的"标新立异"；没有理论创新，文化自信就容易止于守成、囿于教条。

---

① 习近平. 习近平谈治国理政（第二卷）[M]. 北京：外文出版社，2018：156.

因此，文化自信从根本上就内在地包含了理论自信的要求。中国共产党之所以能够在百年征程中历经艰难、战无不胜，其重要方面就是始终能够不断推进理论创新，从而坚定理论自信，进而用来正确指导社会实践。这是党和国家任何时候都不能放弃的。

第三，制度自信彰显了我们党和人民对中国特色社会主义制度的生命力、优越性的充分肯定。一种制度能否获得公信力、展现生命力，就在于它是否能够在推动经济社会发展、满足人民现实需要等方面发挥实效。只有如此，人们才会有获得感和认同感，这种制度才会有强大的向心力与凝聚力。与此同时，制度自信还源于比较优势。在抗击新冠肺炎疫情时，我国政府和其他西方国家采取了不同的应对方法，产生的效果也不同，这就给比较政治制度研究提供了一个良好的机会。因为在这一前所未有的全球治理危机面前，西方资本主义国家解决问题的策略以及产生的效果等，远远不如我国有效；我们的举国体制要求的是国家与社会共同参与，这种从上至下的、全面的应对方法，是我国国家治理能力的提升，也就更好地彰显了我们国家制度的优越性。之所以能够如此，从根本上来讲是因为我们的制度与我们的文化底蕴、文化自信有着紧密的关联。事实上，任何一种社会制度的孕育、建立甚至博弈，都有某种文化作为其强大的依托，都体现着一定的理想追求和价值目标。正是某种文化追求和价值观念决定了这种制度的底色与性质。从这个角度来看，制度就是一个社会的核心价值观（其决定了文化的性质和发展方向）的鲜明体现与具体样态。一旦其中价值观的支撑和滋养缺位，制度的建立和发挥就成为无本之木、无从谈起，当然也就无从谈起实现国家治理体系和治理能力现代化这一改革总目标。毋庸置疑，既然中国特色社会主义源于我们的历史积淀、文化传统，那么其中制度的建立和完善就必须遵循"内生演化"的逻辑，而不能脱离文化实际去幻想所谓的"飞来峰"。

总而言之，正如《中国共产党章程》指出的，我们之所以能够在改革开放以来取得历史性进步、获得历史性成就，根本原因就在于我们始终坚持和发展"四个自信"共在共生的中国特色社会主义。中国特色社会主义是建党一百多年来中国共产党领导人民长期探索、接力奋斗所取得的根本成就。在中国特色社会主义这一体系当中，道路是载体与旗帜，理论是领航与指南,制度是依托与保障,文化是基础与支撑。我们将成功的道路经验凝结为理论,进而用科学的理论指引道路,将前进道路上的有效方针上升为我们的制度,将蕴含在道路、理论和制度中的理想信念、价值追求凝结为文化。因此,道路自信、理论自信、制度自信和文化自信这四者相互依存、彼此印证,统一于中国特色社会主义伟大实践。

(二)文化自信的特征

文化自信是一个国家、一个民族的内在灵魂,也是信仰、信念的底气和支撑,文化自信的形成是一个极其复杂的过程。只有深刻理解文化自信的内涵,准确把握文化自信的基本特征,才能为文化的发展与创新提供有益的指导。文化自信的渊源是中国悠久的历史文化,文化自信的基础在于中国特色社会主义的具体实践,文化自信是文化继承和文化发展的统一,文化自信能够通过教育手段得到有效增强。这些都表征了文化自信所具有的民族性、时代性、统一性以及可塑性的基本特征。

1. 民族性

文化自信的形成与发展是一个历史的、连续的过程,表现为对一个民族悠久的历史文化的传承与坚守。中国传统文化中所蕴含的优秀品质和价值,是文化自信形成与发展的强劲动力。不论是从文化自信的主体、客体方面来分析,还是从主客体之间关系来分析,文化自信都具有独特的民族性特征。

第一,文化自信的主体体现着独特的民族属性。文化自信有其特定的主体,从宏观上看,可以是一个国家、一个民族或者是一个政党;从中观上看,可以是某个区域、某个集体;从微观上看,可以是每一个存在的个人。但不论是宏观的主体还是微观的主体,都是在某种民族文化浸染下的主体存在,自始至终深深镌刻着某种民族的烙印,传承着某种民族文化的基因,具有独特的民族属性,因而自然表现出某种相对稳定的民族性特征。

第二,文化自信的客体蕴含着民族文化的本质。从文化自信的构成客体来看,文化本身是由处于共同的地域、拥有共同的习俗、具有共同心理特征的民族群体共同创造的产物,带有鲜明的民族印记,展现出独特的民族风格,反映了本民族共有的精神形态,蕴含着民族文化传统的本质内涵和精神要旨。文化既体现了历史的深度，包含了从古至今优秀的民族文化资源，又体现了范围的广度，涵盖了伴随着经济、政治发展不同时期的智慧结晶。

第三，文化自信的主客体关系体现了民族性。从主体客体发生作用的结果来看，任何一个民族文化自信的产生与建立，都是主客体之间相互影响、相互作用的结果。对民族文化的自豪、坚持和继承，对外来文化的吸收与借鉴，对符合未来新的时代特征的文化创新，都是主体对客体的认知、总结、肯定的认识过程，体现了主体在实践中对客体进行认识、改进和发展的实践关系，也体现了主体通过客体实现自身价值需求满足的价值关系。

2. 时代性

文化自信所反映的是处于不同历史时期和特定历史环境下，人们在生产和生活方面的价值选择和精神追求。当代中国的文化自信，是适应国内外发展环境要求的产物，是顺应当今时代发展趋势的产物。因此，不论是从世界范围和中国范围来看，还是从历史的发展阶段来看，文化自信都表现为鲜明的时代性特征。

第一，从世界范围来看，当今的国际环境体现了鲜明的时代性。在当今世界的舞台上，文化全球化、文化多元化趋势明显，多种思想文化交流交融交锋日益频繁，各民族文化通过融合形成了对各自所属领域的不断突破而逐步走向全球的发展趋势，并在这一过程中对外来文化不断进行分析、评判和扬弃。中国的文化发展也不例外。中国文化与整个世界的联系日益紧密，互动更加频繁。全球化、市场化、网络化的迅猛发展在给我国带来诸多机遇的同时，也给中国特色社会主义各项建设带来了冲击和阻碍，特别是对文化发展和建设提出了严峻的考验和现实的挑战。在此背景下，必须以高度的文化自信促进我国在国际竞争与交往中的影响力和话语权的不断提升。

第二，从中国范围来看，我国的国内环境具有鲜明的时代性。当今中国已经进入了一个全面深化改革和全面发展建设的历史时期。当代中国的文化自信是建立在中国社会主义革命和建设的巨大成就基础之上，是中国特色社会主义实践不断发展的产物。中国特色社会主义的理论成果和实践成就决定了文化自信的时代性特征，马克思主义的指导思想决定了文化自信的性质和方向。随着时代的发展变化，建立在中国特色社会主义实践以及马克思主义理论基础之上的文化自信，其内涵及发展水平也不断走向新的历史高度，已经成为道路自信、理论自信和制度自信的文化底色和时代表征。

第三，从历史的发展阶段来看，当前，中国的发展步入了新时代。在新的历史阶段，我国社会的主要矛盾发生了深刻变化，人们在持续关注传统文化价值观念的同时，也将做出新的文化选择，必然导致文化自信的内涵和形式发生新的变化，以回应新时代的发展要求。党的十九大以来，党中央大力加强文化建设，文化发展的目标与方向越发明确，文化的地位日益提高，文化自信被正式写入了党章，文化在经济社会发展中的引领作用日益凸显。在全国各族人民正在为建设社会主义现代化强国而砥砺奋斗的新的历史阶段，中国特色社会主义文化正在为实现这一宏伟目标提供源源不断的精神动力、智力支持和价值支撑，文化自信已经成为奏响推进中华民族伟大复兴的时代号角。

3. 统一性

文化自信的形成是文化继承和发展有机统一的过程，因此，文化本身的特性及其发展规律决定了文化自信的形成与发展规律，在文化自信的形成与发展的过程中，表现出明显的统一性的特征。

第一，文化自信是普遍性与特殊性的统一。现代社会，任何一个国家都往往通过文化来构建人们对于国家、民族的文化认同。[①] 从此种意义上来看，任何一种文化自信都具有一般意义上的普遍性特征。从结构要素上看，不同的文化自信体现的是不同的文化主体、客体及其之间的关系组合，因而，不同的文化自信之间必然是一种差异性的存在，表现为特殊性的特征，成为一种文化区别于另一种文化的显著标志。

第二，文化自信是变化性与稳定性的统一。文化是一个具有自觉意识的人类的创造，是一个有机的生命过程，是一种可以传承、传播、分享和发展的动态体系。文化总是处于不断的变化之中，文化的变化性决定了文化自信相应地具有变化性的特征。同时，由于文化是系统性的存在，文化

---

① 谢晓娟. 文化多样性与当代中国软实力建设[M]. 北京：人民出版社，2015：19.

中的观念系统有天然的保守性和怀旧性，这使得文化具有保持现状的倾向，文化传统、特定文化和特定因素或性质都表现为持续性的特点，即使是迫于外来压力时，也努力保持其基本的结构和方向。文化自信的形成，需要经历一个长期孕育、不断积淀的过程，一旦形成，便具有为人们所了解和认同的相对稳定性，人们就会长期坚守和秉持。

第三，文化自信是整体性与多样性的统一。对于一个群体而言，文化是统一的整体，是具有完整的结构和鲜明特征的整体。文化的整体性还表现为人类文化中每一个单一文化内部的统一性。因此，文化自信是一种整体性和统一性的存在。与此同时，任何一个民族都有自己的文化，每个民族都是在特定的文化背景中成长起来的，文化模式构成了一个民族文化的基本单元，其文化特征也就自然而然地从他们特有的文化模式中显现出来。文化差异的存在和文化趋同一样，是一种无法克服、也无须克服的正常现象。差异性和多样性是文化本身的特征，也是文化得以发展和延续的基础。在差异性的基础上达成共识、实现共生，也是多样文化发展的趋势，更是文化发展的必由之路。

4. 可塑性

文化自信的形成，是一个长期的文化交流和比较的过程，是对某种特定文化由认知到认同，再到坚定信心，进而自觉传承的过程。在这一过程中，通过教育引导的方法和途径，能够实现对于文化自信的培育和提升。

第一，文化自信的主体具有可塑性。文化自信的主体，既包括某个单独存在的个体，也包括由多个拥有共同价值追求的个体所组成的某一或某些社会群体，归根结底，都是由具有价值判断能力的人所组成。人作为一种生命个体，存在于社会中，也就是存在于一定的文化中，既表现为物质性存在，又表现为社会精神性存在。"作为社会实践活动主体的人，在对象性地改造客观世界的过程中，同时也改造着主观世界，形成人对自身所处文化世界的精神构建。"[①]一个人的文化自信的形成，不是先天形成的，也并非一成不变的，它是一个人在对文化问题不断进行学习、思考与比较的过程中而逐渐建构并不断发展的。当整个社会的经济发展水平、文明进

[①] 刘林涛. 文化自信的概念、本质特征及其当代价值[J]. 思想教育研究, 2016 (04): 22.

步程度、生态人文环境等外部条件因素发生了变化，或者当个体的思想认识、心理状态等内部因素发生了某些改变时，人的认知水平、自信程度都会随之发生变化。

第二，文化自信的客体具有可塑性。作为文化自信的客体，文化本身不是静态物，不能一经形成便一劳永逸，也不是至善至美的，没有任何需要完善的地方，它会在实践中不断地发展、变化和完善。在文化不断辐射、发展、分化和同化的过程中，能够通过对资源的有效利用而获得新的发展能力，通过对其他社会组织及意识形态的学习借鉴而实现新的进化，通过不断地传播与交流而获得新的文化因素，这恰恰是文化变化的作用和意义所在。因此，对文化的整合，促进其凝聚力的提升、影响力的扩大、生命力的激发，使其自身的优势和特点得以最大限度的发挥，这本身就是对文化进行不断塑造的实践过程。

第三，文化自信的主客体关系具有可塑性。文化自信主客体关系的可塑性，取决于文化自信的主体和客体的可塑性。文化自信的一个共同表征就是其主客体之间具有相互关联性，即国家文化主体与各民族文化客体之间具有高度一致的政治认同和思想基础。世界各个多民族国家自身存在着多元民族文化，这些文化在长期历史发展过程中通过相互接触、交流、交融，产生了一些诸如价值观念、道德规范、宗教信仰等方面共同的政治或文化特质。这些特质连接着主权国家内各个不同民族及民众，使其形成多元一体化的文化共同感和休戚与共的政治文化心理，成为各民族人民友好相处、共同发展的精神动力，国家稳定、发展和繁荣的政治思想基础。比如，佛教传入中国后，不断与我国既有的宗教、哲学、语言文学以及伦理等方面进行融合，丰富了中国的传统文化，也增加了人们的信仰选择。

二、文化自信的基本构成与主要功能

（一）文化自信的基本构成

中华民族的文化自信正是通过人们的价值取向、思维模式和行为方式体现出来，因而也正是这三个方面或者层次构成了文化自信的基本内容。首先，价值观是文化的核心，尤其是核心价值观，作为重中之重，决定了文化的性质与发展方向；其次，社会主义现代化建设和中华民族伟大复兴须臾离不开理论思维，而思维方式就是理论思维的重要方面；最后，我们还要看到，文化除了包括器物、制度、价值观念、思维方式等元素之外，还涉及外在的行为方式。我们今天之所以极其注重优秀传统文化在核心价值观建设和提升文化自信过程中的重要价值，就在于它从深层次上影响和塑造着中国人的行为方式。

1. 价值观的自信

任何一种文化首先通过价值观来体现其影响力，不同文化的论争本质上是价值观的论争。在文化自信的系统组成中最具核心意义和统摄功能的是价值观的自信。自古以来，中华民族就有其独特而悠久的价值准则去认知世界、社会和人生，也正是在这一过程中，我们逐渐建立起了强烈的民族骄傲感与文化自信心。作为文化核心的价值观，一方面，它是人们评价荣辱、对错、是非、善恶的根本尺度与准则，在很大程度上决定了社会主义核心价值观能否得到有效培育和践行；另一方面，它集中凸显了一个国家、一个民族的精神理念和价值追求，从而影响着国家的命运和民族的未来。换而言之，人们根据价值观来识世界、探人生、辨善恶、别美丑，也根据价值观来凝人心、聚力量、强认同。之所以能够如此，就在于人是一种自由的有意识的存在物，能够挣脱本能的束缚从而进行价值判断与价值选择。任何一种文化的特质，都由其价值观来决定和表征；任何一种文化的魅力，都由其价值观来塑造和彰显；任何一种文化的创新，也都由其价值观来推动和引导。价值观在文化系统中的这种关键地位，决定了它是文化自信的重要构成。也正是在这个意义上我们才认为，坚持培育和践行社会主义核心价值观是无论何种情况下都不能放松和放弃的重任。

就当代中国而言，价值观自信，特指对社会主义核心价值观的自信。如上所述，价值观是人们评判是非曲直的价值取向；核心价值观是人们所尊崇的带有根本性的规范和准则；而社会主义核心价值观则是，一方面包含中国特色，另一方面是在我国的发展实践中所产生的，具有社会主义的色彩和维度。核心价值观是发展文化事业、提升文化自信的关键所在，影响着人们的价值追求、思维方式和行为方式。同时，核心价值观是否具有生命力、凝合力以及感染力决定了一个民族文化软实力的强弱。核心价值观也是一种德，国无德不可能兴盛，人无德不可能立足。一个民族如果缺乏强有力的核心价值观，就会陷入无所适从、行无依归的被动境地。无论是个人还是民族，价值观决定了它能否把握自己、坚守自己。如果中华民族丢弃了源于我们历史传统的价值观念，而不加区分、盲目地成为西方道德价值的应声虫，那我们在新时代就会面临丧失精神独立性的严重问题，我们的意识形态就会混乱。更进一步，社会主义核心价值观包括国家、社会和公民三个层面，将它们的价值遵循有机统一起来，高屋建瓴地对这三个层面进行了总体性回答。它集中彰显了我国社会发展过程中价值理念的优越性，是我们进行文化建设、发展文化事业的重要资源和精神指引。可见，价值观自信在提升文化自信、实现文化使命、维护民族精神纽带和独立性等诸多方面都有着关键性作用。

需要我们保持足够警惕的是，在国际形势错综复杂的态势下，文化领域的交流、交融、交锋如影随形，软实力的角逐和价值观的博弈日趋激烈。欧美一些国家在发展经济的同时还将自己的权力触角渗透到价值观领域，一味地鼓吹自己价值观的"普世性"；一些国家和组织聚焦于国际话语权的争夺，妄图制定有利于自身的话语体系和规则系统；很多团体披着学术、理论的外衣宣扬政治问题（历史虚无主义就是突出代表）。我们必须在科学理论的基础上将形形色色的价值观辨清、把社会主义核心价值观讲透，从而在根本上巩固和增强我们的价值观自信。毫无疑问，这里的"讲透"主要涵盖了两个领域：不仅要讲透我们的核心价值观对于解决新时代主要矛盾、彰显民族精神独立性、汇聚实现民族复兴强大动力的重大意义，还要讲透中华民族价值观对于促进世界和平、推动全球治理改革、实现人类大同社会等方面的引领作用。只有如此，我们才能做到真正的价值观自信。

2. 思维方式的自信

马克思主义经典作家认为，理论思维是认识世界、掌握世界的一种重要方式。所谓理论思维，一般是指人们运用概念、判断和推理等方式分析问题、解决矛盾、把握规律的认识形式，由此我们也可以称之为辩证思维。而思维方式就是理论思维的重要方面。所谓思维方式，是指思维主体基于其自身的意志和需要，去认知、加工客体对象的内在活动样式。正确的思维方式有益于人们客观有效地把握思维对象的本质与规律，从而在具体实践过程中做到逻辑与历史的有机统一。正是基于此，中华民族要攻坚克难、披荆斩棘，就必然离不开理论思维的支撑，只有掌握了它，我们才能拥有掌握世界、认识世界的方法，我们的历史使命诸如文化复兴、民族复兴才能实现。正因为如此，习近平总书记强调要"破除妨碍改革发展的那些思维定势"[①]，要学习和掌握辩证思维、战略思维、底线思维、全局思维、创新思维、法治思维以及互联网思维，等等。只有如此，我们才能在推进改革的过程中提升消解矛盾、统领全局的能力与定力。

事实上，自从"文化自信"成为研究热点以来，学术界以"思维"为关键词的相关理论研究成果就逐渐丰富起来，例如：中央党校李君如教授的《习近平的历史思维、大历史观和坚定我们的文化自信》，电子科技大学王让新教授的《历史思维的科学对象、鲜明特点与基本要求——基于习近平总书记的系列重要论述》；上海交通大学陈锡喜教授的《习近平提高战略思维能力以保持战略定力的思想论析》；中央党校董振华教授的《论战略思维的辩证本质——学习习近平总书记关于战略思维的重要论述》，等等。这些成果的涌现从一个侧面表明思维方式的自信是文化自信的组成部分和重要内容。这种理论上的凸显就表明：历史车轮滚滚向前，时代潮流浩浩荡荡，人们的认识必然要与时迁移，而认识过程中的思维方式具有关键性意义。新时期新任务新矛盾的解决，仍旧需要我们运用正确的思维方式、拥有坚定的思维方式自信，以此来充分认识世情、国情、党情。

毫无疑问，我们有充足的理由坚定思维方式自信。正如马克思所讲，思维的客观真理性在实践中得以检验。而结合我国的发展历史来看，我们早已在我国的社会主义实践中证明了中华文化所蕴含的思维方式的正确性和真理性。我们在新民主主义革命、社会主义建设和改革各个历史阶段所取得的成就是我们能够坚定思维方式自信的底气所在。这具体表现在：在20世纪初期，共产国际主张城市包围农村，坚决反对我们建立农村革命根据地。但是在毛泽东同志的领导下我们取得了新民主主义革命的胜利，有力回击了共产国际的成见。在20世纪七八十年代社会主义市场经济的成功建立，我国进入了改革开放的新发展时期。在经典作家和苏联模式那里，

---

① 习近平. 习近平谈治国理政[M]. 北京：外文出版社，2014：107.

社会主义等同于计划经济，但是邓小平同志展现出了全新的思维方式，这就是：不能在计划经济与社会主义、市场经济与资本主义之间画上等号，它们仅仅是发展经济的某种手段。这种建设社会主义的全新思维方式创造性地发展了马克思主义。党的十八大以来，思维方式自信的重要性还表现在，习近平新时代中国特色社会主义思想是我们的行动指南，因为这一理论对于当前我国新时期的发展问题做出了清晰明了的回答。正是基于此，我们认为，思维方式的自信是文化自信的重要组成部分，讲中国特色社会主义文化自信，必须提到并且重视思维方式的自信。

3. 行为方式的自信

如前文所述，文化从本质上来讲也就是"人化"的过程（外部自然的人化以及人的内在自然的人化），而在这一对象性的、否定性统一的过程中所孕育和形成的价值理念、思维方式、行为方式就是其主要内容。因此，文化自信除了价值观自信以及思维方式的自信，还包括行为方式的自信。恩格斯曾明确指出，文化包括艺术、社交方式等，这里的"社交方式"也就是行为方式，从而表明它也是文化自信的重要组成部分。如果说经典作家在这一问题上的阐释还不是十分明确的话，那么，后来的相关人类学家就直接认可了行为方式在文化中的分量与地位。著名的英国人类学家马林诺夫斯基（Malinowski Bronislaw Kaspar）认为文化就是人的生存行为的理论表现，并通过一定的组织化与制度化的行为来应对自然力量和调控自己的反应方式。继马林诺夫斯基之后，美国人类学家克莱德·克拉克洪（Clyde Kluckhohn）进一步从系统论角度来考量文化的本质，他将文化视为群体的生活方式，并且他们还拥有完整的整套的生存样式。[1]也正是由于行为方式的自信是文化自信的重要组成部分，我们才会十分注重"人文化成""以文化人"，才会强调社会主义核心价值观要内化于心、外化于行。例如：中国传统文化中所强调的"人文化成"，就是指经由文化的熏陶和滋养来改变人的原初本能状态，使其外在行为趋于美好，即合乎"文"。党的十八大以来，习近平总书记在不同场合多次强调以文化人的重要思想。以文化人，就是指充分发挥优秀文化在人们日常生活中的感染、感召、感化

---

[1] 克莱德·克拉克洪. 论人类学与古典学关系[M]. 吴银玲，译. 北京：北京大学出版社，2013.

等重要价值,从而让我们的社会主义核心价值观内化于心、外化于行。所以,文化自信的一个重要方面还包括行为方式的自信。

行为方式自信在文化自信中的重要分量与地位,突出地表现在我们的优秀传统文化对整个中华民族的行为方式的影响上。数千年来,我们的优秀传统文化是不断积淀、不断传承,最终所形成的价值理念的总结。当下,我们的思想方式和行为方式无时无刻不受它影响。也就是说,中华民族之所以能够在新时代坚定文化自信,就在于我们所拥有民族的独特精神世界,以及我们能够坚守有日用而不觉的价值观。这里的"日用而不觉"说的就是人的行为方式。中华文化所蕴含的哲学智慧、人文精神、道德观念、价值追求等是我们今天能够坚定行为方式自信的重要支撑。这种支撑作用主要体现在:从社会建设来看,儒家思想所注重的"仁者爱人"(《孟子·离娄下》)、"讲信修睦"(《礼记·礼运》)、"以和为贵"(《论语·学而》)、"君子喻于义"(《论语·里仁》)等理念,在当今的和谐社会建设、良好家庭家风家训培育等领域影响着我们的行为方式;从政治发展领域来看,传统文化对"为政以德"(《论语·为政》)的尊崇、对"有耻且格"(《论语·为政》)的重视、对"士不可以不弘毅"的强调,是我们当今推进党的建设新的伟大工程、提升党员干部这一"关键少数"群体的行为方式的重要资源;从构建新型外交关系来看,我们向来主张的"天下为公"(《礼记·礼运》)、"协和万邦"(《尚书·虞书·尧典》)、"修文德以来之"(《论语·季氏第十六》)的相处之道,有助于我们改变过去赢者通吃、零和博弈的观念,从而形成相互尊重、公平正义和合作共赢的国家主体行为模式。也正是基于此,我们有理由认为,中华文化是我们在世界文化激荡中站稳脚跟的根基。

当然,除此之外,我们在特殊时期所形成的革命文化,以及新时期的社会主义先进文化中的坚定信念、艰苦奋斗——井冈山精神的重要部分、尊重科学、命运与共——抗疫精神的重要部分、攻坚克难、不负人民——脱贫攻坚精神的重要部分等内容,在新时代同样发挥着铸就中华民族内在性格、塑造中华儿女外在行为等重大作用。显而易见,这两种文化与上述优秀传统文化在提升行为方式自信方面并不是截然二分的。在某种程度上,社会主义核心价值观中的富强、民主、文明、和谐是对古代的"制民之产"(《孟子·梁惠王上》)、"天听自我民听"(《尚书·泰誓》)、"以文化人""和而不同"等理念的创造性转化；在一定意义上，自由、平等、公正、法治是对我们一向注重的"随心所欲不逾矩"(《论语·为政》)、"均无贫，和无寡，安无倾"(《论语·季氏将伐颛臾》)、"允执厥中"(《尚书·大禹谟》)、"隆礼重法"(《荀子》)等理念的创新性发展。总而言之，中华文化极大地影响了我们每个中国人内在的价值追求和外在的行为方式。而行为方式自信是构成与支撑我们不断提升文化自信的重要资源和组成部分。

（二）文化自信的主要功能

精神动力因素是人类生产过程中所独具的现象，是人的自由的、有意识的类特性的具体表现，因而文化自信具有动力功能；统治阶级的思想在任何时代必然占据统治地位，因而文化自信具有引领与导向功能。在国内，文化自信可以统摄多元、化异为同从而铸就社会发展合力；在国际，文化自信可以增强文化软实力、提升话语权，有助于营造良好的发展环境，因而文化自信具有凝聚功能。文化自信有助于彰显我们的民族精神独立性，有助于正确回答新时代的时代主题，因而文化自信还具有强大的标识功能。

1. 文化自信的动力功能

国家之魂，以文化之，以文铸之。任何一个国家的强大无不是以文化兴盛作为重要前提的，我们的社会主义现代化建设和民族复兴同样是建立在文化繁荣的基础之上的。从中国近代以来的历程来看，每到紧要的时间节点，文化都能伫历史之潮头、发历史之先声。正是由于社会发展以文化为"前提""基础"，正是由于在紧要的历史时刻，文化总是能够伫潮头、发先声，所以我们认为文化自信在社会发展过程中具有强大的动力功能。事实上这是由文化的本质以及文化自信的内涵决定的。正如前面所讲过的，文化自信是一个民族对其自身所坚守的前进模式和价值标准的积极肯定，也意味着，对其自身拥有的文化所具有的生命力与创造力的充分信赖，它关乎民族精神状态和社会精神风貌，它关系到社会发展过程中所需要的文化活力与精神动力。毛泽东同志在《艰苦奋斗是我们的政治本色》一文中指出:"人是要有一点精神的,……"[1]邓小平同志在回望我们党的光辉成就时同样指出:"对坚持马克思主义的信仰,这是中国革命胜利的一种精神动力。"[2]由此可见,一定的理论、道德、情感、意志等精神文化因素一旦为人们所吸收和内化后,就会外化为积极的具体行为,从而创造丰富的物质成果。物质可以变精神,精神可以变物质;文化自信是我们实现"第二个百年"奋斗目标和民族复兴的强大精神动力。

首先,文化自信的动力功能通过核心价值观的作用体现出来。正如本章所指出的,文化自信的内核是价值观自信。而价值观自信是一种强大的意志性力量,彰显了人们的是非观念和价值追求,因其自身所具有的感染力和引领力而成为推动社会发展的重要动力。所以,社会主义核心价值观蕴藏着丰富的道德滋养和巨大的精神动力,因而在汇聚中国精神、彰显中国价值、激发中国力量等方面有着重要作用。缺乏社会主义核心价值观的支撑和引领,我们的理想信念就有可能异化为某种抽象、空洞的纯粹说教,从而我们也就难以在现实活动中获得强大的前进动力。

其次,文化自信的动力功能在逆境中表现得尤为突出。中华文化总是能够在危殆之际、紧迫之时焕发出巨大的感召力和凝聚力,为我们攻克难题、渡过险滩、迈向新生提供强大精神动力。饱经沧桑的中华民族之所以能够危而不倒、挫而不馁、化险为夷、涅槃重生,其中一个关键因素就是我们文化中所蕴含的独特精神为中华民族排除万难、渡过危机并绵延不绝提供了强大精神支撑,这一切显然都离不开中华文化的有力支撑。例如,抗击新冠肺炎疫情中所彰显的除了显著的制度优势,还有强大的精神力量。中华民族所迸发出的能量,不仅源于制度,也源于文化。伟大抗疫精神是中华优秀文化在历史特殊时期的鲜明呈现,是我们能够战胜疫情、率先实现复工复产的动力所在。这次全民抗疫的成功有力证明了社会主义核心价值观以及我们的优秀传统文化所蕴含的巨大精神力量,是我们克服困难、凝神聚气的成功法宝。顺利实现"十四五"规划和"第二个百年"奋斗目标,需要我们将伟大抗疫精神转化为指引我们前进的强大动力。当然,伟大抗

---

[1] 中共中央文献研究室编. 毛泽东文集(第七卷)(一九五六年一月——一九五八年十二月)[M]. 北京:人民出版社,1999:162.

[2] 邓小平. 邓小平文选(第三卷)[M]. 北京:人民出版社,1993:63.

疫精神（即生命至上、举国同心、舍生忘死、尊重科学、命运与共①）的形成有其自己的精神传承与生成逻辑。无论是革命时期的红船精神、长征精神，还是新时代的抗疫精神、脱贫攻坚精神，都是当前我国社会主义事业稳步向前发展的重要引擎和动力。

由上可知，这些伟大精神都归属情感、意志，是认识当中的非理性因素，对主体的实践活动起调控和调节作用，对主体精神世界的构建有潜在的影响。其中，它们所产生的积极作用，如这些不同时期的伟大精神的产生和运用，在社会实践中可以称之为精神动力，所以，我们在现实活动中除了重视物质力量之外，还必须充分发挥精神文化的作用。当前我国"十三五"规划如期完成、脱贫攻坚取得全面胜利，在走向共同富裕的道路上迈出了坚实一步，但是，实现社会主义现代化和民族伟大复兴，绝不是轻而易举、敲锣打鼓就能如愿的，横亘在前进道路上的风险挑战只会日趋严峻。这就需要通过实现和提升文化自信来为我们的伟大征程提供强大的定力与动力。

2. 文化自信的导向功能

任何一个统治阶级的思想必然会占据统治地位，因为对物质力量的掌控必然也会在精神领域相应体现出来，同理可知，阶级社会里统治阶级的意识形态必定是统摄性的、主导性的，是主宰其他社会意识形式的"太阳"。既然如此，那么一个社会的文化自信必然具有强大的导向功能——中国特色社会主义文化自信以其崇德向善的积极内容、奋发向上的有力精神、明礼知耻的鲜明指引，能够为我们走好新的伟大征程提供强大文化导向力。

文化自信的导向功能首先表现在：它在我们的前进道路上发挥着精神支撑、价值引领的作用，防止我们走上封闭僵化的老路或改旗易帜的邪路。从整个社会主义发展史来看，中国特色社会主义是一项前所未有的伟大征程，因而缺乏一定的借鉴对象和参考经验，随之而来的就是对中国特色社会主义的道路、理论和制度的各种顾虑和质疑。在这种情况下，一旦缺乏文化自信的精神引导和价值引领，我们的伟大事业就会偏离正确轨道、陷入失败的危险境地，这也呼应了前文所论述的它在"四个自信"中地位的重要性和无可取代性。其次，文化自信的导向功能还表现在，文化往往通

---

① 习近平. 习近平谈治国理政（第四卷）[M]. 北京：外文出版社，2022：98.

过"润物细无声"的方式融入经济、政治、社会等诸多领域之中；它既是促进经济良性发展的"助推器"，也是培育良好社会风尚的"黏合剂"，同时还是政治文明的"导航灯"。文化所扮演的这种"导航灯"角色、文化自信所发挥的导向功能，尤其在当下我国的国家治理和发展方向中得到体现。我们往哪一个方向推进以及如何推进治理体系和治理能力现代化，是我们需要思考和解决的重要问题。而在新时代，社会主义的先进文化是我们发展进步、实现历史任务的重要支柱之一。也正是由于文化自信在这一过程中能够发挥重要的导向功能，所以有学者认为，文化进步、文化自信，从某种程度上说，可作为国家治理现代化的重要组成部分。[1]

除了上述两点之外，文化自信的导向功能还表现在向人们明确表示新时代的中国鼓励什么、反对什么、弘扬什么、惩罚什么，从而促进社会的和谐稳定。社会主义市场经济在促进生产力发展、实现物质财富积累的同时，在一定程度上也导致一部分人陷入信仰失落、道德滑坡、生活茫然的困境之中。人的主体价值被遮蔽，作为人，真正意义上的尊严不复存在。在市场经济纵深发展的情况下，我们必须坚持文化真、善、美的价值取向，注重在经济领域发挥文化的超越性功能，以此来修正或者弥补市场经济的人文盲点，维护中华民族长远与根本利益。尤其是我们要将社会主义核心价值观的方方面面，融进新时代法治体系的立法、执法、司法、守法的各个环节，通过法治力量来凸显和强化文化自信的导向功能。只有如此，我们才能在必须表明提倡什么、反对什么、肯定什么、否定什么等场合下勇于亮剑、敢于发声。只有在推进法治的过程中充分发挥文化的导向功能，我们才能实现公共利益最大化，才能达到良法善治的理想状态。文化自信导向功能要想得到发挥，就必须遵循以上这些要求和准则。换句话说，只有当核心价值观发挥作用时，文化自信的导向功能就得以最佳体现。这是因为，新时代中华民族的价值追求要由其来彰显、前进方向要由其来领航。正是由于有了坚定的文化自信，尤其是对核心价值观的自信，我们在全球化浪潮中才能保持定力与韧性，才能展现择善而从的尺度与从善如流的气度，才能知所遵循、有所趋止。

---

[1] 冯刚，王振. 以文化人在国家治理现代化中的价值意蕴[J]. 北京大学学报（哲学社会科学版），2019，56（06）：83-92.

3. 文化自信的凝聚功能

我们之所以对中国特色社会主义文化抱有坚定的信心、信念和信仰，就在于相信它能够引领多元思想、汇聚价值共识、构筑社会合力，从而有效应对新时代中华民族在前进道路上遇到的机遇与挑战。习近平总书记曾在《之江新语》中指出："一定社会的文化环境，对生活在其中的人们产生着同化作用，进而化作维系社会、民族的生生不息的巨大力量。要化解人与自然、人与人、人与社会的各种矛盾，必须依靠文化的熏陶、教化、激励作用，发挥先进文化的凝聚、润滑、整合作用。"[1]这里的"同化作用"就表明了文化自信所具有的强大凝聚功能，所以我们必须在2035年如期建成社会主义文化强国，进而让中华文明的影响力、感召力和凝聚力更加充分地展示出来。

文化自信凝聚功能的一个重要方面，就是通过文化来凝聚社会共识、强化民族认同，从而实现与巩固统一的民族国家。正是由于相同的行为方式、道德规范、价值理念，生活在一定地域中的社会成员才组成现代意义上的民族国家。因此，巩固思想认同、凝聚理念共识是民族国家得以延续和发展的重要方面。任何一个国家的文化，尤其是其中的核心价值观一旦无法发挥潜在的凝聚功能，它就注定无法摆脱魂无定所、行无依归的危险处境。正如云南大学周平教授所认为的，所谓的民族国家，在政治学意义上看，就在于"一套通过保障公民权利而确保民族认同于国家的完整的制度机制"[2]，而我们当今强调的文化自信和文化建设的功能之一就在于维护和保障个人的自由、公平、正义等诸多权利，进而凝聚起对中华民族的认同感。可见，文化的凝聚性功能往往不是通过强制性或命令性的方式来实现，而是通过价值观念、道德风尚、思维方式等文化因素来达成的。所以，只有充分发挥中国特色社会主义文化自信的凝聚功能，才能找到最大公约数、绘出最广同心圆，才能把"求同存异"更好地上升为"聚同化异"，最终为我国社会主义现代化建设凝聚精神合力。

文化自信凝聚功能的另一个重要方面，就是通过文化的影响、陶冶和浸染来融合不同的利益诉求，减少市场经济中人与人之间的摩擦、矛盾和

---

[1] 习近平. 之江新语[M]. 杭州：浙江出版联合集团，浙江人民出版社，2007：149.
[2] 周平. 民族国家认同构建的逻辑[J]. 政治学研究，2017（02）：4.

冲突，从而凝聚社会发展的合力。随着市场机制和改革开放的纵深推进，社会成员的价值追求日趋多元、利益诉求逐渐多样，历史与伦理的冲突、利益与道德的对立是我们无法回避的现实问题。这种状况在某种程度上正如黑格尔、马克思等思想家对市民社会的指认与批判那样：“市民社会是个人私利的战场，……，也是私人利益跟特殊公共事务冲突的舞台"[1]，有机融合的社会由此分裂为原子式的、个人的世界。毫无疑问，解决这些矛盾必须依靠法律手段，但与此同时我们也不能忽视了精神调节、伦理约束与文化整合的重要作用，尤其是在面临环境失序、"破窗效应"的情况下。总而言之，为了有效解决个人与外部的诸多困境和冲突，我们只有积极地依靠和运用进步文化的整合、凝聚作用。在新时代的背景下，中国特色社会主义文化能够为我们提供一个关于评判对与错、善与恶、美与丑的道德尺度与精神坐标，从而有效提升社会的向心力与凝聚力。

　　文化自信凝聚功能的一个重要维度就是坚定和增强中华民族文化自信，一方面影响我国在世界文化格局交流交锋中的定位，另一方面关系到我国能否在多极化格局中占据有利地位，关系到我国在国际舞台上的影响力是否足够强大，关系到中华民族能否在世界文化激荡中立稳根基。这是因为文化自信所蕴含的开放、包容的文化心态，有利于我们在新时代与世界其他国家建立一种相互尊重、公平正义以及合作共赢的良好关系，为我们实现"第二个百年"奋斗目标、提升国际话语权和文化软实力营造有利的国际环境。所谓文化软实力，是一个民族由其文化自信和文化魅力而带来的吸引力与影响力。当今世界文化因素在综合国力角逐、总体国家安全系统中的地位更加凸显。在国际形势异常严峻、世界进入动荡变革期的时代背景下，我们更加需要做大做强主流舆论，这样才能牢固树立为实现中华民族伟大复兴、实现现代化而团结一致、共同奋斗的思想基础。这是文化自信所具有的凝聚功能的题中之义和必然要求。

　　4. 文化自信的标识功能

　　作为新时代的中国人，我们内心深藏着中华民族所独有的精神世界，其具体表现就是我们日用而不觉的价值观、思维方式以及外在的行为方式。

---

[1] 黑格尔. 精神哲学 [M]. 韦卓民, 译. 武汉：华中师范大学出版社, 2006：309.

可以说，中华文化源远流长，沉淀了中国人民最深层次的精神期待和价值追求，是我们攻坚克难、实现使命的丰厚滋养，是中华民族特有的精神标识。而这种独特标识正是我们能够在新时代实现和进一步彰显民族精神独立的重要支撑。坚定文化自信，就意味着坚定文化立场和信念，我们一旦掌握这个关键点，国家就会逐步富强，文化上的危机就会消解、精神文明趋于繁荣，同时我们的民族精神独立性就有了保障。因而，无论是对一个民族、一个国家，还是个人来说，文化自信都具有独特的标识功能。

坚守文化自信，就是坚守独特的精神家园和鲜明的文化标识。衡量一个国家和民族是否在精神领域享有独立性，要看它是否重视文化积淀与历史延续，从而用其中所涵养的独特理念、价值去丰富人们的精神世界、塑造群体的道德习尚。但更重要的方面是，它能否在关涉到民族前途和命运、国家的大是和大非等问题上拥有自己独立的价值立场、独有的价值标准、独到的价值遵循。具体到中华民族，就要看我们能否在新时代建设社会主义现代化和民族复兴的征程中作出独立的理论分析和价值判断，从而在发展道路、理论体系和制度构架这些方面更加突出我们的特色与自信。这就是文化自信所具有的标识功能。而一旦丧失自己的精神独立性，社会就陷入孤立之中，进而整个上层建筑尤其是文化、制度就会受制依附于他人。之所以产生如此后果，从根本上来讲就在于没有充分发挥文化自信所具有的标识功能，从而无法实现一个国家在道路、理论以及制度等方面的坚守与自信。

毋庸讳言，在全球化纵深推进的历史背景下，文化的片面性、局限性逐渐被克服，交流和融合成为必然，由此，就出现了"世界的文学"这种必然的历史现象。不同国家、不同民族的文化交流借鉴越来越广泛、博弈也越来越激烈。在这种情况下，一旦我们在文化上走入自我否定、虚无主义的误区和泥潭，那么就会在原则性问题上犯下颠覆性、历史性的错误。纵观整个人类历史我们发现，古往今来没有一个民族是在丧失精神独立性、在别人后面袭人故智、自身文化系统无法标识民族特质的情况下实现发展和兴盛的。换句话说，一旦处于那种情景中，其后果无不是遭遇失败，更甚者是攀附于他人、附庸于他国。至可以说，在实现民族发展和复兴的道路上，如果我们无法实现坚定的文化自信，国家的发展便无从谈起，民族复兴、文化复兴更是难上加难,历史悲剧也有可能再次上演。这里的"失败""附庸"以及"悲剧"无不表明保持民族精神独立性对于一个国家的发展和强大的重要性,而这种民族精神独立性尤其需要我们通过文化自信来凸显和标识。

第二章　新时代大学生文化自信教育概述

习近平在党的十九大报告中强调，经过长期努力，中国特色社会主义进入了新时代。这是中国发展新的历史定位，也表明大学生在新时代成长成才成为新常态。新时代大学生是宝贵的人才资源，作为中华优秀传统文化的忠实传承者和创新者，对他们进行文化自信教育和引领成为当前高校立德树人工作的重要理论和实践课题，对加快推进社会主义文化强国建设并实现社会主义现代化具有重大意义。

一、大学生文化自信教育的内涵与价值

大学生是国家宝贵的人才资源，是祖国的未来、民族的希望，是实现中华民族伟大复兴的关键力量。文化自信事关大学生世界观、人生观、价值观、审美观的形成和大学生全面发展，事关高校的育人成果和社会的全面进步，事关文化强国建设和中华民族伟大复兴。提振大学生文化自信关键在于文化自信教育，文化自信教育是大学生坚定文化自信的根本方法，是高校实现铸魂育人目标的关键环节，是高校思想政治教育的重要内容，是新时代赋予大学的文化使命与职能。

（一）大学生文化自信教育的内涵

1. 大学生文化自信的内涵

当今世界正处于大发展、大变革、大调整时期，多元文化碰撞交融，意识形态斗争从未停歇。近些年，中国经济、科技、文化等进入了发展的快车道，实现了由跟跑、并跑到领跑的华丽转身，然而"树大招风"，这让一些本来就敌视社会主义制度、阻挠中国发展壮大的西方国家更是利用其发达的经济、科技、网络加紧对中国文化渗透，意识形态斗争异常严峻。

而大学生正处在"拔节孕穗"关键期，思想意识、价值观念尚未成熟定型，极易受到外来文化和价值观念影响。所以，大学生正确认识本民族文化，坚定文化自信至关重要。大学生文化自信应表现为对中华优秀传统文化、革命文化、社会主义先进文化历史由来、发展理路的全面了解和正确认知，清晰了解文化的"昨天、今天、明天"，对其文化价值、文化精神的高度认同和坚定信仰，对其文化生命力的坚定信心和执着信念，对文化创新发展、创造转化的积极践行。同时，还应表现为在世界多元文化碰撞交流中，对外来文化的清醒认识、科学判断、借鉴学习，汲取外来文化之精华，繁荣发展中国文化。

2. 大学生文化自信教育的基本内涵

文化自信教育是提振一个政党、一个国家、一个民族文化自信的根本方法和主要手段，增强大学生文化自信关键在于文化自信教育。大学生文化自信教育就是遵循大学生成长规律和认知规律，依据客观存在环境和文化发展趋势，国家、社会、高校、家庭对其进行有目的、有计划、有组织的教化、影响和培育，使其对文化内容正确认知、对文化价值充分肯定，对文化理念积极践行，对文化前途充满信心。具体而言，大学生文化自信教育，以马克思主义为指导思想，以高度认知、认同、践行中华优秀传统文化、革命文化、社会主义先进文化、辩证认识外来文化和文化交流为内容，以思想健康、内容丰富、形式多样的课程教育、文化活动、社会实践为载体，通过情感培育、价值观塑造和行为养成，最终实现坚定文化自信的教育目标。

3. 文化自信教育是新时代赋予大学的伟大历史使命

习近平强调："文化自信，是更基础、更广泛、更深厚的自信，是更基本、更深沉、更持久的力量。"[①]建设社会主义文化强国，实现中华民族伟大复兴，坚定文化自信至关重要。当前中国正处于重建文化自信的重要关口，而高校作为一种功能独特的文化机构，是一个政党、一个国家传播文化、创新文化、建设文化的重要基地，在文化自信重建中发挥着不可替代的作用。伴随着中国特色社会主义进入新时代，高校的发展也进入了新时代，新时代赋予了高校新的伟大历史使命。新时代的高校要积极参与文化自信重建，

---

① 习近平. 习近平谈治国理政（第二卷）[M]. 北京：外文出版社，2017：349.

建立健全育人体系，完善课程体系，优化教育环境，实施全员全过程全方位的大学生文化自信教育，完成新时代赋予的伟大使命，为坚定道路自信、理论自信、制度自信注入鲜活力量，为实现中华民族伟大复兴注入持久动力。

4. 学生文化自信教育的基本要素

大学生文化自信教育的基本要素包括文化自信教育主体、文化自信教育客体、文化自信教育介体、文化自信教育环体。大学生文化自信教育主体是文化自信教育的实施者、发动者，最根本的特点是具有主体性，文化自信教育者能够积极主动、创造超越的承担、组织、发动、实施文化自信教育的职能。大学生文化自信教育的主体既可以是教师、家长、知名专家等个体施教者，也可以是社会的某一群体或团体组织等群体施教者，他们在一定程度、一定范围都对大学生文化自信教育开展着直接或间接的教育。同时，文化自信教育主体的思想态度、文化信仰、价值认识直接影响大学生文化自信教育效果。大学生文化自信教育客体与主体相对应，是文化自信教育的接受者和受动者，具有客体性特点，在文化自信教育过程中处于从属地位，受到主体的引导、支配和塑造，在这里主要指大学生群体。介体是主体与客体相互影响、相互作用的中介因素，具有关联性、传导性和互动性。在大学生文化自信教育中，介体既包括电影电视、报刊、互联网等媒介设施，也包括报告讲座、学术沙龙、校园文化活动、社会实践活动等物质与精神介体、直接与间接介体、传统与现代介体。大学生文化自信教育环体，即文化自信教育的环境，主要指影响大学生文化自信意识树立的外部因素，环体的根本特点是条件性。大学生文化自信教育环体既包括对大学生文化自信教育产生根本影响和作用的国际背景下的大环境，也包括国内社会、政治、经济、文化的大环境；既包括社会风气、学校人文环境、家庭文化氛围的现实环境，也包括互联网的现代虚拟空间环境；既包括积极的有利教育环境，也包括消极的挑战环境。有效开展大学生文化自信教育，必须真实、准确、客观、科学地把握好主体、客体、介体、环体的突出特点和内在关系。

（二）大学生文化自信教育的价值

思想政治教育价值是研究大学生文化自信教育价值的逻辑起点。明确大学生文化自信教育价值，必须准确把握价值、思想政治教育价值的内在本质和形态结构。马克思认为："'价值'这个普通的概念是从人们对待满足他们需要的外界物的关系中产生的，……"[1]而思想政治教育价值"是人和社会在思想政治教育的实践——认识活动中建立起来的，以主体的思想政治品德形成和发展规律为尺度的一种客观的主客体关系，是思想政治教育的存在及其性质是否与人的本性、目的和发展需要等相一致、相适合、相接近的关系"[2]。基于此，以下从理想价值与现实价值、个体价值与社会价值、显性价值与隐性价值、时代价值与世界价值四个层面来明确大学生文化自信教育价值。

1. 大学生文化自信教育的理想价值与现实价值

从条件和依据层面看，大学生文化自信教育价值有理想价值和现实价值之分。理想价值高于现实价值，具有超前性和导向性的特点，是最高目标的体现。大学生文化自信教育的理想价值是大学生文化自信教育根本目标逐步实现所呈现的一种对大学生个体和社会发展的积极效用和意义。大学生文化自信教育的根本目标就是坚定文化自信。当坚定的文化自信作用于社会主义文化强国建设，助力中华民族伟大复兴中国梦实现时，这种目标价值才能实现，换言之，大学生文化自信教育理想价值才得以彰显。大学生文化自信教育理想价值的实现涉及大学生文化信仰、理想信念的树立，是世界观、价值观、文化观的转化，这本身就需要一定的过程和条件才能得以实现。

现实价值即现实有用性。大学生文化自信教育现实价值是指文化自信教育中正在实现或已经实现的价值，让人们能直接、真实地感受到文化自信教育的有用性和时效性。如通过教师的课堂讲授，大学生对中华优秀传统文化丰富内涵和深邃精神即刻产生认知或加深理解，关于中华优秀传统文化认知教育的现实价值显然实现了。再如，触摸历史，才能感悟历史，同学们在参观红色革命遗址时，通过图片、文物、影视资料等再现历史的

---

[1] 中共中央马克思恩格斯列宁斯大林著作编译局编译. 马克思恩格斯全集（第十九卷）[M]. 北京：人民出版社，1963：406.
[2] 张耀灿，郑永廷，吴潜涛，骆郁廷，等. 现代思想政治教育学[M]. 北京：人民出版社，2006：162.

方式，真实感受到斗争的艰苦卓绝和英雄的英勇无畏，让红色文化直抵人心。这样一场现场教学就实现了同学们对红色文化真谛和现实意义的理解，实现了它的现实价值。现实价值能够直观的表达文化自信教育的有用性和实用性。

理想价值和现实价值是辩证统一的：现实价值是理想价值的基础，理想价值是现实价值的积累；现实价值推动着理想价值的实现，理想价值吸引着现实价值的实现。大学生文化自信教育理想价值中包含现实价值因素，现实价值是实现其理想价值的必经之路。大学生文化自信教育必须正视理想价值与现实价值的关系，不能急功近利，更不能操之过急，要遵循意识的建构规律，先去实现一个个现实价值，现实价值的积累和潜移默化的影响会推动理想价值的实现。在具体教育实施过程中，高校、社会、家庭要合力强化大学生对中华优秀传统文化、革命文化、社会主义先进文化丰富内涵的科学认知和文化价值的高度认同，认清了文化的面貌，有了自信的底气，才能实现坚定文化信仰，树立文化自信意识，才能实现建设社会主义文化强国，为实现中华民族伟大复兴贡献注入文化力量。

2. 大学生文化自信教育的个体价值与社会价值

从价值主体层面看，大学生文化自信教育有个体价值和社会价值之分，个体价值是相对于社会价值而言的。个体价值强调的是文化自信教育对大学生个体的内在价值。社会价值则强调文化自信教育对学校、家庭、社会等层面所产生的文化选择、文化传播、文化渗透和文化导向的价值。个体价值是社会价值的基础，社会价值是个体价值的深化发展。

大学生文化自信教育的个体价值主要体现在大学生个体思想和行为的导向、精神动力的激发和个体人格的塑造等方面。第一，坚定政治方向。大学生文化自信教育即要通过文化自信教育手段提升大学生个体的文化认知能力、文化认同能力和文化甄别能力，重在启发文化自觉，建立文化自信，实现文化自强。但是，当前大学生文化意识却受到多元文化冲击和多重经济利益诱惑，使大学生对中华优秀传统文化的现实价值、对中国特色社会主义文化的先进性产生怀疑。因此，加强大学生文化自信教育有利于大学生坚定政治方向，坚定中国特色社会主义道路自信、理论自信、制度自信。第二，激发精神动力。就是在大学生文化自信教育过程中，综合运用多种手段，充分调动大学生的积极性和创造性，从而实现个体价值，为提升文化软实力，建设社会主义文化强国提供强大的精神动力。大学生的积极性源于现实需要，现实需要催生大学生文化积极性和创造性的提升。博大精深的中华优秀传统文化，鲜明育人特色的红色文化、催人奋进的社会主义先进文化都能从不同维度实现以文育人以文化人的作用，对大学生进行文化自信教育能够正确引导大学生的文化认知，调动大学生的文化践行，激发大学生的文化创新。第三，塑造人格品行。人格品行即人的思想品格、道德水平和行为素养。文化自信教育的重要任务就是塑造知文化、懂文化、有自信的大学生，能将文化自信内化为文化修养，外化为自信行为的积极的价值认知、心理暗示和行为践行。换言之，大学生文化自信教育就是通过一系列的教育措施提升大学生的认知、态度和情感，促进知行转化。

  之于个体价值而言，社会价值涉及的范围更广，内涵更深。大学生文化自信教育的社会价值既可以从家庭价值、学校价值、社会价值层面理解，也可以从政治价值、经济价值、文化价值、社会价值和生态价值五个层面来理解。在这里，我们从大学生群体的存在场域来理解文化自信教育的社会价值。人是社会的产物，社会性是人的根本属性。大学生群体是当今社会的重要成员，是经济社会发展的重要动力，是良好社会氛围的营造者，是优秀文化的传承者和践行者，明确大学生文化自信教育的社会价值意义重大。在教育的主客体关系上，家庭、学校、社会是教育动作的发出者，同时也是受教育者教育效果反作用的接受者。首先，家庭价值层面。家庭在大学生文化自信教育中发挥着奠基性作用。在调查问卷中，大部分同学认为家庭成员对其文化认知和价值认同有很大影响。大多数大学生能够自在自觉地将自身学习掌握的文化知识，先进思想和价值观念反哺于家庭，尤其是对兄弟姐妹的文化渗透、行为引导和文化导向上产生潜移默化的影响，如此的代际传承，会激发出强大的文化能量。其次，学校价值层面。学校在大学生文化自信教育中处于关键地位。学校要通过一廊一木一路皆文化的独特校园文化，形式多样、内容丰富、格调高雅的文化活动，高尚情操、扎实功底、敬业爱生的教师队伍，先进完备的课程体系，科学完善的育人体系实施大学生的文化自信教育，文化自信教育过程的有效实施就实现了学校价值的实现。反之，拥有坚定文化自信的大学生也会促进学校文化自信教育体系的进一步完善和发展，学生干部的示范效应和引领作用也会得以凸显，推动大学生的全面发展和高校铸魂育人目标的实现。再次，社会价值层面。人是社会化的人。当今时代，高知识、高能力、年轻化的大学生呈现出思维活跃，擅用网络，学习能力强，接受能力快的特点，但其生活的环境却复杂多变，充满诱惑，大学生的甄别能力不够，思想被误导、行为带偏的情况时有发生，增强大学生文化鉴别和文化选择能力至关重要。因此大学生文化自信教育必须在社会整体文化大背景下进行，积极传播主流文化，创设条件转化非主流文化，创建良好的文化交流、吸收、融合的氛围；净化网络空间和舆论传播，充分发挥网络"大V"和"意见领袖"的正向引导作用；发挥文化的创造功能，激发大学生的创新能力，发挥社会资源的丰富性和开放性，培养大学生的文化创新能力，促进文化自信教育社会价值的实现。

3. 大学生文化自信教育的显性价值与隐性价值

从效果显现来看，大学生文化自信教育有显性价值和隐性价值之分。文化自信教育对大学生的个人发展和社会的进步作用，既有直接的一面，也有间接的一面，因而其价值也可以从显性价值和隐性价值两种形态来理解。文化自信教育作用于大学生，直接引起他们的思想、行为、行动的某些变化所产生的价值呈现出直接的、显现的、迅速的特点，这就是显性价值，也可以说是直接价值。如通过著名儒家学者的中华优秀传统文化讲座，大学生对"孝"有了深层次的理解认识，激发了现实表达的诉求，在与父母的相处中学会了倾听和关心，这就是文化自信教育的直接价值显现。大学生文化自信教育的直接价值表现为满足大学生的精神需要，是思想认识的提升和价值取向的转化，精神的满足促使行为的转化和情感的表达。但这种精神价值的塑造不是文化自信教育的终极价值。大学生文化自信教育的最终价值通过文化自信教育活动提高大学生文化自信意识，推动整个社会文化自信氛围的提升，提升国家和民族的文化软实力，服务于经济社会发展，实现价值的二次转化和再次升华。换言之，文化自信教育不只停留在影响个体人的精神层面的阶段，还是对人之外的社会层面的影响和作用，这个价值的实现大多要依靠政治、经济、文化、社会、生态等系统，所以价值多为间接价值。如文化对促进经济发展、生产力提高、劳动效率提升的作用多是间接的，隐性的。大学生在文化自信教育的激发下，把文化的自信转化为道路的自信、理论的自信和制度的自信，转化为践行社会主义核心价值观的积极行动，通过坚定的理想信念，文化信仰和聪明才智，创造精神财富和物质发展，创造了物质价值。在这个过程中，文化自信的精神价值就转化为了物质价值，产生了隐性价值的转变。

文化自信教育的显性价值和隐性价值是紧密相连，辩证统一的。显性价值是直观的，易于接受的，容易认可的，隐性价值是间接的，容易忽略的，需要一定量的积累和时间的发现。显性价值孕育着隐性价值，是隐性价值的基础和积累。隐性价值隐藏于显性价值，是显性价值的综合反映和集中表现。没有显性价值就没有隐性价值，二者相互依存。因此，大学生文化自信教育必须立足显性价值，从显性价值着眼，注重显性价值的激发，在显性价值的基础上实现隐性价值。同时，又要放眼隐性价值的实现，促进显性价值的转化和升华。有时，隐性价值的实现条件存在一定难度或者缺少机会，所以，必须有持之以恒的精神，创造条件实现显性价值的转化。

4. 大学生文化自信教育的时代价值与世界价值

从某种意义上说，时代价值与世界价值可以统归于社会价值之下，但本书的社会价值部分着重探讨的是对立于个体人的存在的社会存在形态，即学校、家庭、社会的场域维度。所以，以下基于时代的发展和现实需要来谈文化自信教育的时代价值，从中华文化的"和平"基因和"走出去"的发展战略来论述文化自信教育的世界价值。

文化由历史而来。在漫长的人类发展历史中，文化维系着社会稳定、经济发展、政治进步、人与人之间的和谐。对大学生进行文化自信教育，就要深入挖掘和阐发博大精深的中华优秀传统文化、鲜明独特奋发向上的革命文化、承前启后继往开来的社会主义先进文化的时代价值。首先，挖掘精神资源的开发价值。精神资源包括人的情感、意志、观念和信仰，精神资源价值的开发就是要通过引导大学生提高自身文化认知和思想道德素养，激发文化认同感和归属感，建立文化自信的心理机制，正视西方文化的渗透和意识形态的斗争，明确什么是善，什么是美，知道应坚守什么，抵制什么。其次，把握与时俱进的发展价值。文化是动态的，不是一成不变的，随着历史发展不断丰富进步。从文化自信的三大来源来看，中华传统文化正在与时俱进的创新性发展和创造性转化，革命文化丰富的育人资源和精神正在进行时代性的回归与转化，社会主义先进文化鲜明的特征就是与时俱进的时代性。当前，必须正确认识大学生群体在文化信仰、文化认同和文化践行上存在的问题，以问题为导向，顺应时代要求，因时因地对大学生进行针对性的文化自信教育。最后，担负新时代高校育人的使命价值。立德树人是教育之根本。习近平在全国教育大会上强调："要把立德树人融入思想道德教育、文化知识教育、社会实践教育各环节，贯穿基础教育、职业教育、高等教育各领域，学科体系、教学体系、教材体系、管理体系要围绕这个目标来设计，教师要围绕这个目标来教，学生要围绕这个目标来学。凡是不利于实现这个目标的做法都要坚决改过来。"[1]加强大学生文化自信教育既要符合时代需求，适应社会发展需要，还要实现自身价值的内在要求，更要完成教育的使命担当，要真正肩负起教育使命和责任担当，就要全面理解文化自信内涵和价值，创新文化自信教育方法。

中华文化的开放性、包容性特点决定文化自信教育要实现世界价值。文化自信教育的世界价值可以从中华文化"和谐"的价值理念和"走出去"的发展战略两个层面来理解。一方面，和谐是世界发展的价值理念。崇尚和谐，追求和谐是中华民族的优良传统，也是中华传统文化的优秀基因。随着时代的发展，"和谐"已不只是放下刀枪，停止战争的政治和平，人与人之间的关系和谐，人与自然的顺应相处，还包括文化的和平发展和包容心态。其实文化的形成过程就是一个不断的自我扬弃与优化的和谐演进过程。大学生文化自信教育要在坚持中华文化优势基础上，教育引导大学生辩证认识、科学吸收西方发达国家的先进文明成果为我所用，实现中华文化的融合性成长和世界性发展，实现文化自信教育的世界性价值。另一方面，要在"走出去"中实现世界价值。文明因交流而多彩，文化因交流而丰富。当前大力实施的中华文化"走出去"发展战略具有重大意义，既是增强自身文化活力的良好机遇，也是促进人类文明发展的有效策略。实施"走出去"的文化发展战略中，要警惕两种现象，一种是文化自负，自我陶醉中华文化中，蔑视外来文化，表现出过度的文化自信；一种是文化

---

[1] 习近平在全国教育大会上强调：坚持中国特色社会主义教育发展道路　培养德智体美劳全面发展的社会主义建设者和接班人 [N]. 人民日报，2018-09-11.

自卑，轻视中华文化，无限崇拜外来文化，对文化"走出去"没有信心，认为中华文化这不如人那不如人，反对文化"走出去"。所以，大学生文化自信教育必须加强文化"走出去"战略教育，正确认识文化交流，积极参与文化交流，在文化的多元碰撞中和交流互鉴中增进文化自信，坚定文化自信。

二、文化自信教育与新时代的总目标总要求

（一）文化自信教育是实现新时代总目标的要求

文化自信教育是实现新时代总目标的要求。新时代的奋斗目标就是实现中华民族的伟大复兴，而此宏伟目标的实现无法离开文化自信这一精神动力。文化自信作为一种精神力量，是实现这一伟大梦想的动力之源，是实现新时代总目标的必然要求。习近平指出："实现中华民族伟大复兴需要中华文化繁荣兴盛。"[①] 要想实现中华民族的繁荣兴盛，就必须要先实现中华民族的文化繁荣。增强文化自信不仅是对本民族的文化认同、满足本民族的文化需求，还意味着将本民族的传统文化推向世界，促进世界精神文明的发展。中国文化历史悠久，源远流长，在很长的一段时间内处于世界领先地位。中华文化圈的形成及传播对亚洲乃至世界文明的发展产生了巨大的推动作用。宋元时期中国三大发明先后西传，对近代西方资产阶级改造旧社会产生了巨大的影响。但是后来由于我国长期闭关锁国，逐渐落后于西方资本主义国家的发展，以至近代西方列国的入侵，使中国逐渐沦为半殖民地半封建国家。在中国共产党领导新民主主义革命之后，中国人民才重新站立起来，中华文化才又重新崭露头角。这就告诫我们要努力协调好精神文明与物质文明之间的关系，在发展物质文明的同时，也不能忽视精神文明的发展。而文化的繁荣发展则是精神文明繁荣发展的重要体现。

习近平指出："我们走自己的路，具有无比广阔的舞台，具有无比深厚的历史底蕴，具有无比强大的前进定力。中国人民应该有这个信心，每

[①] 习近平. 在文艺工作座谈会上的讲话（2014年10月15日）[M]. 北京：人民出版社，2015：2.

一个中国人都应该有这个信心。"①从源头上讲，这种自信就源于文化自信。文化自信作为一种思想意识，源于对中华优秀传统文化的肯定，源于对凝聚无数劳动者智慧结晶的精神文化产品的赞扬，更源于对泱泱大国上下五千年中华民族文化的热爱。只有一个让本民族感到骄傲自豪的文化，才能使每一个国人都树立起文化自信。而这种"文化"的创造并不是凭空而来的，既要优秀的传统文化作为基础，又要努力在国际潮流中建构自身独有的文化结构。我们要站在世界的舞台上，从世界发展大势中、从中国特色社会主义伟大实践中、从自身文化建设的优势中，把握我国文化发展的机遇，实现中华民族的伟大复兴，见证这光荣而神圣的历史时刻。

（二）文化自信教育是迎接新时代新挑战的需要

党的十八大以来，尤其2017年以来，习近平指出，当今世界正处于"百年未有之大变局"②，我国发展仍处于重要战略机遇时期。"百年未有之大变局"已成为理论界当前关注的重大议题。这个"大变局"最显著的特点是"东升西降"，就是以中国为代表的新兴市场国家和发展中国家在不断崛起，相对而言，以欧美为代表的西方国家在走下坡路，综合实力在下降，这一发展趋势不可逆转。"百年未有之大变局"不仅蕴含着机遇也蕴含着挑战："机遇"在于我们应把握好这个重要战略机遇期，增强我国的核心竞争力和综合实力；"挑战"在于虽然中国综合国力大幅度提升，但是目前西方在经济、科技军事方面仍占有巨大优势，美国对中国崛起的围堵与遏制的力度不断增大。随着经济全球化、文化多元化的不断发展，西方的主流意识形态不断渗入。我国要想在这场没有硝烟的战争中取得根本的胜利，就必须要增强我国的核心竞争力，就要不断提高国家文化软实力，而文化软实力是靠文化自信支撑的，文化自信是实现文化繁荣的重要基础，也是将中华文化推向世界的重要前提。

如今面临新的时代需要，中华优秀文化不仅要继承和发扬，我们还要将中华优秀文化推向世界，积极在全球热潮中展现中国优秀传统文化独有

---

① 习近平. 习近平谈治国理政（第一卷）[M]. 北京：外文出版社，2018：29.
② 中共中央党史和文献研究院编. 习近平关于中国特色大国外交论述摘编[M]. 北京：中央文献出版社，2020：74.

的价值观，展现优秀传统文化的独特魅力。要将文化推向世界，必然离不开国人的文化自信。只有坚守中华优秀传统文化的独特价值，才能进一步加快中华优秀传统文化走出去的步伐。随着世界多元化的冲击，中华优秀传统文化正以新的视角冲击着全球文明，在这一趋势下，"汉语热""国服热"等兴起，越来越多的国外友人去欣赏、诠释中华传统文化，这无疑是对中华传统文化的肯定。而我们作为中华传统文化的传承者，就更应该去深入挖掘中华优秀传统文化的时代价值，只有加快中华文化推向世界的步伐，我们的文化才能越来越自信。我们的"文化自信"并不是西方的霸权主义，也不是西方人眼里的"中国威胁论"，我们只是想在国际社会中发出中国的声音，让世界了解"中国文化""中国思想"，争取在国际社会上的话语权、主动权，在世界这个大舞台上展现优秀的传统文化，从而进一步提升文化自信。只有将中华优秀传统文化和社会主义文化成果传播出去，才能提高中国的文化软实力，才能进一步适应时代需要，增强中华民族文化自信。

"百年未有之大变局"也是一场百年未有之大考试，是一场世纪大考，更是世界性大考。我们要努力抓住战略机遇，发挥"四大优势"、坚持"四个自信"，"四个自信"的基础是"文化自信"。只有全民族坚守文化自信，全体中华儿女勠力同心，我们才能实现中华民族伟大复兴中华梦，我国才能日益走近世界舞台中央、不断为人类做出更大的贡献。文化自信要求我们紧密团结在以习近平同志为核心的党中央周围，坚决贯彻落实党中央的部署，坚定信心，稳中求进，攻坚克难，用好用活战略机遇，防范战略风险，为把我们国家建设成为富强、文明、民主、和谐、美丽的社会主义现代化强国而努力奋斗！

（三）文化自信教育是打造时代新人的基础工程

2017年10月18日，习近平在党的十九大报告中提出"培养担当民族复兴大任的时代新人"。培养时代新人的关键词是"奋斗""理想""本领""道德""奉献""实干""创新"。时代新人的主力是青年大学生，青年是国家和民族的希望，党和国家要通过各种培育形式，将青年大学生培育成理想的时代人才。其中"本领"和"道德"是培育时代新人的关键词。"本领"指文化本领，要求高校引导学生学习文化知识，尤其鼓励学习中华优秀传统文化。我们文化自信的底气归根到底源于文化的优秀，但是我们也要用辩证的眼光去看待传统文化。面对中华传统文化，既要汲取传统文化的精华，又要摒弃传统文化中的糟粕；既要吸收世界的优秀文明成果，又要适应社会主义的发展需求。只有坚定对民族文化的自信，才能增强对本民族的文化认同感，才能唤醒广大青年对中华传统文化的热爱与向往。由此可见，文化自信培育是打造时代新人的基础工程。

价值观是人们在实践中形成的对于价值、价值关系的一般看法和根本观点，是处理各种价值问题时所持有的比较稳定的立场、观点和态度的总和。[①]而社会主义核心价值观作为一种上层建筑，是社会主义思想意识形态的集中反映，是人们在社会主义建设过程中所形成的，并且占据主导地位的，对价值问题的认识和评价标准，集中反映了我国社会主义的本质。[②]

核心价值观是一个国家，一个民族优秀文化的浓缩与灵魂。文化是发展的，不同时期的文化有不同的表现形式，其具有灵活和发展的性质；而核心价值观作为一个国家、一个民族价值观念的内核，它是稳定的具体的。发达、健全的文化体系需要核心价值观担当起主心骨的作用，为文化建设发展提供价值指引，而核心价值观同时也是对国家高度健全文化体系的彰显。高度的文化自信可以推动社会主义核心价值观的践行，而社会主义核心价值观的培育又能增强文化的自信。对于当代大学生而言，想要增强文化自信，必须先增强社会主义核心价值观自信。

社会主义核心价值观涵盖了对国家、社会、个人不同主体的要求，凝聚了中华民族的先进文化，构成了我国社会主义文化的核心内容。而高校又是广大学生培育和践行社会主义核心价值观的主要场所，是加强学生道德修养、形成其世界观，树立其文化自信的主要阵地。因此，高校可以抓住这一契机，通过学习中华优秀传统文化，不断培养学生的文化自信，从而达到践行社会主义核心价值观和树人的目的。

培育和践行社会主义核心价值观必须立足中华优秀传统文化。中华传统文化博大精深，源远流长，是中华民族五千多年来最深层的精神追求，

---

① 田海舰，邹卫. 社会主义核心价值观论纲[M]. 北京：人民出版社，2010：36.
② 张琼，马尽举. 价值多元化与社会主义核心价值观[M]. 北京：中国社会科学出版社，1995：19.

是社会主义核心价值观的土壤与基础。①由此可见，文化自信是培育和践行社会主义核心价值观的前提。文化的实质是精神的产物，它是有意识地对客观存在的物质生活的精神反映。文化是多样的、发展的，随着社会的发展、历史的变迁，文化会呈现出不同状态，随着社会变革的交替，也会涌现出一些层出不穷的"新文化"。但是，文化又是稳定的，在历史发展的长河中有一些停留下来，形成了不易更改的风俗习惯、传统节日、思想观念。这些精神文化现象往往具有传承性，并根深蒂固地存在于人们的头脑中。经历了几千年的文化洗礼，我们的民族不断从优秀传统文化中汲取养分，形成了璀璨夺目的中华文化，构成了我国文化自信的基石，使得我国的文化自信更有底气。

社会主义核心价值观是大学生思想政治教育工作中立德树人的理论根源，巩固并强化社会主义核心价值观在高校思想环境中的影响力，是大学生思想政治教育树立大学生文化自信的核心途径。通过大学生思想政治教育树立大学生的文化自信，需要以社会主义核心价值观对校园思想环境的正确性和积极性加以引领。社会主义核心价值观是正确的思想导向，它能满足大学生思想健康成长的需求。通过科学、系统的社会主义核心价值观可以为大学生的行为选择做出正确的判断，可以在文化选择中区分糟粕和精华，使大学生对中华优秀传统文化产生坚定的信念。

由于大学生处在特殊的发展时期，受个体差异和接触环境的双重影响，会衍生出不同种类的价值观取向。大学生的心理特质决定了大学生思想的非理性和非成熟性，在价值观的形成过程中容易被形形色色的环境影响；头脑中不健全的文化体系，也容易被一些社会上传播的低俗文化侵蚀。而社会主义核心价值观作为一种积极向上的价值取向，可以对大学生的价值形成、行为选择提供必要的思想指引。我们应充分认识到培育大学生社会主义核心价值观是培养合格的中国特色社会主义事业建设者和接班人的必然要求，也是新形势下高校思想政治工作立德树人的现实需要。

大学生作为朝气蓬勃的一代青年，他们是祖国的希望，民族的未来。少年强则国强，青年志士只有具备先进的文化支撑、科学的理论指导、远

---

① 郭齐勇. 中华优秀传统文化是社会主义核心价值观的土壤与基础[N]. 光明日报，2014-04-02.

大的理想抱负，才能实现中华民族的伟大复兴。文化自信对新时代大学生成长成材起着积极作用。

  建立文化自信有助于增强大学生的民族自豪感。在经济全球化的大背景下，各种西方思潮逐渐涌入国人的视野，最先接触西方文化的便是青年大学生。一些西方的资本主义思想、政党思想以及非马克思主义思想逐渐侵蚀着部分大学生的思想，使中国传统文化的发展遭到了质疑。在西方文化的强烈冲击下，部分青年并不能站在科学角度上去对待中华传统文化，甚至认为传统文化才是导致中国落后的"罪魁祸首"。这种错误的观念不仅为传统文化的发展带来了一定的负面影响，还在青年群体间形成了历史虚无主义的错误思潮和崇洋媚外的扭曲心理。他们只单纯地意识到了某些传统思想的腐朽、中国传统文化在特殊历史时刻的停滞不前，却没有意识到中华优秀传统文化曾创造的辉煌。因此，新时代要求大学生正确对待中华优秀传统文化，主动从传统文化中汲取精华，去除糟粕，挖掘符合时代内涵的价值理念，使中华优秀传统文化在学生的脑海里扎根，体验到中国五千年文化的博大精深，让学生在这样的空间里通过潜移默化的熏陶感受到文化自信，为自己是中国人而倍感自豪。要注重处理好继承与创新的关系。任何一个国家、一个民族文化发展都是在原有文化基础上进行的，并不能否认、割裂原有文化而单独存在。高校在对大学生进行传统文化教育时，不仅要认识到中华传统文化的丰厚内核和精神实质，还要引导其处理好文化继承与创新的关系。习近平指出："对历史文化特别是先人传承下来的价值理念和道德规范，要坚持古为今用、推陈出新，有鉴别地加以对待，有扬弃地予以继承，努力用中华民族创造的一切精神财富来以文化人、以文育人。"[1] 这就要求国家各部门，特别是高校要积极引导大学生用辩证的眼光去对待传统文化。既要看到传统文化的精华，也要看到传统文化的糟粕。要在吸收中外优秀文化的基础上对传统文化进行革新和发展，使传统文化教育与时代相融合。在继承传统优秀文化、纳入社会主义革命文化和先进文化、借鉴有益外来文化的基础上，推进社会主义文化，以海纳百川的文化内涵、饱富人文精神的文化形态得以呈现和彰显。只有坚持本民族认同，

---

[1] 习近平. 习近平谈治国理政（第一卷）[M]. 北京：外文出版社，2018：164.

理性对待外来文化，中华文化才能走向繁荣。文化是一个民族的根，是维系民族的精神纽带。文化的本质在于精神塑造、情感阐释，一个有情感、有力量的民族定要站在历史舞台的角度去审视自己的文化，只有在大学生群体中建立起一定的文化自信，才能增强大学生的民族自豪感。

三、新时代大学生文化自信教育的内涵与主要内容

（一）新时代大学生文化自信教育的内涵

1. 新时代大学生文化自信教育的含义

党的十九大报告指出："要坚持中国特色社会主义文化发展道路，激发全民族文化创新创造活力，建设社会主义文化强国。"[①]新时代大学生作为文化传承与创新的主力军，对中华文化、中国道路是否自信，离不开社会生活、社会实践，也离不开学习和教育。大学生文化自信教育既具有所有教育的共性，也具有教育的个性，是高校思想政治教育的重要组成部分。大学生文化自信教育的过程，即教育主体以中华优秀传统文化、红色文化以及社会主义先进文化为内涵，以思政课堂、革命基地、网络课堂等为平台，有计划、有目的、有组织地对大学生进行理想信念、核心价值观和思想道德教育，进而使其对中华文化在认知上形成系统、情感上高度认同、意志上积极坚守以及行动上创新发展，成为新时代社会主义文化的传承者、建设者和创新者。

2. 新时代大学生文化自信教育的实质

"文化自信是更基本、更深沉、更持久的力量。"[②]"人类社会发展的历史表明，对一个民族、一个国家来说，最持久、最深层的力量是全社会共同认可的核心价值观。"[③]习近平总书记系列重要讲话充分揭示了文化自信与核心价值观自信之间辩证统一、相辅相成的关系。文化是价值观的基石，价值观是文化的核心形态，价值观自信是文化自信的根本，文化自信

---

① 习近平. 决胜全面建成小康社会　夺取新时代中国特色社会主义伟大胜利——在中国共产党第十九次全国代表大会上的报告[N]. 人民日报，2017-10-28.
② 习近平. 习近平谈治国理政（第二卷）[M]. 北京：外文出版社，2017：339.
③ 习近平. 习近平谈治国理政（第一卷）[M]. 北京：外文出版社，2018：168.

教育的实质是核心价值观教育。"大学生文化自信教育的实质在于以文化滋养心灵、涵育品行、引领风尚，与高校的思想政治工作在本质上是一致的，最终都指向于人的发展和价值观的塑造。"[①]大学生文化自信教育本质是一种价值观教育。文化自信教育旨在通过使大学生形成对我国主流文化和主流意识形态的高度认同，对中国道路、理论、制度的高度自信，从而自觉投身于现代化建设之中。

（二）新时代大学生文化自信教育的主要内容

习近平指出："在5000多年文明发展中孕育的中华优秀传统文化，在党和人民伟大斗争中孕育的革命文化和社会主义先进文化，积淀着中华民族最深层的精神追求，代表着中华民族独特的精神标识。"[②]这一重要论断揭示了新时代文化自信的丰富内涵，为新时代文化自信教育指明了道路和方向。新时代大学生文化自信教育，必须始终紧紧围绕中华优秀传统文化、革命文化和社会主义先进文化这一基本内容而展开。具体而言，以优秀的传统文化凝聚大学生的力量、以崇高的革命精神和时代精神鼓舞大学生的斗志，以先进的核心价值观培育青年风尚，从而整体上提升文化自信教育的效果，坚定大学生理想信仰，凝聚奋斗力量。

1. 中华优秀传统文化是文化自信教育的根基

中华民族在长期历史发展过程中形成的优秀传统文化，是中华民族的"根"与"魂"，是我们最深厚的软实力，是文化自信教育的坚实根基。从宏观来看，中华优秀传统文化由核心思想观念、中华传统美德、中华人文精神三部分组成。从微观来看，中华优秀传统文化主要由传统习俗、传统建筑、传统文艺以及传统思想四部分组成。习近平指出："要讲清楚中华优秀传统文化的历史渊源、发展脉络、基本走向，讲清楚中华文化的独特创造、价值理念、鲜明特色，增强文化自信和价值观自信。"[③]这重要论述深刻地揭示了中华优秀传统文化的独特价值和魅力，也为新时期加强大学生文化自信教育指明了方向。因此，新时代大学生文化自信教育必须以

---

① 刘丽敏. 高校思想政治工作中的文化自信教育探析 [J]. 思想教育研究，2018（01）：130.
② 习近平. 习近平谈治国理政（第二卷）[M]. 北京：外文出版社，2017：36.
③ 习近平. 习近平谈治国理政（第一卷）[M]. 北京：外文出版社，2018：164.

中华优秀传统文化为立足点,引导大学生通过研读史学典籍、诗词歌赋,学习书法绘画、戏曲舞蹈,充分认识丰富的哲学思想,道德观念,人文精神;充分感受其博大精深、源远流长,从而自觉学习和汲取其中的丰富养分,自觉承担传承和弘扬中华优秀传统文化的时代使命。另一方面,中华优秀传统文化的创造性转化和创新性发展是我国当下进行文化建设的重要内容,也理应是大学生文化自信教育的重中之重。新时代文化自信教育,以中华优秀传统文化育人,必须坚持辩证唯物主义和历史唯物主义的统一,引导大学生秉持客观、礼敬的态度,既认识到传统文化中符合时代发展潮流、具有永恒价值的精华,也认识到传统文化中与时代发展背道而驰、格格不入的糟粕,从而坚持取其精华与去其糟粕相统一,不断提升中华传统文化的生命力和创造力。只有守住了中华文化之根,才能树立中华儿女之自信,才能实现中华民族之强。

2. 革命文化是文化自信教育的精髓

习近平指出:"每个时代都有每个时代的精神,每个时代都有每个时代的价值观念。"[①] 积极向上的精神作为一种正确的社会意识,对实践发展具有巨大的推动作用。中国共产党成立以来,在革命、建设以及改革中,带领人民开拓创新、锐意进取,形成了极其宝贵的精神财富。其中在新民主主义革命时期形成的革命精神是新时代文化自信教育的精髓。

党的十八大以来,习近平高度重视革命文化传承和建设。他在视察原兰州军区时强调,要发扬红色资源优势,深入进行党史军史和优良传统教育,把红色基因一代代传下去。革命文化主要由革命精神、革命英雄、革命典型事迹以及革命旧址等共同组成。对此,新时代大学生文化自信教育必须坚持以革命文化为衔接点,始终紧紧围绕红船精神、井冈山精神、抗震救灾精神等革命精神展开,引导学生了解中国共产党人为实现民族独立、人民解放而浴血奋战的革命历史,铭记在实现中华民族站起来富起来强起来的伟大飞跃中做出巨大贡献和牺牲的革命英雄,传承和弘扬革命英雄的精神风范和精神品质,把红色基因深深注入青少年的青春血液之中,补足当代大学生精神上的"钙",筑牢当代大学生思想上的魂,走好新时代的

---

① 习近平. 习近平谈治国理政(第一卷)[M]. 北京:外文出版社,2018:168.

长征路。

3. 社会主义先进文化是文化自信教育的基础

中国特色社会主义共同理想和共产主义远大理想、马克思主义中国化的制度和理论成果、社会主义核心价值观、以爱国主义为核心的民族精神和以改革创新为核心的时代精神等，共同熔铸了社会主义先进文化。[①] 马克思主义作为一种理论体系，作为一种科学的世界观和方法论，指导我国社会主义建设取得了一系列伟大成就。其中，习近平新时代中国特色社会主义思想是马克思主义中国化的最新理论成果，是 21 世纪的马克思主义。加强文化自信教育，就要紧紧围绕马克思主义中国化一系列理论成果而展开，尤其深入研究习近平新时代中国特色社会主义思想，学习习近平关于文化建设、文化自信的重要论述，引导新时代大学生读原著、读原文、悟原理，推进习近平新时代中国特色社会主义思想进教材，进课堂，进学生头脑，帮助他们树立正确的"三观"。

社会主义核心价值观是社会主义先进文化的集中表达。党的十八大提出，倡导富强、民主、文明、和谐，倡导自由、平等、公正、法治，倡导爱国、敬业、诚信、友善，积极培育和践行社会主义核心价值观[②]，分别从国家、社会和公民个人三方面阐述了社会主义的价值目标和价值准则，是国家观、社会观和人生观的综合体现，为新时代培育和践行核心价值观奠定了坚实理论基础。文化自信教育的关键在于在全社会培育和弘扬核心价值观。社会主义核心价值观的培育和弘扬是一个从价值认知到认同再到践行的过程，高校必须从教育引导、制度保障以及实践养成等方面多管齐下、共同发力，增强文化自信教育的实效性。

---

① 汤玲. 中华优秀传统文化、革命文化和社会主义先进文化的关系 [N]. 红旗文稿，2019（19）：31.

② 中共中央文献研究室. 十八大以来重要文献选编（上）[M]. 北京：中央文献出版社，2014：578.

四、新时代大学生文化自信的生成逻辑与价值意蕴

（一）新时代大学生文化自信的生成逻辑

大学生文化自信的生成并非偶然，而是蕴含着必然的内在逻辑。大学生文化自信积淀于彻底充分的文化认知，融于广泛深层的文化认同，得益于高度醒悟的文化自觉，发展于永不停歇的文化践行。这种转变历程既是层层递进，也是同时发生的。对大学生文化自信的建构过程进行整体把握，有助于深入理解新时代大学生文化自信教育的重要作用和深刻意蕴。

1. 文化认知：大学生文化自信生成的基础

文化认知是主体对文化的一种理性理解与认识，是产生认同与自信的基础和条件。1840年鸦片战争以后，西方列强的残酷侵略致使我国国力衰弱，民心涣散，沦为一盘散沙，中国的文化自信整体式微，中华民族的命运也由此陷入困厄。为了摆脱衰亡，先进知识分子不停地探索救国救民之路，但皆以失败告终。曾经令人骄傲的中华文化自然成为人们反思的重点对象，而反思的结果是：中国器物、制度比西方落后百倍，甚至文化也远不及西方，欲救中国，只能改弦更张，学习西方。一时间，仿佛西方文化比东方文化更可信，中国的文化自信遭受到前所未有的沉重打击。究其实质，是当时的先进知识分子不能正本清源地认识传统文化，导致在学习西方的过程中摒弃了中国自己所固有的文化，浮现出一种文化自卑感，显然难以彰显文化自信。可见，坚定文化自信，离不开对文化的正确认知，尤其是对中华优秀文化的认识。因此，大学生对中国特色社会主义文化的内涵、精髓、意义等的准确认知，能够涤除文化上的不自信，在文化交流中保持自身文化的主体性，从而助力文化自信的生成。

2. 文化认同：大学生文化自信生成的关键

文化需要被认知，更需要被认同。认同是一种肯定的心理状态。文化认同是文化主体对一定文化发自内心的认可、尊崇。文化主体要在完成文化认知的基础上认同此种文化，才有可能走向文化自信，若仅存于文化认知层面而缺乏必要的文化认同，文化自信就会显得苍白无力，其作用也得不到发挥。伴随文化知识的摄入，大学生会产生一定的文化归属感，这种归属感就是文化认同。首先，是对马克思主义的认同。马克思主义是指导

中国革命、建设和发展实践的科学理论,是中国共产党人的信念与灵魂。当代大学生只有充分认同马克思主义,坚定共产主义信仰,才能使自身的文化自信有科学的理论指导。其次,是对中华优秀传统文化的认同。优秀传统文化是我国最深层次的文化软实力,是中国人薪火相传的精神动力,对其认同是文化自信的主要来源。当代大学生要产生文化自信,必须激活个人细胞中的传统文化认同基因,积极推动文化创新,为中华优秀传统文化注入新鲜血液,增强文化认同感。最后,是对中国特色社会主义文化未来发展前景的充分认可。中国特色社会主义文化一直坚持在继承中发展,于发展中创新。大学生对其不能仅停留在文化现存状态的认同,还要更多地反映在对未来前景的高度认同,进而才能推动文化的传承创新。因此,大学生只有构建起对中国特色社会主义文化普遍而广泛认同基础上的文化自信,才是更深层、更持久、更坚定的自信。

3. 文化自觉:大学生文化自信生成的核心

文化自觉是增强文化自信的自觉。著名社会学家费孝通对"文化自觉"概念的分析得到了普遍认可与接受,在他看来,文化自觉是指"生活在一定文化中的人对其文化有'自知之明'"[①]。一般而言,文化自觉是认识文化的一种视角,是主体在文化上的觉醒。从文化自觉到文化自信,是一个漫长的思想变革过程,文化主体需在满足文化认知、文化认同的条件下,经过自主性适应,才能达到文化自觉,进而建立起文化自信。对于当代大学生而言,文化自觉既是一种自觉意识,也是一种责任担当。一方面是对发展中国特色社会主义文化的高度重视。文化自觉包含对文化的觉悟、反思和理性审视。我们所谈的文化自觉更多的是国家、民族层面的文化自觉。当前我国文化建设的机遇与挑战并存,国人在文化自觉上的责任意识与担当意识尤为重要。大学生必须提升理性高度和觉悟水平,保持对发展中国特色社会主义文化的高度重视,以避免被西方文化带偏。另一方面是对守正创新中国特色社会主义文化的强烈意愿。我们正处于一个对优秀传统文化再转化、再运用的时代,传承创新优秀传统文化要融合时代主题,面向现代化、面向世界、面向未来。大学生对此要抱有强烈的主动意识,在传

[①] 费孝通. 文化自觉的思想来源与现实意义 [J]. 文史哲,2003(03):15.

承发展中华优秀传统文化基础上推动中国特色社会主义文化的守正创新。总之，随着文化自觉的不断觉醒与增进，将激发大学生的文化自信，从而为实现"第二个百年"奋斗目标注入青春之力。

4. 文化践行：大学生文化自信生成的标志

文化生命力的延续在于永不停息的创新创造，而承载文化创新的新作为能在对民族文化的继承和弘扬中为文化自信积蓄强大的文化势能。文化自信是在自觉、持久的文化继承创新中建构起来的。投身实践，可以增强文化主体对自身文化价值的信念，从而进一步确立起文化自信。党的十八届五中全会提出："坚持创新发展，必须把创新摆在国家发展全局的核心位置，不断推进理论创新、制度创新、科技创新、文化创新等各方面创新"[①]，说明国家的发展、民族的延续离不开创新，更离不开文化创新。如今，我国文化建设成就显著，文化事业和文化产业发展呈现良好态势，但不可忽视的是，在文化发展中仍然存在创新不足的问题，需要在提升创新能力、激发创造活力上下功夫，促使文化建设达到新高度，为增强新时代文化自信注入充足底气。而这恰恰要依赖于有创造精神、有实践能力的知识分子发挥引领作用。大学生要勇做文化的继承者、参与者、创造者，自觉承担起"兴文化"的使命任务，既要挖掘中华优秀传统文化的时代特质，实现创造性转化，又要结合时代需求推动革命文化和社会主义先进文化的创新性发展。唯有如此才能将文化自信镌刻于心，进而拥有向新向行的文化自信。

（二）新时代大学生文化自信教育的价值意蕴

1. 文化自信教育是建设社会主义文化强国的重要支撑

党的十九大报告提出坚定文化自信，建设社会主义文化强国。文化自信是文化自强的前提和基础。文化自信作为一种积极向上的文化信念，能为社会主义文化强国建设提供精神动力和精神支撑。高度的文化自信，有利于推动中华文化走出国门，走向世界，扩大中华文化的国际影响力，从而使我国在世界文化竞争中占据有利地位，建成社会主义文化强国。同时，经济是基础，文化是经济和政治的反映，文化与经济、政治相互影响、相互促进。其中，一定的文化对经济、政治具有重要的反作用。新时代文化

---

① 中国共产党第十八届中央委员会第五次全体会议公报[M]. 北京：人民出版社，2015：7.

自信教育是对科教兴国、人才强国战略的深入贯彻和落实,将为实现社会主义文化事业和文化产业的繁荣发展,实现社会主义文化强国建设目标提供强大的动力支撑和人才支持。习近平指出:"青年兴则国家兴,青年强则国家强。青年一代有理想、有本领、有担当,国家就有前途,民族就有希望。"[1] 这是习近平对广大青年的殷切期盼和谆谆教诲,也是广大青年的历史责任和使命。大学生文化自信是中华民族文化自信、自强的重要一环。通过开展系统化的文化自信教育,不断提升大学生的文化素养和道德品行,坚定大学生的文化自信,积极投身于社会主义现代化的建设之中,助力建成社会主义文化强国。

2. 文化自信教育是维护我国意识形态安全的重要保证

习近平指出:"我们要坚持道路自信、理论自信、制度自信、最根本的还有一个文化自信。"[2] 文化自信与其他"三个自信"是相辅相成、相互促进的有机整体。首先,文化自信将为我们坚定道路、理论、制度自信提供充足的底气,将为我们坚持马克思主义、坚持中国共产党领导,实现中华民族伟大复兴提供充足的勇气。其次,文化自信的核心是价值观自信。文化自信教育的实质是社会主义核心价值观教育。加强大学生文化自信教育,使其树立正确的文化观、民族观、价值观,使其在面对世界范围内的文化入侵和意识形态渗透时,能保持清醒的头脑,作出正确的文化判断和文化选择,更加自觉地维护我国文化安全和意识形态安全,巩固马克思主义的指导地位。

3. 文化自信教育是维护高校意识形态安全的迫切需要

高校是思想交汇的重要场域,也是各种社会思潮激烈交锋的前沿阵地,意识形态纷争在高校尤为凸显。随着国际交流的深度推进和网络技术的迅猛发展,西方一些错误思潮通过学术研讨会等隐蔽性的渗透方式涌入高校,贴有"消极、颓丧、失望"标签的网络"丧文化"侵入大学生生活,使得高校意识形态教育环境变得异常复杂和多样。而大学生的思想状况和价值取向如何也直接影响到高校意识形态安全。一方面,文化自信是大学生抵御敌对势力思想侵蚀的有力武器。青年大学生正处"拔节孕穗期",他们

---

[1] 习近平. 决胜全面建成小康社会 夺取新时代中国特色社会主义伟大胜利——在中国共产党第十九次全国代表大会上的报告[N]. 人民日报,2017-10-28.

[2] 习近平. 习近平在庆祝中国共产党成立95周年大会上的讲话[N]. 人民日报,2016-07-02.

的思想观念、价值取向极易脱离主流价值观的引导。大学生多了解5000多年接续不断的中华文明史、理解近代以来中国人民为实现民富国强所付出的艰辛努力和流血牺牲、领略改革开放以来我国取得的辉煌成就，有助于深刻领会蕴藏于中华文化精髓中的民族精神和价值导向，进而用坚定的文化自信应对国内外各种复杂社会思潮，破除对西方文化的迷信，着力维护高校意识形态安全。另一方面，有助于巩固马克思主义在高校意识形态领域的指导地位。在多元化文化冲击下，部分大学生对马克思主义的开拓创新充满质疑，反而向往西方的"普世价值"，其思想政治觉悟仍有待提高。培养大学生的文化自信，能使大学生明白什么是马克思主义，如何对待马克思主义，在此基础上加深对"中国共产党为什么能，中国特色社会主义为什么好、归根结底是因为马克思主义行"[1]的理解，避免"去马""非马""贬马"等思潮的影响，为保障高校意识形态安全注入源源不断的精神动力。

4. 文化自信教育是实现大学生全面发展的重要环节

新时代，我国社会的主要矛盾已经转化为人民对美好生活的需要同不平衡不充分的发展之间的矛盾。新时代社会主要矛盾的转化对大学生提出了新要求，即保持物质追求和精神追求的同向同行，成为有理想、有本领、有担当的时代新人。但是，通过开展调查研究发现，当前新时代大学生在文化自信方面存在文化认知不深刻、情感不丰富、意志不坚定以及践行不主动的问题。首先，通过对大学生开展系统化的中华文化教育与灌输，丰富其对中华文化的认知；通过组织丰富多样的文化传承和创新实践活动，深化其对中华文化的情感认同，从而使学生在潜移默化、耳濡目染之中形成高尚的伦理道德、正确的行为操守，从而实现精神世界和物质世界的平衡发展。其次，文化自信教育作为思想政治教育的重要组成部分。新时代大学生文化自信教育在传播和弘扬中华优秀文化，开展科学文化教育的同时，以优秀文化滋养心灵、涵育品行、引领风尚，做到了科学文化教育和思想政治教育的统一，真正实现大学生的全面发展，成为社会主义现代化建设的优秀建设者和主力军。

---

[1] 习近平. 习近平谈治国理政（第四卷）[M]. 北京：外文出版社，2022：29.

5. 文化自信教育是高校思想政治教育改革的重要引领

首先，文化自信是高校思政工作的内容，更是目的，目标和手段。文化自信作为一种强大的精神，将为推动教育改革，尤其是思想政治教育改革提供重要的动力支撑和精神支持。其次，文化自信教育和高校思想政治教育在教育目标、内容和教学路径等方面具有一致性，二者都是以马克思主义、习近平新时代中国特色社会主义思想为指导，都是以中华优秀文化、优秀品德、优秀精神为教育内容，以十大育人体系为教育载体，以培养时代新人为目标的教育过程。因此，关于新时代大学生文化自信存在的问题以及文化自信教育存在问题的梳理、剖析，将为深化高校思想政治教育改革创新，增强思想政治教育的亲和力和针对性，更好地实现立德树人的教育目标提供重要指导和借鉴。高校思想政治教育不仅在于使大学生形成符合社会发展的道德认识和道德实践，而且承担着引导学生认知、认同中华文化，传承和创新中华文化的重要使命。文化自信教育为高校思想政治教育开拓了新领域，也为完成这一使命提供了重要向导。

第三章　新时代大学生文化自信教育理论渊源

从马克思、恩格斯、列宁等关于文化的研究，到当代中国马克思主义者关于文化以及文化自信的思想，都直接或间接地对文化自信问题进行过阐释和论述，这些研究及论述构成了文化自信的理论基础。中国博大精深的传统文化中，蕴含着丰富的文化自觉意识和价值观自信理念，是研究文化自信的重要思想渊源。西方文化批判理论和约瑟夫·奈（Joseph Nye）的文化软实力、巧实力理论对当下正确引导教育大学生坚定文化自信提供了思想借鉴和现实思考。新中国成立以来，我国经济、政治、文化及社会的不断发展进步，奠定了文化自信的现实基础。

一、新时代大学生文化自信教育的理论基础

（一）马克思主义文化思想

在马克思主义经典作家的大量文献中，对于"文化"这个概念的使用并不频繁，更没有直接提出过文化自信理论，但是对文明、文化建设、意识形态、精神生产和人的全面发展理论都有过重要论述，这些理论中都蕴含着马克思主义深邃的文化思想。

1. 马克思主义文化价值理论

马克思指出："人的类本质，无论自然界，还是人的精神的类的能力，都变成了对人类来说是异己的本质，变成了维持他的个人生存的手段。"[①]人在对象化的社会实践中，人创造文化、实践文化，同时也被文化所对象化，形成了人—文化—人—文化一个无限循环往复的发展过程。文化的最终价

[①] 中共中央马克思恩格斯列宁斯大林著作编译局编译. 马克思恩格斯选集（第一卷）[M]. 北京：人民出版社，2012：57.

值就是实现人的自由全面发展。马克思、恩格斯所描述的共产主义社会是自由人联合体——"将是一个以各个人自由发展为一切自由发展的条件的联合体。"①。在人实现自由全面发展的终极目的过程中,文化发挥着重要作用,文化的力量促使人们摆脱物的枷锁、从工具奴役中解放,从剥削中逃离,使人真正成为人自我的主体和主客体的统一,人的个体性最大限度地不受阻碍的发展,使人获得充分的自由的发展,完成精神生产和观念意识形态的生产。

2. 马克思主义文化批判理论

批判性是马克思主义理论的灵魂。这种批判精神不仅存在于对资本主义的经济、政治和社会批判,马克思还将其运用到文化领域批判中。马克思在肯定文化思想积极作用的同时,也对文化提出了批判。从资本主义宗教文化到德国古典哲学再到资本主义社会政治经济生产,马克思的文化批判从未停止。同时,马克思的文化批判理论从理论批判转向现实批判,他对现实社会中资本主义文化的虚假性、工具性和单向度进行了深刻的批判。马克思认为,文化作为一种意识,一种存在形态,必须存在于现实物质,符合物质世界的存在和发展,不能脱离物质,脱离现实,而作为客观存在的物质通过人的实践活动而创造出的文化却在现实社会存在中成为人的"依赖",制约人的发展——人被文化所羁绊。

3. 马克思主义文艺人民性理论

人民性是马克思主义与生俱来的理论品格。文艺作为文化的重要存在形式,马克思一直强调文艺的"人民性"问题。1842年马克思在《莱茵报》工作期间就提出了报刊等文化产品人民性的概念。他认为,报刊作为文化的一种表现形式,应当遵循文艺的本质发展,从人民中来,也应到人民中去,报刊"它生活在人民当中,它真诚地同情人民的一切希望与忧患、热爱与憎恨、欢乐与痛苦"②。该思想早在1839年马克思的《关于伊壁鸠鲁哲学的笔记》之中就有所体现:"所以这些哲人和奥林帕斯山上的诸神的塑像

---

① 中共中央马克思恩格斯列宁斯大林著作编译局编译. 马克思恩格斯全集(第四卷)[M]. 北京:人民出版社,1958:491.

② 中共中央马克思恩格斯列宁斯大林著作编译局编译. 马克思恩格斯选集(第一卷)[M]. 北京:人民出版社,1995:352.

一样极少人民性；他们的运动就是自我满足的平静，他们对待人民的态度如同他们对待实体一样地客观。"①文化要从人民立场出发，要体现人民的文化需求，而不应该是"为了把这些造成人为的安定的企图结成一个普遍的体系，给予人民的精神食粮也都是经过最审慎周密的选择，而且极其吝啬"②。文化是人的对象化创造活动的结果，理所应当必须表现出人民性，并且能为人民服务，满足人民的多样需求。

4. 列宁的文化理论

19世纪末到20世纪初，俄国处于沙皇的极端专制统治下，国内外矛盾异常突出，列宁称之为军事封建帝国主义。而俄国作为亚洲传统意义上的农业国家，愚昧落后，第一次世界大战后俄国无产阶级处于"在文明程度方面，在物质和生产上'实施'社会主义的准备程度方面，却比西欧最落后的国家还要落后"③的状态。19世纪70年代，民粹派将马克思主义带入俄国，80年代在俄国开始广泛传播。列宁在中学时代就接触到了马克思主义，在之后的学习、生活中更加坚定了马克思主义信仰。其丰富的人文素养、积极的活动组织水平都为他领导革命，形成列宁主义奠定了扎实的理论基础和充分的实践基础。列宁文化理论经历了初步探索、基本形成、深化发展、最终形成等阶段，从1893年到1903年是列宁文化理论的初步探索阶段，他的《农民生活中新的经济运动》全面分析了俄国的农民经济状况和社会阶级变化情况，新出现的商品经济已经占据社会经济中的主导地位，伴随着经济形式的变化，阶级状况发展转变，占社会大多数的农民阶级出现了无产阶级和小资产阶级的分化，生产力和生产方式的变化也催生了相应的阶级文化发生变化。在《社会民主党纲领草案及其说明》中，列宁提出了"阶级自觉"的文化概念，他认为阶级自觉是工人阶级进行革命的首要思想。在《我们拒绝什么遗产？》中列宁鼓励人们要有文化辨别的意识，正确认识革命民主主义文化传统和文化遗产，对年代文化遗产要批判地继承

---

① 中共中央马克思恩格斯列宁斯大林著作编译局编译. 马克思恩格斯全集（第四十卷）[M]. 北京：人民出版社，1982：65-66.

② 中共中央马克思恩格斯列宁斯大林著作编译局编译. 马克思恩格斯全集（第八卷）[M]. 北京：人民出版社，1961：32.

③ 中共中央马克思恩格斯列宁斯大林著作编译局编译. 列宁全集（第三十四卷）[M]. 北京：人民出版社，2017：285.

的观点。1903年到1917年是列宁文化理论的基本形成时期：在《关于民族问题的批判意见》等一系列关于民族文化问题的著作中，初步形成了关于民族文化、文化领导权的民族主义文化理论；在《纪念葛伊甸伯爵》《论'路标'派》等著作中对文化的主体——知识分子如何建设做了重要论述，指出知识分子有文化阶级性之分，有代表资产阶级的，有代表民主主义的。此外，在这一时期，列宁也形成了文化发展、文化建设等文化理论："这种文化能使一切民族在高度的社会主义团结中打成一片，目前这种文化由于国际资本的联合正在形成。"[①]1917年到1922年，经历了十月革命后的初期文化理论、战时共产主义时期的文化理论、新经济政策时期的文化理论阶段，列宁文化理论逐步深化发展，并将文化理论运用到俄国具体建设中，为社会主义发展服务；同时，强调社会主义发展必须以实现社会主义文化为目的的发展方向，强调要积极发展国民教育，消灭文盲，培养有文化自主思想的社会主义公民。之后，列宁的晚期生活中以口授的方式对俄国的社会主义建设进行了深刻的思考，对经济、文化、政治进行了全方位的论述。在1923年1月2日的《日记摘录》中列宁指出："我们距离普遍识字还远得很，甚至和沙皇时代（1897年）比，我们的进步也太慢。……这说明我们还要做多少非做不可的粗活，才能达到西欧一个普通文明国家的水平。这也说明，我们现在还要进行多么繁重的工作，才能在我国无产阶级所取得的成就的基础上真正达到稍高的文化水平。"[②]在《论合作社》中列宁还着重强调了农民的文化性的重要性。在晚年的多部文章中列宁对执政党的文化建设、对国家机关、公职人员、人才培养等方面都着重论述了文化发展的重要性。文化的落后决定人民能动性的发挥，制约着整个国家经济的发展和社会发展进步，摆脱这种低水平、甚至愚昧的状态，才能真正建设社会主义，也才能最终实现社会主义的高度发达。

5. 列宁的文化建设思想

列宁的文化建设思想是列宁思想中的重要部分，涉及思想政治建设、

---

① 中共中央马克思恩格斯列宁斯大林著作编译局编译. 列宁全集（第二十四卷）[M]. 北京：人民出版社，2017：251.

② 中共中央马克思恩格斯列宁斯大林著作编译局编译. 列宁全集（第四十三卷）[M]. 北京：人民出版社，2017：360-361.

文化事业建设、教育事业建设、社会道德建设、民族文化建设、农村文化建设、政党文化建设等诸多方面。列宁文化建设思想的产生和发展是历史与现实的汇合，既有俄国复杂的历史背景又有马克思主义科学的理论指导，既有特定的时代特征又有列宁传奇人生的思想渊源。文化建设思想的本质就是以辩证唯物主义和历史唯物主义为科学指导，坚持马克思主义文化学说基本原理，满足俄国人民大众的文化需求、为建设社会主义文明服务，建成社会主义和最终实现共产主义。作为世界上第一个无产阶级政党建立的社会主义国家，政治斗争、意识形态斗争异常激烈，在帝国主义和国内反对派的内外夹攻下，必须加强马克思主义思想指导，坚定理想信念教育，尤其是强化执政党内部的政治立场和思想教育，保持党员的先锋作用。现实证明这一点对于无产阶级政党而言是根本，之后苏联共产党的思想、作风偏离了列宁所提出的路线，最后导致了解体。积极发展国民教育，真正提高人民的文化自觉和文化素质，"需要整整一场真正的文化革命"[①]，普及文化教育，减少文盲人数，尤其是要减少边远农村人口的文盲数；提高教师社会地位，增加教育投入；大力发展报刊电影等文化事业和产业，兴建大批图书馆——列宁提议："我们应当利用现有的书籍，着手建立有组织的图书馆网来帮助人民利用我们现有的每一本书，应当建立一个有计划的统一的组织，而不是建立许多平行的组织。"[②]列宁特别重视机关报刊的文化宣传作用，兴建博物馆、文化宫等文化机构，创新俱乐部形式，丰富人民精神文化生活，尤其是农村地区文化生活。列宁的文化建设思想对中国特色社会主义文化自信建设具有重要指导意义，对提升文化自信教育的途径、手段有积极的借鉴意义。

（二）中国化马克思主义关于文化的相关论述

文化自信是一个国家、一个民族、一个政党对自我文化历史的深度认同，是对文化强大生命力的坚定信心，是对文化包容融合的博大胸襟。在马克思主义中国化过程中，以毛泽东、邓小平、江泽民、胡锦涛、习近平为代

[①] 尼·布哈林.尼·布哈林文选（中册）[M].北京：人民出版社，1981：249.
[②] 中共中央马克思恩格斯列宁斯大林著作编译局编译.列宁全集（第三十六卷）[M].北京：人民出版社，2017：321.

表的几代中国共产党领导人积极接受、学习外来文化，并结合中国现实情况，形成了具有中国特色的社会主义文化。这种独特的文化在中国革命、改革、建设和中华民族伟大复兴的进程中迸发出了独特的魅力和强大的力量，对当代大学生进行文化自信教育直接提供了理论之基和现实之据。

1. 毛泽东的文化思想

文化思想是毛泽东思想中的重要组成部分，该思想主要有三大来源：中国优秀传统文化、外国文化、马克思主义文化学说。早在毛泽东青年时期，他就受到了中华优秀传统文化的熏陶和教育，受教于私塾，逐渐产生文化自觉，开始接触到马克思主义，接受马克思主义，并成为坚定的马克思主义者。毛泽东在领导革命过程中就非常重视文化建设，他在《新民主主义论》中强调："革命文化，对于人民大众，是革命的有力武器。革命文化，在革命前，是革命的思想准备；在革命中，是革命总战线中的一条必要和重要的战线。而革命的文化工作者，就是这个文化战线上的各级指挥员。'没有革命的理论，就不会有革命的运动'，可见革命的文化运动对于革命的实践运动具有何等的重要性。而这种文化运动和实践运动，都是群众的。"[1]之后在社会主义改造、社会主义建设过程中，毛泽东除了大力发展经济，重视政治建设之外，对思想意识教育、对文化建设工作和文化研究工作格外重视，并提出了诸多意见和建议。

（1）毛泽东的新民主主义文化思想

1919年五四运动后，无产阶级作为独立的政治力量开启了带领人民进行反对帝国主义和封建主义的革命道路。受李大钊、陈独秀等的影响，毛泽东对马克思主义进行了系统学习，并积极从事宣传马克思主义文化。他在其所创办的《湘江评论》创刊宣言中提出"民众联合的力量最强"[2]"平民的文学，现代的文学，有生命的文学"[3]"见于教育方面，为平民教育主

---

[1] 毛泽东选集（第二卷）[M]. 北京：人民出版社，1991：708.
[2] 中共中央文献研究室编. 毛泽东年谱（一八九三——一九四九）修订本（上卷）[M]. 北京：中央文献出版社，2013：41.
[3] 中共中央文献研究室，中共湖南省委《毛泽东早期文稿》编辑组编. 毛泽东早期文稿（1912·6—1920·11）[M]. 长沙：湖南出版社，1990：292.

义"[1]等文化思想,这些都成为新民主主义时期毛泽东文化思想的直接体现。在《新民主主义论》中,毛泽东直接定义了:"所谓新民主主义的文化,一句话,就是无产阶级领导的人民大众的反帝反封建的文化"[2],强调我们要建立的新中国不仅是政治上摆脱压迫、经济上逃离剥削,更重要的是要在思想文化上挣脱封建的桎梏和愚昧,"建立自己的民族的、科学的、人民大众的新文化和新教育"[3]。

"民族的"文化就是要有民族意识。近代无数仁人志士提出的"中体西用""全盘西化"等救亡图存之路均以失败告终,关键点就在于它丧失了文化的民族性——这是中华民族的血脉和精神。而新民主主义文化正是在继承民族文化传统基因上,吸收外来文化精髓,结合中国现实转化、为我所用。"科学的"主要是针对封建落后思想而言,思想要想真正进步,生活要想改变,必须摆脱根深蒂固的封建思想和愚昧落后思想,要坚定马克思主义立场,坚持实事求是,一切从实际出发。"这种新民主主义的文化是大众的,因而即是民主的。它应为全民族中百分之九十以上的工农劳苦民众服务,并逐渐成为他们的文化。"[4]毛泽东强调新民主主义文化必须具有民主性,是人民大众共同创造、享有的文化,文艺工作者在文艺工作中必须注重人民的立场,从大众视角出发,密切联系群众。广大人民群众也要积极参与文化的民主教育学习,自觉摆脱文盲。毛泽东的新民主主义文化思想的前瞻性、科学性、包容性对当下文化建设、文化自信教育仍有重要指导意义。

(2)毛泽东的社会主义文化思想

毛泽东的社会主义文化思想集中体现在新中国成立后向社会主义的过渡中,创造性地对农业、手工业、资本主义工商业三个行业中的私有制成分进行社会主义改造,充分调动了一切积极因素为社会主义改造平稳完成服务,文化的积极促进作用不可忽视。毛泽东的社会主义文化思想是对新

---

[1] 中共中央文献研究室,中共湖南省委《毛泽东早期文稿》编辑组编.毛泽东早期文稿(1912·6—1920·11)[M].长沙:湖南人民出版社,1990:293.
[2] 毛泽东选集(第二卷)[M].北京:人民出版社,1991:698.
[3] 毛泽东选集(第三卷)[M].北京:人民出版社,1991:1083.
[4] 毛泽东选集(第二卷)[M].北京:人民出版社,1991:708.

民主主义文化思想的继承和发展,所以,民族的、科学的、大众的文化发展立场依然是社会主义文化思想的根本坚持。首先,人民性是毛泽东社会主义文化思想的始终坚持。毛泽东认为社会主义文化必须坚持为人民服务的方向,必须到群众中去,只有到了人民中,我们的文化才能丰富发展,才能有持久的生命力。其次,毛泽东强调社会主义文化必须具有开放性,要用辩证的眼光看待世界其他国家、其他民族的文化:"我们的方针是,一切民族、一切国家的长处都要学,政治、经济、科学、技术、文学、艺术的一切真正好的东西都要学。但是,必须有分析有批判地学,不能盲目地学,不能一切照抄,机械搬用。他们的短处、缺点,当然不要学。"[1] 对于外来文化,我们既不能一概拒绝,也不能全盘西化,必须虚心学习外国的长处来弥补我们的不足,不能故步自封,沉浸在自我的"优越感"中。要立足中国实际,立足广大群众需要实际,在充分认识中华文化独特的魅力同时积极学习借鉴,洋为中用。最后,毛泽东强调社会主义文化要有多样性。在中国的社会主义建设中,不仅要大力发展经济,还要满足人们的文化多样性需求,毛泽东提出"百花齐放,百家争鸣"的双百方针:"艺术问题上的百花齐放,学术问题上的百家争鸣,我看应该成为我们的方针。"[2] 不同形式、不同风格、不同流派竞相绽放,自由交流,相互借鉴,"艺术的基本原理有其共同性,但表现形式要多样化,要有民族形式和民族风格。"[3] 文化是激发社会力量的最好工具。社会主义文化要朝着多样化、大众化、丰富化发展,要随着社会发展进步而不断进步,要充分发挥中国多民族国家的特殊性和悠久历史文化的历史性,这就充分体现了对社会主义文化的自信。毛泽东文化思想中的人民性、开放性、多样性是我国社会主义文化建设实质的体现。

2. 邓小平关于中国特色社会主义文化的论述

邓小平关于中国特色社会主义文化的论述是邓小平理论的重要组成部分,形成于中国的社会主义革命、建设和改革开放的历史进程中。他继承了毛泽东的文化思想,并结合中国时代特征,进行了伟大的创新发展。邓

---

[1] 中共中央文献研究室编. 毛泽东文集(第七卷)[M]. 北京:人民出版社,1999:41.
[2] 中共中央文献研究室编. 毛泽东文集(第七卷)[M]. 北京:人民出版社,1999:54.
[3] 中共中央文献研究室编. 毛泽东文集(第七卷)[M]. 北京:人民出版社,1999:76.

小平作为中国社会主义改革开放和现代化建设的总设计师,将社会主义文化发展带入了一个全新的发展机遇期,开启了中国特色社会主义文化建设之路,为中国文化的繁荣发展助推了动力。

(1)解放思想、实事求是的思想路线

解放思想,实事求是,是我们党的思想路线。"文化大革命"结束后,邓小平以马克思主义者的非凡胆略和科学态度,旗帜鲜明地提出毛泽东思想的精髓是实事求是,并领导开展真理大讨论,明确"实践是检验真理的唯一标准"。党的十一届三中全会召开前夕,邓小平在《解放思想,实事求是,团结一致前看》的讲话中强调:"一个党,一个国家,一个民族,如果一切从本本出发,思想僵化,迷信盛行,那它就不能前进,它的生机就停止了,就要亡党亡国。"[1]在改革开放和现代化建设过程中,邓小平在关键时刻作出的每一项重大决策,都体现了解放思想、实事求是的思想路线,无论是实行家庭联产承包责任制、还是设立经济特区、实现"一国两制"等都体现了解放思想、实事求是,这也是邓小平文化思想的精髓和灵魂。

(2)物质文明和精神文明"要两手抓,两手都要硬"[2]

改革开放加速了我国经济社会发展的同时,国外的一些阶级腐朽思想随之涌入我国,一些人思想堕落,出现了一些犯罪活动和丑恶现象。邓小平指出:"不加强精神文明的建设。物质文明的建设也要受破坏,走弯路。"[3]"经济建设这一手我们搞得相当有成绩,形势喜人,这是我们国家的成功。但风气如果坏下去,经济搞成功又有什么意义?会在另一方面变质,反过来影响整个经济变质,发展下去会形成贪污、盗窃、贿赂横行的世界。"[4]他强调,在提高生产力的同时,发展社会主义民主,完备社会主义法治,提高全民族的科学文化水平,发展丰富多彩的文化生活,建设高度的社会主义精神文明。党的十二届六中全会根据邓小平关于加强精神文明建设的思想,初步形成了我国社会主义现代化建设的总体

---

[1] 邓小平. 邓小平文选(第二卷)[M]. 北京:人民出版社,1994:143.
[2] 中共中央文献研究室编. 邓小平关于建设有中国特色社会主义的论述专题摘要[M]. 北京:中央文献出版社,1992:137.
[3] 邓小平. 邓小平文选(第三卷)[M]. 北京:人民出版社,1993:144.
[4] 邓小平. 邓小平文选(第三卷)[M]. 北京:人民出版社,1993:154.

布局，强调精神文明建设必须是围绕和推动社会主义现代化建设的精神文明建设，必须是促进全面改革和实行对外开放的精神文明建设，必须是坚持四项基本原则的精神文明建设，即党的基本路线所要求的社会主义精神文明建设的基本指导方针。

（3）大力发展社会主义科技事业，培育"四有"新人

邓小平放眼世界，总结我国与西方发展的差距在于科学技术水平之差，中国的现代化建设能否成功科学技术是关键，提出"科学技术是第一生产力"[1]。"我们国家要赶上世界先进水平，从何着手呢？我想，要从科学和教育着手。"[2] 发展科学技术人才是关键，邓小平提出全党全社会必须"尊重知识，尊重人才"[3]，要加强党对思想文化的领导，"要落实知识分子政策，第一位的就是科技队伍的管理使用问题。人才，只有大胆使用，才能培养出来。对那些真正有本事的人，要放手提拔，在工资级别上破格提高。招聘也是个办法。我们要开一条路出来，让有才能的人很快成长，不要老是把人才卡住。人才不断涌出，我们的事业才有希望。"[4] 强化教育的基础地位，探索教育体制改革，邓小平提出"教育要面向现代化，面向世界，面向未来"[5]。培养有理想、有道德、有文化、有纪律的"四有"新人。邓小平站在现代化建设的战略高度，提出建设有中国特色的社会主义文化对现在的坚持文化自信具有直接的现实启示作用。

3. 江泽民关于社会主义先进文化的论述

随着改革开放的深入发展和世界局势的风云变幻，20世纪90年代，以江泽民为主要代表的中国共产党人科学判断局势，艰辛探索，从容应对风险，成功地将中国特色社会主义推向21世纪。在应对中国内外发展出现的各种现实问题过程中，围绕"建设一个什么样的党，怎样建设党"，提出了"三个代表"重要思想，其中明确指出"中国共产党始终代表中国先

---

[1] 邓小平. 邓小平文选（第三卷）[M]. 北京：人民出版社，1993：274.
[2] 邓小平. 邓小平文选（第二卷）[M]. 北京：人民出版社，1994：48.
[3] 邓小平. 邓小平文选（第二卷）[M]. 北京：人民出版社，1994：40.
[4] 邓小平. 邓小平文选（第三卷）[M]. 北京：人民出版社，1993：17-18.
[5] 邓小平. 邓小平文选（第三卷）[M]. 北京：人民出版社，1993：35.

进文化的前进方向"①。

（1）中国特色社会主义文化是综合国力的重要标志

面对世纪之交的国内外错综复杂形势，江泽民在党的十五大报告中明指出："面对科学技术迅猛发展和综合国力剧烈竞争，面对世界范围各种思想文化相互激荡，面对小康社会人民群众日益增长的文化需求，全党必须从社会主义事业兴旺发达和民族振兴的高度，充分认识文化建设的重要性和迫切性。有中国特色社会主义的文化，是凝聚和激励全国各族人民的重要力量，是综合国力的重要标志。"②文化能够促进经济增长，文化对政治发展和政治稳定起到保障作用，文化对社会和谐稳定起着举足轻重的润滑作用。文化是激发全国各族人民的重要动力，文化是汇聚中国各方建设力量的重要因素，文化是全面建设小康社会的助推器。

（2）提升中国特色社会主义精神文明建设的战略地位

江泽民继承了邓小平关于精神文明建设的思想，将中国特色社会主义精神建设提升到重要地位。江泽民多次强调，一个国家、一个民族物质上不能贫穷，精神上更不能贫穷，精神的贫瘠比物质的匮乏更可怕："社会主义的优越性不仅表现在经济政治方面，表现在能够创造出高度的物质文明上，而且表现在思想文化方面，表现在能够创造出高度的精神文明上。贫穷不是社会主义；精神生活空虚，社会风气败坏，也不是社会主义。现代化建设的实践告诉我们，越是集中力量发展经济，越是加快改革开放的步伐，就越是需要社会主义精神文明提供强大的精神动力和智力支持，以保证物质文明建设的顺利进行。必须充分认识到，两个文明建设缺少任何一个方面的发展，都不成其为有中国特色的社会主义。"③在中国特色社会主义现代化建设中，我们要积极发展精神文明建设，继承中华优秀传统文化，弘扬艰苦奋斗精神和自强不息民族精神，用文化精髓激发精神动力、凝聚中国力量。

---

① 江泽民. 江泽民文选（第三卷）[M]. 北京：人民出版社，2006：75.
② 江泽民. 江泽民文选（第二卷）[M]. 北京：人民出版社，2006：33.
③ 中共中央文献研究室编. 江泽民论有中国特色社会主义（专题摘编）[M]. 北京：中央文献出版社，2002：380.

（3）先进文化是中国共产党执政建设的重要内容

中国共产党是社会主义事业的领导核心，是建设中国特色社会主义的领导力量，而文化建设是中国特色社会主义建设的重要内容，与经济建设、政治建设相互促进，共同发展。"坚持什么样的文化方向，推动建设什么样的文化，是一个政党在思想上精神上的一面旗帜。"① 因此，加强党的文化建设至关重要。江泽民"三个代表"重要思想的提出主要是回答"建设一个什么样的党、怎样建设党"这个重大现实问题的。中国共产党代表的是中国的先进文化，是对新民主主义文化、社会主义文化、中华优秀传统文化的继承与发展。中国共产党代表的先进文化是广大人民群众的创造物、是历史与时代的产物；"我们党要始终代表中国先进文化的前进方向，就是党的理论、路线、纲领、方针、政策和各项工作，必须努力体现发展面向现代化、面向世界、面向未来的，民族的科学的大众的社会主义文化要求，促进全民族思想道德素质和科学文化素质的不断提高，为我国经济发展和社会进步精神动力和智力支持。"② 大力发展先进文化有利于中国共产党完成所肩负的历史使命，有利于保持党的先进性，有利于提高党的执政能力和执政水平，有利于保持同人民群众的血肉联系。江泽民关于社会主义先进文化的思想凸显了对中国优秀传统文化的自信，对文化自信教育提供了重要的理论参考。

4. 胡锦涛关于文化强国的论述

党的十六大以来，以胡锦涛为代表的中国共产党人在继承党的历代中央领导集体文化建设思想的基础上，从中国特色社会主义事业总体布局和全面建设小康社会全局出发，准确把握分析我国在新时期的文化特征，与时俱进，创新发展。党的十七届六中全会首次提出了建设社会主义文化强国的战略目标，党的十八大阐述了建设社会主义文化强国的具体方略，提出要坚定不移走中国特色社会主义文化发展道路，努力建设社会主义文化强国。

（1）和谐文化

党的十六届四中全会提出建设社会主义和谐社会，是政治、经济、文

---

① 江泽民. 江泽民文选（第三卷）[M]. 北京：人民出版社，2006：277.
② 江泽民. 江泽民文选（第三卷）[M]. 北京：人民出版社，2006：276.

化、社会等各个方面协调发展的和谐社会，全面发展，正确处理人与人、人与社会、人与自然的和谐发展。和谐社会的建设势必需要和谐文化统领。胡锦涛指出："和谐文化既是和谐社会的重要特征，也是实现社会和谐的精神动力。建设和谐文化，是构建社会主义和谐社会的重要任务，也是构建社会主义和谐社会的重要条件。"①一方面，和谐文化以"和""合"为主，是文化自身历史与现实的"和谐"，是本土文化与外来文化的"合作"。在文化的自我发展中，继承中华传统文化的精华，去其糟粕；尊重人民主体地位，以人为本，创造人民喜闻乐见的和谐文化；文化的发展成果由人民共同享用文化发展成果的和谐。另一方面，和谐文化必须正确处理好本土文化与外来文化的关系，在坚持文化自主性前提下，积极向世界先进文化学习，推动合作共赢的文化交流互鉴，吸收世界各民族文化精髓，为我所用。建设社会主义文化强国，必须发挥和谐文化的引领作用。

（2）社会主义核心价值体系

社会主义核心价值体系是兴国之魂，是稳民之器，直接关系着中国特色社会主义发展的前进方向。一方面，面对政治多极化、经济全球化的世界局势，我们同各种敌对势力在意识形态领域的斗争，本质上是社会主义价值体系和资本主义价值体系的较量。要把全国人民团结起来，万众一心推进中国特色社会主义事业，就必须大力推进社会主义核心价值体系建设，在全社会形成共同理想信念、强大精神力量、良好道德风尚，更好地凝魂聚气、强基固本。我们要紧紧抓住树立理想信念这个根本，坚持不懈地用中国特色社会主义理论体系武装全党、教育人民，推动当代中国马克思主义大众化，不断巩固马克思主义在意识形态领域的指导地位，不断巩固中国特色社会主义共同理想，不断巩固全党全国各族人民团结奋斗的共同思想基础。另一方面，随着改革开放的深入发展，人们的思想价值、行为选择受到多种因素影响和各种利益驱动，社会主义核心价值体系建设显得愈发紧迫和重要。坚定马克思主义的思想指导，弘扬爱国主义精神和改革创新精神，要用社会主义核心价值体系凝聚中华民族的奋斗力量。要把社会主义核心价值体系融入学校教育和社会教育中，培育和践行社会主义荣辱

---

① 胡锦涛. 胡锦涛文选（第二卷）[M]. 北京：人民出版社，2016：539.

观。社会主义核心价值体系是向世界表明，无论世界如何变化，中国有自己的价值追求，从未改变，也彰显了中国共产党对民族文化的自信。

5. 习近平关于文化自信的论述

中国共产党历来高度重视中国特色社会主义文化建设、文化发展工作。党的十八大以来，习近平站在党和国家的战略高度，从国际、国内局势的大发展大变革现实出发，着眼于中国的历史、当下、未来的发展和全人类的共同进步，提出了文化自信理念，之后在多次重要场合和讲话中对文化自信的重要地位、内容构成、实践路径等做了详细阐释。

（1）习近平关于文化自信的论述的深刻内涵

习近平关于文化自信的论述内容深邃，思想深刻，直接回答了为何自信，以何自信，如何自信。为何自信——文化自信是更基本、更深沉、更持久的力量。[①] 文化是一个国家巍巍屹立、一个民族生生不息的灵魂。于中国而言，没有历史悠久的文化，没有强大生命力的文化，没有高度自信的文化，就不会有中华民族的伟大复兴。坚定文化自信，事关国运兴衰、事关文化安全、事关民族精神独立性的大问题。2014 年，习近平在文艺工作座谈会上强调："在几千年的历史流变中，中华民族从来不是一帆风顺的，遇到了无数艰难困苦，但我们都挺过来、走过来了，其中一个很重要的原因就是世世代代的中华儿女培育和发展了独具特色、博大精深的中华文化，为中华民族克服困难、生生不息提供了强大精神支撑。"[②] 历史无数次证明，每到民族生死存亡的紧要关头，文化都能力挽狂澜，迸发出无穷的力量，一次次的转危为安。全体中国人必须建立高度的文化自信，坚定文化自信，才能实现"两个一百年"的奋斗目标。

以何自信——文化自信拥有深厚的三大基石。习近平指出："当今世界，要说哪个政党、哪个国家、哪个民族能够自信的话，那中国共产党、中华人民共和国、中华民族是最有理由自信的。"[③] 中华民族 5000 多年的灿烂文明史，近代中国 170 多年的不屈抗争史，中国共产党 100 多年的苦难辉

[①] 习近平. 习近平谈治国理政（第二卷）[M]. 北京：外文出版社，2017：339.

[②] 习近平. 在文艺工作座谈会上的讲话（2014 年 10 月 15 日）[M]. 北京：人民出版社，2015：2.

[③] 习近平. 习近平谈治国理政（第二卷）[M]. 北京：外文出版社，2017：36.

煌史，中华人民共和国70多年的壮丽奋斗史都蕴藏着丰富的文化自信资源和珍贵的文化自信力量。在中国进行社会主义革命、建设、改革中探索形成的中国特色社会主义，是文化自信发展坚持的前进方向和道路。

我们坚信的文化自信，是对中国特色社会主义文化的自信。习近平指出："中国特色社会主义文化，源自于中华民族五千多年文明历史所孕育的中华优秀传统文化，熔铸于党领导人民在革命、建设、改革中创造的革命文化和社会主义先进文化，植根于中国特色社会主义伟大实践。"[1] 中华优秀传统文化博大精深、兼收并蓄，蕴藏着丰富的哲学思想、人文精神、教化思想和自觉自信意识，如佛家的"自觉""无我"，儒家的"自省""自认"，传统文化中的"舍生取义""自强不息""仁义礼智信""天下兴亡匹夫有责"等价值观一直滋养着历代中国人坚守内心的道德准则。新民主主义革命时期形成的红船精神、长征精神、井冈山精神、西柏坡精神、东北抗联精神等红色文化蕴藏着中华民族百折不挠的革命精神和视死如归的民族气节，既是中华民族的抗争史，也是民族精神的淬炼史，更是中国文化重拾自信的"涅槃"史。红色文化早已铸牢在中国人内心，成为指引前进奋斗的力量源泉。社会主义先进文化是中国共产党领导全国人民在建设社会主义进程中形成的以焦裕禄精神、铁人精神、北大荒精神、女排精神等为代表、彰显民族精神和时代精神的社会主义核心价值观，是当代中国人独特的文化标识和精神风貌，是我们强大的自信力量。

如何自信——守正创新。首先，坚定文化自信必须守住我们文化自信的根与魂——中华优秀传统文化，但不是"死守"，而是在代代相传中"创造性转化和创新性发展"[2]，使其永葆生机活力。习近平强调："传承中华文化，绝不是简单复古，也不是盲目排外，而是古为今用、洋为中用，辩证取舍、推陈出新，摒弃消极因素，继承积极思想，'以古人之规矩，开自己之生面'，实现中华文化的创造性转化和创新性发展。"[3] 其次，坚

---

[1] 习近平. 决胜全面建成小康社会 夺取新时代中国特色社会主义伟大胜利——在中国共产党第十九次全国代表大会上的报告[N]. 人民日报，2017-10-28.
[2] 中共中央党史和文献研究院编. 习近平关于社会主义精神文明建设论述摘编[M]. 北京：中央文献出版社，2022：214.
[3] 习近平. 在文艺工作座谈会上的讲话（2014年10月15日）[M]. 北京：人民出版社，2015：26.

定文化自信要进行无愧于时代的文艺创造，用优秀的文化作品振奋民族精神，坚持以人民为中心的创作导向，追求精神高度、文化内涵、艺术价值和谐统一，高扬爱国主义主旋律，弘扬社会主义核心价值观。最后，要加快构建中国特色哲学社会科学，让世界知道"哲学社会科学中的中国"。在2016年哲学社会科学工作座谈会上习近平强调："一个没有发达的自然科学的国家不可能走在世界前列，一个没有繁荣的哲学社会科学的国家也不可能走在世界前列。坚持和发展中国特色社会主义，需要不断在实践和理论上进行探索、用发展着的理论指导发展着的实践。在这个过程中，哲学社会科学具有不可替代的重要地位，哲学社会科学工作者具有不可替代的重要作用。"[1] 构建中国特色哲学社会科学体系要坚持马克思主义的指导地位，扎根中国，汲取外部经验，以中国特色、中国风格、中国气派扎实增强我国哲学社会科学的国际影响力。

（2）关于青年是文化自信关键主体的论述

习近平在纪念五四运动100周年大会上强调："把青年一代培养造就成德智体美劳全面发展的社会主义建设者和接班人，是事关党和国家前途命运的重大战略任务，是全党的共同政治责任。"[2] 青年作为整个社会力量中最积极、最有生气的力量，是国家的未来、民族的希望，是推动历史发展和社会进步的重要力量。坚定文化自信，必须激发青年大学生的文化自觉，培养其全文化创新意识和创造能力。新时代中国青年的历史使命和现实担当，就是坚持中国共产党领导，坚定文化自信，同亿万人民一道，为实现"两个一百年"奋斗目标、实现中华民族伟大复兴的中国梦而奋斗。与其他人民相比，青年大学生除了要具备练就过硬的本领外，还必须具有坚定的文化自信。只有坚定的文化自信才能在意识形态的斗争中坚定立场，在多元文化碰撞激荡中清醒头脑，在利益诱惑中岿然不动。

（3）关于建设社会主义文化强国的论述

当今世界，文化在综合国力竞争中的地位愈发重要，要想在激烈的国

---

[1] 习近平. 在哲学社会科学工作座谈会上的讲话（2016年5月17日）[M]. 北京：人民出版社，2016：2.

[2] 习近平. 在纪念五四运动100周年大会上的讲话（2019年4月30日）[M]. 北京：人民出版社，2019：12.

际竞争中占据一席之地,必须有强大的文化为支撑。实现中华民族的伟大复兴,迫切要求我国必须由文化大国变为文化强国。这既是历史使命,也是时代所需,更是人类进步之责。建设社会主义文化强国要有强大的文化力量,这种力量既包括高度文化素质的国民,发达的文化产业,还包括强大的文化软实力。建设社会主义文化强国,必须培养高度的文化自信,增强国民的文化自觉和文化自信,牢牢把握意识形态领导权,在传承中华优秀传统文化中发展社会主义先进文化。习近平强调,要"用社会主义核心价值观凝魂聚力,更好筑牢中国精神,中国价值,中国力量,为中国特色社会主义事业提供源源不断的精神动力和道德滋养"[1]。建设社会主义文化强国,必须大力发展文化事业和文化产业,深化文化体制改革,繁荣社会主义文艺,构建现代化文艺体系,实施文化惠民工程。建设社会主义文化强国,必须提高国家文化软实力。习近平指出:"提高国家文化软实力,要努力传播当代中国价值观念。当代中国价值观念,就是中国特色社会主义价值观念,代表了中国先进文化的前进方向。我国成功走出了一条中国特色社会主义道路,实践证明我们的道路、理论体系、制度是成功的。要加强提炼和阐释,拓展对外传播平台和载体,把当代中国价值观念贯穿于国际交流和传播方方面面。……提高国家文化软实力,要努力提高国际话语权。要加强国际传播能力建设,精心构建对外话语体系,发挥好新兴媒体作用,增强对外话语的创造力、感召力、公信力,讲好中国故事,传播好中国声音,阐释好中国特色。"[2]增强当代中国思想价值的世界影响和国际认同,实现文化软实力"形于中""发于外"。

(三)中华优秀传统文化构成了新时代大学生文化自信教育的思想渊源

我国有着博大精深的传统文化,这其中,"仁爱""民本""诚信""正义""和合""大同"等思想包含了丰富的文化自觉意识和价值观自信,为笔者研究大学生文化自信教育提供了重要的思想源泉。

---

[1] 中共中央文献研究室编. 习近平关于社会主义文化建设论述摘编[M]. 北京:中央文献出版社,2017:146.

[2] 习近平. 习近平谈治国理政[M]. 北京:外文出版社,2014:161.

1. 仁爱思想

仁爱思想作为儒家的核心思想之一，从孔孟到程朱等历代有代表性的儒学家都以"仁爱"标准为最高的道德准则。据统计，"仁"字在《论语》中出现了109次，孔子对"仁"从不同方面和角度作了全面深入的阐释。[①] 一是主张要有仁爱之心。如提出"仁者爱人""仁者，人也"的理念，认为一个有仁爱的人才能去爱别人，才能算是真正的人。二是主张要自爱。认为自爱是仁爱的起点，并在此基础上不断扩展。三是主张要爱亲人。孔子注重主张孝悌之道，倡导处理一切人伦关系，都要从孝悌做起，也就是要重视血缘亲情之爱。四是主张"泛爱众"，提出了"忠恕之道""己欲立而立人，己欲达而达人"（《论语·雍也》）、"己所不欲，勿施于人"（《论语·颜渊》）等理念，倡导将亲情之"爱"推而广之，主张人与人之间要充满爱心，要爱一切人。五是主张爱万物。儒家思想主张把"仁爱"推向万物，希望达到能够与天地万物为一体的崇高境界。

继孔子之后，孟子进一步发展了仁学思想，提出了"仁政"学说，其核心思想在于倡导统治者要施仁政，以仁爱之心对待百姓，只有这样才能树立威信，统治天下。以仁学思想为核心，孔子、孟子等儒学家分别从修身、齐家、治国等诸多角度和领域提出了仁爱主张，对中国人产生了非常深远的影响。

儒家所倡导的仁爱思想凝聚着中华民族最深层次的价值追求。为了充分发挥以儒家为代表的中华优秀传统文化在当代道德重建中的重要作用，今天仍然需要我们不断挖掘儒学的核心价值，通过切实有效的举措，不断弘扬和践行"仁爱"理念。一是要发挥党员干部的示范作用。只有党员干部怀有仁爱之心，努力做一个仁爱之人，始终坚持以仁为本、以仁立身、以仁办事，才能不断形成社会示范效应，带动广大人民群众践行仁爱之道。二是要大力倡导孝悌之风，如果整个社会都崇尚孝悌之道，仁爱友善、诚实守信的价值观念自然就能够深入人心，其他一些社会问题也可以得到有效解决。

[①] 张绍元，李晓慧. 文化自信——中华优秀传统文化核心思想理念读本[M]. 北京：中国言实出版社，2018：1.

2. 民本思想

从历史上来看，任何一个文明古国的发端和发展，都是从民众开始的。民众是国家的主体和根本。如果没有民众，社会就无从谈起，自然也就不会有国家的存在。民本思想是我国优秀传统思想理念的重要组成部分。老子认为，他理想中的完美国家是百姓根本不知道他们的君王是谁。其隐含的意思就是说，君王并不显贵，也并不高傲，他就隐藏在社会当中，只是在有意无意地为维持整个部落群体的正常运转而默默服务着，是真正的人民公仆。孔子认为君子与小人的区别既不在于地位的贵与贱，也不在于家境的富与贫，而只是在于思想意识和人品的不同。既然君子本来就出身于普通人，一国之君也是从普通人中脱颖而出，国家、社会就没有理由不重视平民群体。

事实上，除了君王，许多古代的贤人、能人也都出自平民。他们尽管都出身于普通百姓，最终却能够有机会成就功业，在地位上变得显贵。比如，商朝时，一个夯土的奴隶傅说被商王武丁看中，后来被提升为宰相，最终名垂千古；姜太公原本只是一个市场上的商贩，却被周文王列为谋士，辅佐周武王伐纣灭商，受封于齐国而成为一等诸侯，等等。

民本思想认为，一个国家重视平民的主要目的，是为了让国家强大，让民众生活幸福，同时也使国民的整体素质得以提升。为此，国家就要通过推行"教民""强民""富民"的政策，来强化国民的整体素质。同时，国家还要兼顾那些弱势群体，通过"忧民"和"养民"的方式对百姓给予关怀，这也是一个国家必要的道德行为。如果民众的整体素质参差不齐，就会导致国家内部矛盾的出现。因此，国家要保持稳定和繁荣发展，必须坚持"顺民""惜民"的原则，注重探索综合"治民"的措施，建立行之有效的法律制度，以法治保障和促进经济发展、社会富足，最终建成一个内部和谐、共同发展、富足强大的国家。这在今天看来，仍然具有重要的借鉴价值。

3. 诚信思想

自古以来，诚信始终是中华传统美德的重要组成部分，也是中华民族最为看重的高贵品质。所谓诚信，具体说来，就是指日常生活中人们行为上的诚实和信用，具体表现为人们在为人处事中态度真诚、老实、信守诺言。

从字面上的意思来理解，"诚信"一词由"诚"与"信"两个部分组成，最初也是被人们分开来使用。关于"诚"，孟子说："诚者，天之道也；诚之者，人之道也。"（《孟子·离娄上》）"信"的基本内涵是指遵守诺言、言行一致、诚实可靠。"诚"主要涉及主体的内在道德品质方面，表现为态度上的真诚；"信"主要关系到主体的外在行为方面，即如何将内在的真诚外化为具体的行动。将内在的"诚"与外在的"信"合二为一，不仅形成了一个内外兼修的词汇，也形成了中华民族千百年来始终坚守的行为规范和道德修养，并逐步形成了内涵丰富的诚信观。历史上，关于诚信的事例不胜枚举，如春秋时期，晋文公在城濮之战中，遵照许诺而"退避三舍"；战国时，吴国公子季札出使归途中，在徐国国君墓前挂剑，等等。这些故事的主人公都将诚信作为自己的行为规范和人生信条。这些故事的广为流传，对后人产生了深远的影响。

诚信作为一种优秀品质，既需要个人去坚守，也需要人们共同去维护。当今社会，人们在追求物质方面满足的同时，不能违背诚信的准则。如果为了满足个人的一己私利而不惜打破"诚信"的社会体系，最终将受到"诚信"规则的惩罚。

4. 正义思想

中国古代的正义思想，最初萌芽于原始社会中的平等观念。所谓正义，是指人们应当按照一定的道德标准去做的事情，通常也代表着一种道德评价。"正义"一词最早见于《荀子·儒效》："不学问，无正义，以富利为隆，是俗人者也。"

正义思想认为，正义应当是个人行为的道德原则和价值标准。《中庸》有："义者，宜也。"可以理解为，"义"是合宜、正当的行为，是"人之为人"的社会性要求，也是人伦之"义"。个人对于国家、父母以及朋友，都贵在坚守一个"义"字。孔子说："君子喻于义，小人喻于利。"（《论语·里仁》）当"义"与"利"发生冲突的时候，儒家通常是倡导"以义为上""见利思义"，也就是以"义"为先，顺"义"而行。

正义思想主张，坚持正义是国家和谐稳定的道德保障和普遍法则。墨子说："天下有义则治，无义则乱。"（《墨子·天志上》）意思是，以"义"治国则人民欢喜、社会和谐，不以"义"治国则人民生乱。这里的"义"是上升到了国家层面上的"义"。贾谊在《新书·威不信》中说："古之正义，东西南北，苟舟车之所达，人迹之所至，莫不率服。"意思是说，执政者遵行"正义"，百姓就能安居乐业，普天之下人迹可至的地方都会甘愿顺服。这些观点都指出了坚持正义对于国家和人民的重要意义。因此，正义是国家富强、民主、文明、和谐的牢固根基。

今天，正义可以理解为符合一定社会道德规范的权利和义务，且通常可认为，正义就意味着公平、公正。从这个意义上说，现代社会提倡"正义"的价值观念仍然是非常有必要的。

5. 和合思想

古往今来，人们始终崇尚和谐的状态，认为不同的事物之间和谐相处、彼此融合，便能组成一个有机的整体，这就是"和合"的基本内涵。在中国传统文化中，"和合"思想有着深厚的文化积淀。"和合"一词最早出现在《国语·郑语》中："商契能和合五教，以保于百姓者也。"这里的"五教"，指的是父义、母慈、兄友、弟恭、子孝这五种道德关系，从而实现彼此间关系的和谐，进而使百姓获得安身立命的资本。古人主张事物的多样性，甚至强调不同的声音、味道、色调、线条、音符等因素相互调和以达到和谐的状态。可见，"和谐"既是对事物内部各要素之间恰当、协调状态的概括，也是对事物外部所呈现的多样性、差别性的普遍肯定。这种对于"和谐"的理解已经达到了一定的高度。

和谐的关系是古人对于社会关系的一种理想化的描述，同时也是对人类社会终极目标的现实追求。这种理想和目标的实现，需要首先实现个人与他人关系上的和谐，进而实现个人与自然、社会以及其他文明关系方面的全方位的和谐。而这种全方位的和谐关系的实现，最终要通过"和合"的途径。

当今社会，经济上已经逐渐实现了富裕，国家的政治制度体系也日趋完善，文化产业的发展也日渐繁盛，然而，个人作为社会关系最基本、最重要的要素，在社会关系的各要素中，却还显得比较薄弱。因此，实现和谐的社会关系，加强个人的道德修养、提高个人的道德水平，始终是不可忽视、不可或缺的重要一环。孔子说"君子和而不同，小人同而不和"（《论语·子路》），就是基于不同人对"和合"理念的不同态度而作出的基本判断。今天，我们建设社会主义和谐社会，本质上也就是挖掘和阐发"和合"

理念的时代价值，使"和合"理念内化于心、外化于行，成为人们共同崇尚的精神追求，成为社会主义核心价值观的文化涵养，成为推动社会和谐发展的动力。

6. 大同思想

中国古代，尽管诸子百家思想林立、学术主张各不相同，但各派思想中都有关于"社会大同"的思想理念。

儒家所主张的大同思想，实质上就是强调人心的统一。孔子提出，一个没有险恶阴谋，没有盗贼戕害，百姓互亲互爱且无须防备小人作恶的理想社会，就是所谓的大同社会。与之不同的是，墨子主张天下"尚同"，希望实现天下人一家亲，反对儒家主张的尊卑高下，虽然墨家也认为人类社会需要官僚体系进行管理，倡导即使身居上位的天子也须顺从上天的意志，然后向下层层传达至于平民，从而使全社会的想法趋于统一；同时，认为国与国之间只有相互亲近而互不侵犯，人民之间也互相友爱而不分远近亲疏，这样便可实现"大同"。以老子为代表的道家也讲求"大同"，但老子所主张的"大同"是指国家之间互不交往、相安无事、各自安定、自给自足，即以众多"小同"共存的形式来实现全天下的"大同"。法家所倡导的"大同"思想，则是利用君王的法、术、势等来强力消灭社会上的罪恶、邪欲，以及人类的私欲、亲情，用赏罚制度引导人民与君王的意志"同一"。

秦朝建立后，推行的"车同轨，书同文"的举措，就是受法家"同一"思想的影响，旨在使人民畏罚而爱赏，实现君王的政令顺畅通行。汉朝之后，则先是实践道家的"同一"思想，统治者休养生息，弥补社会亏空，辅以法家思想惩治社会纷乱。"罢黜百家，独尊儒术"之后，汉代便推行儒家的大同思想，来教化百姓、培养人才；之后，又将儒家的忠孝思想与法家的法治理念进行结合，逐渐形成了沿袭后世的基本治国思想。因此，自汉武帝之后的两千多年封建王朝，基本上主推"外儒内法"的治国理念。

新中国成立以后，中国的治国理念不断赋予大同思想以新的内涵。不但包括国家统一、领土完整的含义，还包括各国人民交往中的求同存异，以及世界各国在政治、经济、文化等领域的相互促进与融合的含义。构建人类命运共同体的命题，是新时代大同思想的体现，必将开启全球化发展的美好未来。

（四）西方文化理论借鉴

西方学者在对文化的研究中没有直接提出过文化自信，更没有提出过文化自信教育的相关理论，但是对文化建设、文化批判却有诸多研究。如法兰克福学派的大众文化批判理论对新时代大学生正确认识文化，理性对待西方文化，坚定文化自信有诸多的借鉴意义；再如约瑟夫·奈提出的文化软实力、巧实力理论，可以使大学生充分认识到文化建设、发展文化的重要性和必要性。这些理论对增强大学生文化自信教育具有一定的理论指导意义和现实经验借鉴。

1. 法兰克福学派大众文化批判理论

从文化的广义范畴说，法兰克福学派对西方发达工业社会的各种批判都可以归结为是文化批判，对文化的批判是法兰克福学派的社会研究中的主要论题。法兰克福学派的文化批判主要针对20世纪30至60年代的美国文化，霍克海默、阿多诺、马尔库塞等研究者都对大众文化进行了深入探讨，形成了"肯定的文化"和"文化工业"的具体研究范畴，对大众文化的商品化、齐一化、欺骗性和控制性进行了深刻批判。大众文化批判理论对全球化、信息化环境下的中国青年大学生正确认识文化、坚定文化自信、建设社会主义文化强国具有重大的现实指导意义。

（1）法兰克福学派的大众文化批判理论

法兰克福学派是指围绕法兰克福社会研究所形成的一个西方马克思主义流派，是西方马克思主义中持续时间最长、影响最大、包含人物最多的流派。诸多研究者认为法兰克福学派的理论从某种意义上说可以统称为批判理论，这是一种新的研究范式，结合哲学与社会科学相关理论，系统整合理性批判和形而上学批判于历史唯物主义。霍克海默、阿多诺以及之后的哈贝马斯对启蒙精神批判、工具理性批判进行了深刻的论述。大众文化批判是启蒙精神批判和工具理性批判的逻辑延伸。法兰克福学派在批判大众文化时使用最多的两个范畴是"肯定的文化"和"文化工业"，从这两个范畴我们能够明晰现代发达资本主义工业社会中文化的异化。

① "肯定的文化"批判

霍克海默（Max Horkheimer）最早于 1936 年在《利己主义和自由运动》提出"肯定的文化"，它是法兰克福学派文化批判的起点。1937 年，马尔库塞（Herbert Marcuse）对这一概念进行了阐述。他认为："所谓肯定的文化，是指资产阶级时代按其本身的历程发展到一定阶段所产生的文化。在这个阶段，把作为独立价值王国心理和精神世界这个优于文明的东西，与文明分隔开来。这种文化的根本特性就是认可普遍性的义务，认可必须无条件肯定的永恒美好和更有价值的世界。"[①] 可见，这种肯定文化就是资产阶级为了维护自身政治统治，通过勾画虚幻的美妙的精神世界消解人们的批判思想和反叛意识。马尔库塞对"肯定的文化"的批判就是对文化的异化批判，最终以摆脱人的异化，寻求人的真正解放。

② "文化工业"批判

霍克海默与阿多诺（Theodor Wiesengrund Adorno）在《否定的辩证法》中提出"文化工业"概念。阿多诺认为："选择文化工业这种表述而舍弃大众文化，其主要原因在于为了消除一种误会，即防止人们望文生义，认为大众文化的主要特点是从人民大众出发，为人民大众服务。"[②] 他们认为，大众文化伴随着社会的发展已经发展成为现代大众文化，而现代大众文化的典型特征就是商品化、标准化、单向化，所以他们建议用"文化工业"代替"大众文化"，以形象地揭露资本主义文化的单调性、利益化和欺骗性。对文化工业的批判在《文化工业：作为大众欺骗的启蒙》中有集中论述：发达工业国家通过现代工业技术大规模的复制生产失去个性的和毫无创造性的文化，用现代娱乐媒介肆意传播物化的虚假的文化，碎片化人们的思想，以达到奴化和统治的目的。

（2）大众文化批判理论对大学生文化自信教育的指导意义

20 世纪 80 年代末，大众文化以港台的流行歌曲、电视剧等形式开始出现在大众视野中，深入到大众生活，也曾一度受到排斥和唾弃，普通百

---

① 马尔库塞. 现代文明与人的困境——马尔库塞文集 [M]. 李小兵，译. 上海：三联书店，1989：120.
② 陈学名，等. 社会水泥——阿多诺、马尔库塞、本杰明论大众文化 [M]. 昆明：云南出版社，1998：5.

姓认为这些靡靡之音、肥皂剧正在玷污人们纯洁的心灵，瓦解人们积极向上的精神斗志，消磨人们的创造力。随着世界局势的复杂多变、经济的高速发展、科技的日新月异，接近世界舞台中央的中国正面临着各种传统与非传统的考验，法兰克福学派的大众文化批判理论对中国文化建设、对新时代大学生坚定文化自信心具有重要意义，"肯定的文化""文化工业"的批判对大学生客观、全面认识现代中西方文化具有重要指导意义。

首先，挣脱大众文化的商品化，坚持以人民为中心。法兰克福学派认为现代资本主义社会中的通俗化、大众化的文化已经丧失了文学艺术的本来面目，丧失了艺术性，丧失了灵性，呈现出商品化的趋势。在中国曾经一度在一定范围也出现过这种文化的商品化现象，片面追求经济利益而忽略文化的社会导向性、大众服务性和思想教化作用，如音乐创作者只关心唱片卖了多少，电影制作者只关心上座率，写手只关心小说的浏览量，与商品拜物教相似，出现了音乐拜物教、电影拜物教、小说拜物教等各种为达到文化的商品利益而叛离创作的初衷。新时代，习近平强调文化建设强调必须坚持以人民为中心的创作，取材人民、扎根人民、服务人民，为人民立言，表达人民心声，以人民满意不满意、答应不答应为检验文学艺术的检验石。一直以来，在中国文化都始终坚持人民的立场，代表最广大人民的利益，近些年一大批弘扬主旋律的电影、音乐、电视节目更是继承和弘扬了中国博大精深的文化，深得民心，这正是中国文化的强大生命力，是我们文化自信的底气，这也是对大学生进行文化自信教育的丰富养料。

其次，冲破大众文化的齐一化，坚持以精品奉献人民。在现代技术广泛发展利用的大背景下，法兰克福学派指出大众文化被流水线化无限复制，呈现单一性、齐一化、标准化的特征，失去了文化、艺术的唯一性和独特性，严重丧失了艺术品的生命和灵魂。伴随着资本主义社会的发展，个人得到发展，但是从另一个层面看却被技术所统治，可以说个人的进步是以牺牲个性为代价的。资本主义社会如此，社会主义社会也难以逃脱机械复制的艺术，男女衣着、饮食习惯、娱乐方式都被网络、电视等左右，相同的服饰、发型……中国学者对大众文化使人丧失个性、变得庸俗不堪、不思进取，有损中国传统伦理道德等方面进行了深刻批评。当代中国文化的发展坚持立足中国现实，植根中国大地，把中国精神、中国价值、中国力量阐释好，坚持原创性是好作品的标志，提出具有自主性、独创性的理论观点，切莫人云亦云，为人民奉献精品。

最后，逃离大众文化的欺骗化，坚持以明德引领风尚。法兰克福学派认为大众文化具有很大的欺骗性，它主动迎合大机器时代机械化、流水线工作的人们，通过各种传媒手段虚幻出人们向往的美好生活，而人们却丝毫没有批判意识并沉浸其中享受乐趣，并自感充实美好。当下，全世界的文化都面临着这种危机，中国文化也不例外，尤以年轻人居多。人们或逃避现实，在虚幻的网络空间文化中放飞自我，或丧失内在的超越维度，习惯于不动脑、无思考的生存模式，不愿意去欣赏传统的艺术文化而乐于接受短视频、直播，不喜欢阅读经典书籍而乐享碎片化的浏览，结果作家、艺术家等文化工作者很少能创作出兼具思想性和艺术性的精品。还有另一种结果就是，虽然创作出了精品却没有真正欣赏它、懂它的观众，这都是大众文化的欺骗性所致。所以，文化工作者要有信仰、有情怀、有担当，创作出有深度、有温度的文化精品。广大青年学生要对西方文化秉持思辨精神和批判意识，能够去伪存真，全面正确认识西方文化，理性对待西方文化渗透。同时，要自觉践行社会主义核心价值观，坚持文化自信，超越大众文化的欺骗维度，抵制低俗庸俗媚俗，守正创新中华优秀传统文化，坚定中国特色社会主义文化，汲取革命文化的无穷力量。

2. 约瑟夫·奈的文化"软实力"和"巧实力"理论

约瑟夫·奈（Joseph Nye）是美国著名的国际政治学家，也是当代西方国际政治学界最具影响力的学者之一，国际关系理论中新自由主义学派的代表人物。他的文化软实力、巧实力理论影响比较大。

（1）"软实力"和"巧实力"理论

20世纪80年代后期，约瑟夫·奈提出"软实力"概念，先后发表了《注定领导》《软实力》《美国霸权的诱惑》《软实力——世界政坛成功之道》等，在这些文献中对软实力进行了全面、丰富的探讨。2005年底，他还发表了《中国的软实力崛起》一文。他认为，随着世界政治关系的变化和信息化、全球化的快速发展，单独依靠经济"胡萝卜"和军事"大棒"等这些看得见摸得着的"硬实力"已经很难威胁、强迫、引诱其他国家做他本不愿意做的事了，这时就得运用另外一种隐形的强大力量，即通过让其仰慕他国的文化、价值观而达到同样的效果,这种力量就是软实力。1999年,约瑟夫·奈在《软实力的挑战》中这样说:"软实力是一国文化与意识形态的吸引力,是通过吸引而非强制的方式达到期望的结果的能力。它通过让人信服的追随,或让他人遵循某种将会促其采取所期望的行为的规范和制度来发挥作用。软实力在很大程度上依赖于信息的说服力。"[1]"软实力是一种通过让他人做他人自己想做的事情而获得预期结果的能力。"[2]可见,软实力就是一个国家的文化和价值观所表现出来的极大影响力、感染力和号召力,是一个国家政治制度表现出的强大吸引力和凝聚力。软实力就是运用文化、价值观、意识形态等这些看不见摸不着的力量说服、诱导、吸引他国自愿地、服帖地跟着模仿,并化为己有。

随着国际关系的变化和自我认识的深入发展,约瑟夫·奈又提出"巧实力"概念。他认为,巧实力既不是硬实力也不是软实力,而是能够有效融合硬实力与软实力的巧妙的战略能力。巧实力是一种合力,但不是硬实力和软实力的简单叠加,而是软、硬的互相渗透,相互补充。巧实力的关键就在"巧",巧就在于要综合、灵活运用硬实力与软实力。硬实力是强迫人去做本身不想做的事情,过度强迫往往会事与愿违;软实力是通过吸引产生力量,而这种吸引产生效能的过程漫长,所以,就需要有一种力量能够融合软硬实力,达到软硬兼施效果,并能适情况、情势所变而随时变化,适人群性质随时运用不同方法,通过巧妙运用让硬实力发挥软实力的作用,让软实力达到硬实力的效能。

(2)对大学生文化自信教育的借鉴意义

约瑟夫·奈的"软实力"理论虽然产生于资本主义社会,意在输出美国的文化、意识形态、价值观等在世界范围得到认可并加以传播,以维护其在世界中的霸权地位,但在一定意义上对中国软实力发展、对中国建设社会主义文化强国有着重要的启示作用。一个国家要想真正成为现代化的强国,不仅要依靠强大的经济实力,还要有高度发达的精神文明,强大生命力的文化力量。要提高中国的软实力,就要在继承和弘扬中华优秀传统

---

[1] 韩勃. 江庆勇. 软实力:中国视角[M]. 北京:人民出版社,2009:2.
[2] 罗伯特·基欧汉,约瑟夫·奈. 权力与相互依赖[M]. 门洪华,译. 北京:北京大学出版社,2002:37.

文化的基础上，创新发展和创造性转化，同时吸收借鉴各国优秀文明成果，兼收并蓄，大力发展文化事业和产业，强化中国文化的影响力，积极参与文化的对话交流，提高中国在国际事务中的话语权，增强国家的软实力。青年大学生是祖国的未来，民族的希望，实现中华民族伟大复兴的担当者，所以更要抓紧抓好青年一代的文化自信，充分彰显文化软实力作用在中国青年身上的体现。同时，在对大学生进行文化自信教育的过程中，借鉴"巧实力"的思想内涵，要有"软"有"硬"，巧妙运用"巧"的力量和方法，让文化的自信心真正植根于内心，让自信的文化植根于家庭、学校、社会，并且在代际间、朋辈间产生强大的感召力和吸引力。

二、新时代大学生文化自信教育的现实依据

新时代大学生文化自信教育，不仅要以丰富、系统的理论作为指导，更要建立在深厚的现实基础之上。生产力的发展为文化自信奠定了坚实的物质基础，文化的繁荣发展为文化自信提供了现实条件，全面从严治党构成了文化自信的政治保障，社会发展成为文化自信的心理支撑。

（一）生产力的发展为文化自信奠定坚实基础

第一，生产力的发展促进了我国经济的快速增长。关于生产力的理论观点是马克思主义唯物史观的重要内容，马克思正是运用科学的生产力观点，对纷繁复杂的社会现象进行透视，才得以揭示出人类社会发展的客观规律。新中国成立以来，特别是改革开放以来，中国在马克思主义的指导下，沿着符合本国国情的道路不断前进，不断解放与发展生产力，取得的经济成就令世人瞩目：改变了经济发展相对落后的状态，成长为世界第二大经济体；扭转了物质贫困的发展中国家的形象，成为物质上强大的发展中大国；摆脱了传统工业经济形态，呈现出新型数字经济业态，打破了传统的经济布局，建立了合理的现代化经济秩序。在改革开放的三十多年里，我们党团结带领人民所进行的改革开放的伟大实践，促进了社会生产力的极大提高，走过了西方发达国家上百年甚至几百年所走过的工业化道路，为文化自信奠定了坚实的物质基础。

第二，生产力的发展促进了我国文化生产力水平的提升。改革开放40

多年来，在对市场化、信息化、全球化深入发展的适应性变革中，我国文化的发展水平逐渐与社会生产力的发展水平相适应，不断彰显了文化生产力的显著特征。其间，我国公共文化设施和产品供给繁荣发展：博物馆从340多家增加到4700多家，公共图书馆从1200多家增加到3100多家，文化馆（站）从不到7000个增加到44000多个，艺术表演团体从3100多家增加到15700多家。①党的十六届四中全会正式提出"深化文化体制改革，解放和发展文化生产力"②的发展目标，在全社会范围内形成了文化是社会发展的推动力量、决定着社会发展方向的普遍共识，促进了文化体制的改革和文化产业的升级发展，不断拓展了文化发生作用的范围和深度，激发了文化自信的根本动力。在解放和发展文化生产力的伟大实践中，中国开辟了特色发展道路，形成了特色理论体系，确立了特色制度，发展了特色文化，迎来了伟大复兴的光明前景。

（二）文化繁荣为文化自信提供现实条件

第一，文化的繁荣发展取得了丰富的成果。党的十七大提出了"推动社会主义文化大发展大繁荣"③的目标。党的十九大进一步提出"要坚持中国特色社会主义文化发展道路，激发全民族文化创新创造活力，建设社会主义文化强国。"④这成为进一步促进文化繁荣发展的根本遵循。改革开放40多年来，我国的文化建设走上了繁荣发展的道路，这为文化自信提供了现实的基础和条件。通过不断改革与实践，确立了统一开放的现代文化市场体系和竞争有序的文化产业布局，形成了与社会主义市场经济体制相适应的文化发展格局。通过不断改革与实践，积累了深入推进文化改革与发展的实践经验，促进了公益性文化事业和经营性文化产业的协同发展，文化繁荣发展的生机和活力不断得以激发，文化发展取得了丰富的成果。

---

① 坚定文化自信建设新时代社会主义文化强国——改革开放40年文化体制改革成就综述[EB/OL].（2018-08-26）[2022-11-05]. http://www.xinhuanet.com/2018-08/26/c_1123329711.htm.
② 中共中央文献研究室编. 十六大以来重要文献选编（中）[M]. 北京：中央文献出版社，2006：284.
③ 中共中央文献研究室编. 十七大以来重要文献选编（下）[M]. 北京：中央文献出版社，2013：562.
④ 习近平. 决胜全面建成小康社会 夺取新时代中国特色社会主义伟大胜利——在中国共产党第十九次全国代表大会上的报告（2017年10月18日）[M]. 北京：人民出版社，2017：41.

第二，文化的繁荣发展激发了文化自信的精神动力。中华民族伟大复兴目标的实现，我们既需要在物质上的崛起，也离不开精神上的强大。习近平指出："只有物质文明建设和精神文明建设都搞好，国家物质力量和精神力量都增强，全国各族人民物质生活和精神生活都改善，中国特色社会主义事业才能顺利向前推进。"① 一个国家的综合实力包含物质层面的硬实力和文化价值观层面的软实力，"中国强起来"应当在物质和精神之间保持合理的张力，物质上的落后抑或是精神上的迷失都不可能成为真正意义上的现代强国。文化的不断发展，丰富了人们的精神世界，增强了国家的软实力，激发了文化自信的精神动力。一是中国特色社会主义文化理论不断丰富和发展。人们深刻认识到文化是经济社会发展的不竭动力，是满足人民精神文化需求的重要途径，是综合国力的重要标志，文化的发展要把握正确的方向、坚持科学的发展战略、依靠正确的发展力量。二是丰富了广大人民群众的精神文化生活，促进了人的全面发展。通过不断改革与实践，各类主体的活力和创造力都得到了有效激发，极大地丰富了社会文化生活，全社会参与文化建设的积极性空前高涨，文化产品和服务在满足人们的多样化需求、引领社会风尚和整合社会意识中发挥着越来越重要的作用。

（三）全面从严治党为文化自信提供政治保障

第一，全面从严治党增强了文化自信的底气。中国共产党领导人民进行革命和建设的实践证明，中国共产党不愧为中国革命的领导者，带领全国人民夺取了革命和建设的一个又一个胜利，同时，中国共产党也不愧为文化建设的领导者，肩负起了文化自信重建的历史使命。中国特色的政党制度具有鲜明的比较优势，是文化重建和民族复兴的强大政治力量。一党主导、多党合作的政党模式可以有效整合社会资源，能够实现集中力量办大事；中国的政治制度能够保持大政方针政策的稳定性和连续性，具有长远战略规划的定力；中国共产党崇尚实干兴邦，对出现的挑战及时反应，具有高效的决策执行力。因此，中国共产党能够同时肩负起救亡图存和民族复兴的历史使命，能够带领全国人民创造出革命的和发展的世界奇迹。

---

① 习近平. 习近平谈治国理政[M]. 北京：外文出版社，2014：153.

没有中国共产党的坚强领导,中国不可能摆脱旧社会、旧制度的束缚,也就不可能重新步入文化自信的发展轨道。同样,没有全面从严治党的深入推进,中国共产党很难始终保持先进性,中国的文化自信也不可能拥有十足的底气。

第二,全面从严治党奠定了文化自信的政治基础。经过几年的不断努力,全面从严治党取得了非常显著的成效。通过"两学一做"等系统的学习教育活动,从思想上坚定了全党的理想信念和党性观念。通过颁布和修订《中国共产党廉洁自律准则》《中国共产党纪律处分条例》等一系列党纪党法,切实强化了全党规矩意识,并进一步增强了全党的"四个意识",贯穿落实了"两个维护",从管党方面加强了各级党组织的管党治党能力建设。通过坚持坚决查处各种违反纪律的行为,实现了从执纪方面严明党的政治纪律和政治规矩。通过深化干部人事制度改革,树立了正确的用人导向,优化了选人用人的环境氛围,实现了从严治吏。通过严格落实八项规定和严厉整治"四风",切实加强了党的作风建设,进一步密切了党同人民群众之间的血肉联系。通过不断"打虎""拍蝇""猎狐"以及中央和省级党委巡视工作的全覆盖,实现了对腐败问题的标本兼治。总之,通过全面从严治党向纵深推进,弘扬了党内正气,促进了党风的好转,净化了社会风气,凝聚了人心,积聚了社会发展的力量,强化了中国共产党在人民群众心目中的良好形象,极大提升了广大人民群众对中国特色社会主义文化的情感认同,奠定了新时代文化自信的政治基础。

(四)社会发展为文化自信提供心理支撑

第一,社会发展的成就增强了人们的民族自豪感。中国特色社会主义的不断发展,使广大人民群众的民族自豪感从内心深处油然而生。今天,中国拥有全世界最完整的工业链条,已经成为世界经济复苏的引领者。从百姓温饱不足,到步入世界中等收入国家行列,中国的财富增长速度堪称世界奇迹;从世界边缘,到走向世界舞台的中央,中国在全球治理体系建设中越来越发挥着不可替代的作用。所有这些,都彰显了一个强大的中国正在崛起。如此巨大的制度变革、经济增长和社会进步只是在短短几十年的时间里就得以实现。这些辉煌的成就令每一位中华儿女为之自豪,凝聚着民族复兴的强大力量。

  第二，社会发展的水平坚定了人们对文化发展的信心。中国的政治、经济和社会变革的发展速度和水平，超过了世界上的任何一个国家。中国取得举世瞩目的经济成就，从一个经济发展相对落后的国家成长为世界经济潮流的重要引领者，创造了世界奇迹。全面从严治党使人们看到了建设廉洁政治的希望，全面依法治国使人们看到了建设法治中国的希望，全面深化改革使人们对全面建成小康社会充满期待，"一带一路"倡议使人们对人类命运共同体充满期待，中国共产党的治国理政举措和发展思路，为人类提供了"中国智慧"。随着中国一步步地接近民族复兴的伟大目标，中国自信也在一步步地增长。从表现形式上来说，中国特色社会主义文化自信表现为一种心理状态和精神气质，但自信的基础并不在于心理的强大，而是在于中国社会发展的硬实力。中国所选择的发展道路、制度模式和价值观念，已经成为文化自信的强大心理支撑。

第四章 新时代大学生文化自信教育的现实审视

我们应该把握住这个能够有效提升大学生文化自信的时代机遇，加强高校思想政治教育改革创新，利用百年未有之大变局的契机，尽力扭转大学生文化自信备受西方影响的不利格局，大力提升大学生对中国特色社会主义文化的自豪感和认同感，为国家培养更多合格的中国特色社会主义建设者和接班人，为早日实现伟大复兴的中国梦提供有力的人才支撑。因此，深入了解大学生的文化自信基本情况以及当前大学生文化自信教育现状至关重要。为了全面、客观地了解大学生文化自信教育现实情况，笔者通过"问卷星"对大学生文化自信现状调查，采取随机抽样的方法。本次调查针对江苏省各高校的大学生，调查通过网络链接直接访问、微信、手机提交等渠道共收回有效问卷1 476份。通过对调查数据进行统计分析，直观而全面地显现出大学生文化自信的现实表现以及大学生对当前国家、社会、高校、家庭的教育评价与期待。依据调查问卷和访谈结果，本章将从现状分析、存在问题以及分析问题成因三个方面分析当前大学生文化自信教育现状。

一、新时代大学生文化自信教育的现状

（一）新时代大学生文化自信的现状调查

1. 问卷调查目的

毛泽东同志强调："没有调查研究就没有发言权。"[1]因此，为了准确

---

[1] 毛泽东选集（第四卷）[M]. 北京：人民出版社，1991：1127.

了解、把握新时代高校大学生文化自信教育的现状及特点,科学分析大学生文化自信教育存在的问题,进而寻求相应的工作对策,笔者结合研究内容,通过"问卷星",在江苏省部分高校进行了大学生文化自信教育情况的调查。

2. 问卷调查内容

本次调查主要以问卷的形式进行。调查问卷由调查对象个人信息和问卷内容组成。问卷内容共分为两部分:第一部分旨在调查新时代大学生对中国优秀传统文化、革命文化以及社会主义先进文化在理论认知、情感认同以及实际践行等方面的情况;第二部分旨在调查新时代大学生开展文化自信学习和接受教育的基本情况,尤其是存在的问题。两部分内容有总有分、各有侧重,互相联系又相对独立,基本上能够共同反映新时代高校大学生文化自信教育的总体情况。

3. 调查数据基本情况

为了保证数据的有效性和取样的科学性,根据调查工作的需要,结合目前实际情况和现有条件,在本次调查地区选样上确定以江苏省部分高校为例进行调查。问卷分为两部分,第一部分是大学生的基本情况,这一部分是为了保证问卷填写的实效性,防止有不是学生的其他社会人员作答。在被调查的学生中男生有649人,占43.97%,女生有827人,占56.03%;文史类学生有627人,占42.48%,理工类学生有399人,占27.04%,艺术类学生有221人,占14.97%,其他类学生有229人,占15.51%。第二部分就是整个问卷的重点,包括对中华优秀传统文化的认知、践行以及对西方外来文化的态度。另外就是通过一些具体的生活习惯来反映新时代大学生文化自信的状况,据此针对问卷中得出的结论做进一步分析整理。

(二)新时代大学生文化自信教育的成效

大学生文化自信是一个文化认知、文化情感、文化意志以及文化行动相互作用、相互促进的过程。因此,立足于新时代,坚持以问题意识为导向,以社会实践调查为依据,以知、情、意、行理论为遵循,全面把握新时代大学生文化自信及教育取得的成效和存在的问题,将为进一步完善和创新文化自信教育路径提供方向指引。

1. 大学生具备了一定的文化认知

中华文化是一个由优秀传统文化、革命文化、社会主义先进文化等共同构成的多层次、多维度的丰富体系。大学生的主要任务是学习，应努力学习中华优秀传统文化，不断夯实自身的知识积累，提升自身文化素养。通过调查统计发现，新时代大学生对中华文化有一定的认知积累，为进一步加强大学生文化自信教育奠定了基础。

其一，中华优秀传统文化是一个包含史学典籍、艺术绘画、古典戏剧等元素的宝库，是文化自信教育的宝贵资源。表4-1关于"大学生对中国传统文化的了解情况"的相关调查数据显示：62.68%的人对中国传统文化略有了解，15.58%的人对各方面均有了解，13.04%的人精通某些方面，还有8.7%的人对其几乎不了解。表4-2关于"了解中国传统节日及其由来"的数据显示：43.48%的人"能说出中国传统节日，不清楚由来"，42.75%的人"都略有了解"。综合表4-1和表4-2的数据结果，可以得知：当代大学生对传统文化有一定的兴趣和认识。

表4-1　大学生对中国传统文化的了解情况

选项	小计	比例
A. 对各方面均有了解	156	15.58%
B. 精通某一方面	130	13.04%
C. 都略有涉及	627	62.68%
D. 几乎不了解	87	8.7%

表4-2　了解中国传统节日及其由来的情况

选项	小计	比例
A. 对节日和由来都很了解	109	10.87%
B. 能说出节日，不清楚由来	435	43.48%
C. 都略有了解	428	42.75%
D. 几乎不了解	29	2.9%

其二，红色文化是革命实践的伟大创造，是文化自信的重要支柱。革命精神、革命历史以及革命遗址是红色文化的重要组成部分。表4-3关于"了解中国革命的发展历程"的数据显示：9.42%的人"都非常了解"，43.12%的人"熟悉部分历史"，35.14%的人"大致地了解"，9.78%的人"略有了解"，2.54%的人"基本不了解"。表4-4关于"了解黄继光、杨靖宇、刘胡兰等革命英雄及其事迹"的数据显示：17.75%的人对英雄人物及其事迹"都有深入的了解"，23.19%的人"听过名字，不了解事迹"，55.8%的人"部分了解"。因此，从表4-3和表4-4的数据结果中得知：当前大部分学生比较熟悉黄继光、杨靖宇、刘胡兰等家喻户晓的革命英雄，熟记长征精神、井冈山精神、南泥湾精神等革命精神和典型的革命事迹及其当代意义，具有一定的理想信念。

表4-3　了解中国革命的发展历程的情况

选项	小计	比例
A. 都非常了解	94	9.42%
B. 熟悉部分历史	431	43.12%
C. 大致地了解	351	35.14%
D. 略有了解	98	9.78%
E. 基本不了解	26	2.54%

表4-4　了解黄继光、杨靖宇、刘胡兰等革命英雄及其事迹的情况

选项	小计	比例
A. 都有深入的了解	178	17.75%
B. 听过名字，不了解事迹	232	23.19%
C. 部分了解	558	55.8%
D. 基本不了解	32	3.26%

其三，社会主义先进文化是当代中国的新文化，是民族的、科学的、大众的文化。习近平多次强调，没有先进文化的引领，一个民族不可能永

久屹立于世界。新时代大学生应该自觉用先进的马克思主义最新理论成果武装头脑，自觉用先进的社会主义核心价值观指导实践。表4-5关于"马克思主义中国化的最新理论成果是什么"的调查数据显示：67.75%的人对马克思主义中国化的最新理论成果有正确的认识，但也有26.09%的人存在错误认识，6.16%的人表示不知道和不了解。表4-6关于"大学生对社会主义核心价值观的了解程度"的数据显示：25.36%的人"十分了解"，46.38%的人"基本了解"，22.1%的人"一般了解"，还有3.99%的人"仅听说过"。从表4-5和表4-6的统计结果可知，绝大多数大学生对先进文化有一定的关注和认识，有一定的学习主动性和学习兴趣。

表4-5 了解马克思主义中国化的最新理论成果是什么的情况

选项	小计	比例
A. 习近平新时代中国特色社会主义思想	677	67.75%
B. 中国特色社会主义理论体系	214	21.38%
C. 科学发展观	33	3.26%
D. 其他	14	1.45%
E. 不知道	62	6.16%

表4-6 大学生对社会主义核心价值观的了解程度

选项	小计	比例
A. 十分了解	254	25.36%
B. 基本了解	464	46.38%
C. 一般了解	221	22.1%
D. 仅听说过	40	3.99%
E. 完全不了解	21	2.17%

2. 大学生形成了基本的文化认同

文化自信是一种包含对我国文化发展的过去、现在以及未来的一种向上的稳定心理倾向。文化认同是文化自信的情感基础，是实现中华文化自强的情感支撑。表 4-7 关于"您比较喜欢中国节日还是西方节日"的数据显示：25% 的人表示"都喜欢"，56.4% 的人"比较喜欢中国节日"，15%的人"比较喜欢西方节日"。从中可以看出，大部分新时代大学生对中国传统节日充满喜欢和认同感，同时比较理性地看待西方文化。

表 4-8 关于"您对革命精神的态度是什么？"的数据显示：60.14% 的人认为"很有意义"，28.4% 的人"比较有意义"，12% 的人认为"不太有意义"和"已经过时了"。绝大多数大学生认同革命精神具有重要的历史和现实意义。新时代大学生正处于世界观、人生观以及价值观形成的核心时期，通过理论教学、实践体验以及环境熏陶等方式，帮助学生形成对中华文化的情感认同、理性认同以及价值认同具有重要意义。

表4-7 您比较喜欢中国节日还是西方节日

选项	小计	比例
A. 都喜欢	250	25%
B. 比较喜欢中国节日	564	56.4%
C. 比较喜欢西方节日	150	15%
D. 都不喜欢	36	3.62%

表4-8 您对革命精神的态度是什么

选项	小计	比例
A. 很有意义	601	60.14%
B. 比较有意义	284	28.4%
C. 不太有意义	100	10%
D. 毫无意义，已经过时了	15	1.45%

3. 大学生参与了基础的文化实践

自觉进行文化创新和文化践行是大学生文化自信教育的出发点和落脚点。新时代大学生作为社会主义事业的开拓者和奋进者，也是传承、保护和创新文化的中坚力量。从中得知，大学生的文化践行包括全面的文化传播能力、文化保护能力和文化创新能力，三者彼此联系、层层递进。

表4-9 如果学校举行关于宣传和弘扬中华优秀传统文化的实践活动，您会参加吗

选项	小计	比例
A. 有时间，一定会积极参加	540	53.99%
B. 看情况，不会主动积极参加	384	38.41%
C. 不参加，没有意义	51	5.07%
D. 不清楚	25	2.54%

表4-9关于"如果学校举行关于宣传和弘扬中华优秀传统文化的实践活动，您会参加吗"的数据显示：53.99%的人表示"有时间，一定会积极参加"，38.41%的人"看情况，不会主动积极参加"，分别有5.07%和2.54%的人表示"不参加，没有意义"和"不清楚"。表4-10关于"您参加过参观红色景区、革命遗址等革命文化景点的活动吗"的数据显示：16.67%的人表示"经常参加"，77.17%的人"偶尔参加"，6.16%的人"从不参加"。表4-11关于"您在现实生活中，有没有按照社会主义核心价值观的标准要求自己"的调查数据显示：15.22%的人"完全践行"，68.84%的人"基本践行"，13.04%的人"很少践行"以及2.9%的人"完全没有践行"。从中可以反映出大部分大学生能够主动把传承、保护和创新中华文化作为一种使命、一种追求，积极主动地在实践活动中进一步深化自己的文化自信，将为新时代文化自信教育积蓄力量。

表4-10 您参加过参观红色景区、革命遗址等革命文化景点的活动吗

选项	小计	比例
A. 经常参加	167	16.67%
B. 偶尔参加	772	77.17%
C. 从不参加	61	6.16%

表4-11 您有没有按照社会主义核心价值观的标准要求自己

选项	小计	比例
A. 完全践行	152	15.22%
B. 基本践行	688	68.84%
C. 很少践行	130	13.04%
D. 完全没有践行	30	2.9%

二、新时代大学生文化自信教育存在的问题及原因

（一）新时代大学生文化自信教育存在的问题

1. 部分大学生对传统文化存在自卑心理

第一，对于中国优秀传统文化的精髓理解不系统。中华民族在长期的发展历程中，积淀形成了博大精深的传统文化。作为中华民族的后代，特别是当代大学生，理应对这些传统美德与民族精神方面的精华成分进行系统学习、深刻理解并自觉传承。然而，现实情况却不容乐观。调查显示，当代大学生对中华文化的发展演进历程表示"非常了解"的为38.0%，另有27.0%的人表示了解程度"一般"，还有3.9%的人表示不了解。鸦片战争以来，中国的国门被列强的利炮攻破，国人"天朝上国""唯我独尊"的梦想彻底破灭，西方文化迅速涌入中国，中国传统文化的优势荡然无存。一时间学习西方的浪潮迅速掀起，加之我国传统文化中腐朽、没落的一面被片面放大，我国的传统文化一再遭到贬低。即便是到了今天，这种对传统文化过度偏激的认识还在源源不断地给部分国人带来对传统文化认知上的消极影响。

第二，对于中国优秀传统文化的时代价值认识不充分。改革开放40多年来，中国取得了举世瞩目的伟大成就。这些伟大成就的取得，原因固然是多方面的，但文化因素必然是其中最重要的因素。中国特色社会主义文化的蓬勃发展，超越了资本主义文化因工业化发展带来的局限，有效破解了人类发展面临的诸多困境，形成了激发人的潜能与活力、促进人的全面发展、推动经济社会全面进步、促进全球共同发展的"中国模式"和"中

国力量"。然而，当代大学生对中国优秀传统文化当代价值的认识却并不充分。数据显示，近20%的大学生缺乏对民族优秀传统文化的自豪感。这表明，部分当代大学生对于中国优秀传统文化的情感认同还不够充分，尽管从总体上看，当代大学生对中国优秀传统文化高度认同，但仍存在部分群体对于优秀传统文化认识比较模糊、关注程度还不够，对于中国优秀传统文化的价值认识严重不足、理解也比较偏颇，对于文化因素在经济社会发展中的作用估计与评价过低，对于中国优秀传统文化的当代价值缺乏足够的信心。

2. 部分大学生存在文化认知问题

事物都有其两面性，在看到大学生文化自信积极一面的同时，也要看到其消极的一面。通过分析调查结果可以看出大部分学生具有高度的文化自信，但也有一小部分学生存在文化自信消极的情况，具体表现在对文化自信的内容不了解，即对中华民族优秀文化认知不足、对中华民族优秀文化践行能力差、对西方外来文化的盲目跟从。

（1）对中华优秀传统文化及其意义认知片面

中华优秀传统文化是中国5000多年文明保持、没有中断的重要基石，也是推动中华民族实现伟大复兴的动力源泉。因为中华优秀传统文化突出的历史和时代价值，大学生必须在新时代背景下大力传承和弘扬中华优秀传统文化。新时代大学生对中华优秀文化的理论认知是坚定文化自信的一个重要内容，但是目前大学生在坚定文化自信过程中存在一部分大学生对中华优秀传统文化的内容了解程度不高，并且对学习中华优秀传统文化的意义存在认知片面现象。

第一，对中华传统优秀文化的了解程度不高。中华优秀传统文化是我们党和国家宝贵的精神财富，在新时代，它更是中华民族以昂扬之态屹立于世界民族之林的强大底气和自信来源，大学生学习了解中华优秀传统文化可以对中华文化有更深层次的了解。在其博大精深的文化体系中蕴含着丰富的人文精神，有利于帮助提升大学生的文化知识底蕴，帮助大学生养成优秀的个人品质，并且有助于培育大学生社会责任担当意识，是大学生在成长成才中不可或缺的软实力。但是在现实生活中，存在部分大学生对中华优秀文化不了解的现象，或者是存在片面的了解甚至是误解，以及对中华优秀传统文化的所蕴含的重要意义不清楚。

第二，对学习中华优秀传统文化的意义认知片面。在调查关于"学习中华优秀传统文化有何意义"时，总体上认知情况良好，但也存在部分学生认知片面。大部分学生认为学习中华优秀传统文化既有利于自身发展，也有利于更好的建设社会主义社会（占77.98%）：选择有利于传承文化精神，弘扬优秀的传统精神，有助于建设中国特色社会主义社会的比例位居第一（占46.61%）；选择修身养性可得一技之长，丰富自身文化内涵的第二（占31.37%）；选择没有特别意义，纯粹学习认知的第三（占17.34%），占认为有意义的同学的三分之一；对学习中华传统优秀文化意义有其他看法的第四（占4.67%）。

从以上数据分析得出，大学生对学习研究中华优秀传统文化的重要性的认识还是有所欠缺，对其纯粹是理论的学习，没有从更深层次去了解中华优秀传统文化的重要性，只是机械被动地学习其理论知识。这些表现展现出了部分大学生在心理上对我国文化的不自信，对中华优秀传统文化的了解停留在表层，缺乏深入。学生只看到了"传统"而忽略了"优秀"，提到传统文化想到的就是"封建"，认为这种文化在今天的信息时代是过时的，没有继续学习与继承的必要。这种不正确的观点致使很多大学生对中华优秀传统文化存在误解，是大学生建立文化自信的一大障碍。不忘本来才能开辟未来，善于继承才能更好创新。只有了解过去才能创造更好的而未来，只有了解了中华优秀传统文化，才能明白其博大精深，从而更好地继承。

（2）对革命文化及其教育意义了解得不够透彻

随着改革开放以来经济快速发展，人们的生活质量日益改善，在生活中不能切实地感受到革命年代所孕育的革命精神，再加上一代代传承的断续，新时代大学生对革命文化的认知与情感体验都有所欠缺，具体表现为对革命精神的了解不深入以及对革命文化的教育意义的漠视与淡忘。

第一，对革命文化的了解不深入。革命文化是中国共产党和中国人民经过长期的革命斗争实践形成的，并且在各个历史时期经过不断的发展、探索，具有鲜明的"红色基因"，承载了对国家独立、民族解放、国家富强、人民幸福的精神诉求。对革命文化的认知理解有利于帮助大学生坚定理想信念和提升其道德品质，在新时代和平与发展的时代背景下，大学生担负着实现中华民族伟大复兴的重任，在物质富足的社会环境中生活，更加需要革命文化中的艰苦奋斗的革命精神来历练、磨练自己，不负历史与人民的重托。

在调查关于"长征精神在新时代是否具有意义"时（见图4-1），选择"比较有意义，但需要结合时代发展"的位居第一（占52.51%），表明大学生认知表现出积极的一面，对待事物有辩证的眼光；选择"十分有意义，坚定的理想信念是新长征路的制胜法宝"的第二（占27.3%）；整体上看起来对待革命文化的大都呈积极状态；表现消极态度的比例虽然占比不高（占20.19%），但是问题依然险峻：选择"不太有意义，时代背景已发生变化"的第三（占10.3%），这部分学生认为长征精神只适用于长征时期，在新时代的今天，长征精神所蕴含的精神内容已经不具有任何教育、启示意义；选择"说不清楚，目前看不出来"的第四（占5.49%），不关注长征精神的时代作用；选择"完全没有意义，已经过时了"的所占比例位居第五（4.4%），这部分学生完全不了解革命文化，以至于对革命文化存在一定误解，认为长征精神在现在完全已经过时了，是要被淘汰掉的。在上述分析中得出大学生对革命文化的消极态度主要表现在对革命精神的淡忘、对革命历史的了解浅薄。自改革开放以来，我们的生活质量越来越好，生活的幸福指数也越来越高，当代大学生从出生就生活在幸福和睦的氛围里，对革命年代的生活没有一个切实的体会，对一些描述革命的书籍和影片中描述的革命精神感觉缥缈，只是在课本上学到理论性的革命精神。

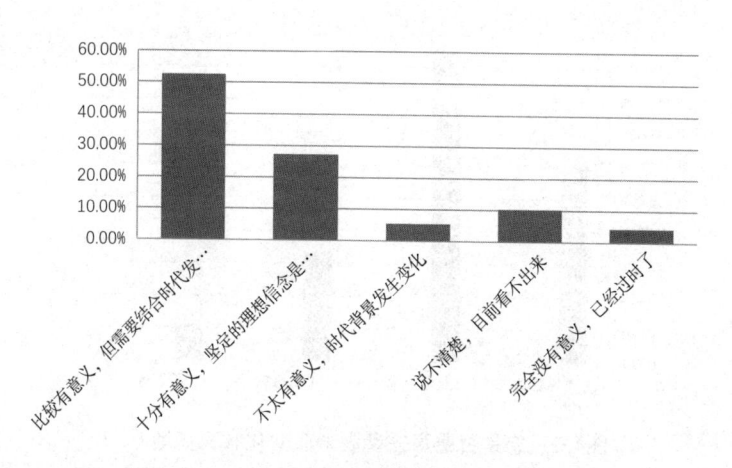

图4-1 "长征精神"在新时代是否具有意义

第二，对革命文化的教育意义的漠视与淡忘。在调查关于"是否愿意去参观革命文化教育基地"时（见图4-2），选择比较愿意的位居第一（占47.62%）；选择非常愿意的第二（占30.22%）；大部分学生表现出积极的态度，呈现出情况良好的状态。但与此同时表现消极的部分也要引起重视：选择不太愿意去参观的第三（占16.60%）；选择不愿意的位居第四（占5.56%），表现出强烈的消极态度。从以上分析可知，大学生中存在部分学生对革命文化的教育的漠视与淡忘。

革命文化教育基地承载了我们党和军队坚定不移的理想信念，显示了革命先辈顽强拼搏、勇于创新的精神，有利于对大学生进行思想政治、理想信念、爱国主义教育。革命文化教育基地也是一种对大学生进行爱国主义教育的载体，在特定的环境里教育起到的作用也是事半功倍。革命文化是我国的特色文化，对大学生进行革命文化教育有助于大学生树立起革命文化的自信，从而可以帮助大学生了解和掌握我国革命文化，进而认识到我国革命文化的特色与优势。通过在革命文化教育基地的学习与感悟，能够领悟到我们国家的革命先烈身上表现出来的爱国情怀和无私奉献的精神，从而起到对大学生的教育作用。

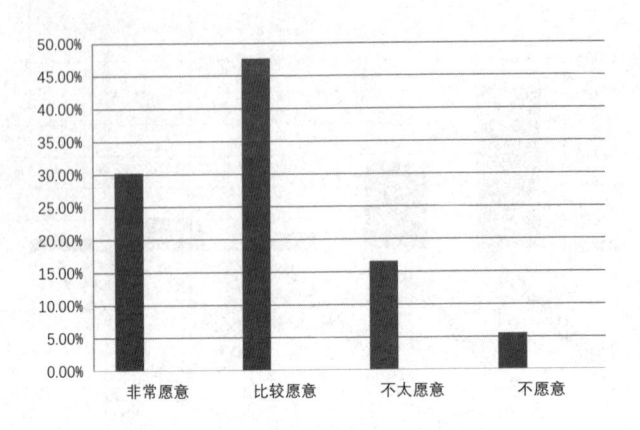

图4-2 您是否愿意去参观革命文化教育基地？

（3）对社会主义先进文化的前进方向把握不够

新时代大学生肩负实现中华民族伟大复兴的历史重任，大学生知识涵养的高低与国家的文化软实力密切相关，大学生对社会主义先进文化的关注与学习可以更好地弘扬文化精神，促进其健全人格，实现全面发展。但是在问卷调查过程中通过分析数据发现，在现实生活中存在部分大学生对社会主义核心价值观的不重视、对国家时政热点不关注的现象。

第一，对社会主义核心价值观的不重视。社会主义核心价值观代表了中国先进文化的前进方向，是增强社会主义先进文化凝聚力、吸引力和竞争力的精神支撑和价值灵魂。大学正处于确立人生价值观的关键时期，青年的价值取向决定了未来整个社会的价值取向。有时候越是简单基础的知识越容易让人忽略，社会主义核心价值观扎根于我们的日常生活中，默认每个人都知道其具体内涵。经过调查，结果不容乐观。

在调查关于"是否知道社会主义核心价值观的内容"时（见图4-3），选择正确答案的为84.62%，选择错误答案的为15.38%，总体趋势成良好状态，但是也存在部分学生对社会主义核心价值观的内容不了解或了解得不透彻、不细致的情况。

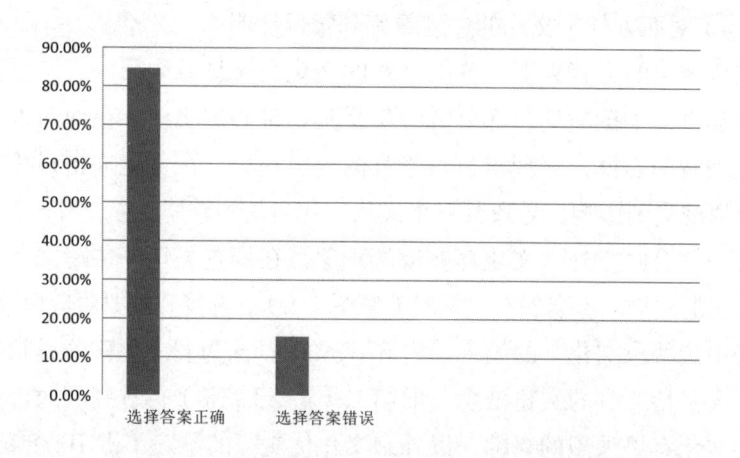

图4-3　您知道社会主义核心价值观的具体内容吗

第二，对国家时政热点不关注。我国定期召开的人大会议、政协会议都是我国重要的政治会议。关系着我们的民生，是十分重要的会议，大学生作为国家新的一批奋斗者和使命者应当时常关注我国的重大会议，了解国家最新资讯和动态，为做好一个合格的接班人而认真学习。在调查关于"是否会定期关注我国历届定期召开的人大、政协等会议"时（见图4-4），选择"不是每次都观看我国历届定期召开的人大、政协等会议"的第一（占57.32%）；选择"很关注，每次都观看"的第二（占34.62%）；选择"不关心，从来都不看"的第三（占8.06%）。从上述数据分析得出：部分大学生对国家时政热点关注较少。

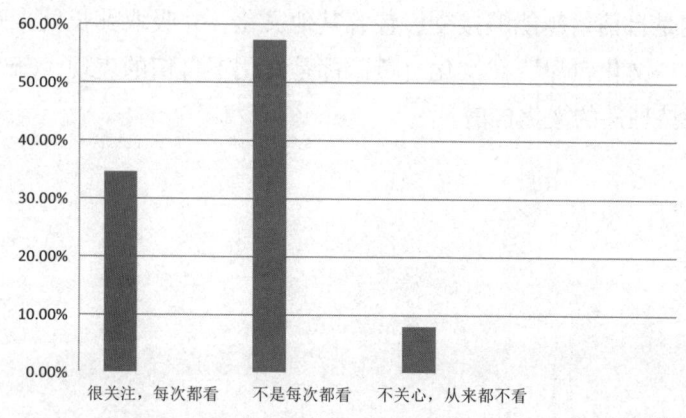

图4-4　您是否会定期关注我国历届定期召开的人大、政协等会议

（4）对西方外来文化的过度看好和警惕性弱

在全球化的大背景下，各国之间的文化交流日益频繁，大学生正处于价值观建立的关键时期，部分大学生受其好奇心的驱使，在面对外来文化时缺乏理智的态度，表现出盲目崇拜的消极现象，在文化冲击过程中，自身的价值观受到影响，导致其对本文族文化自信不够坚定。

第一，对西方外来文化存在极端现象。在调查关于"在跨文化交流中遇到文化的碰撞，您会怎么做"时（见图4-5），选择"既要吸收外来精华，又保持中国特色文化"的第一（占57.78%）；认为"文化碰撞是很正常的想象，会坚持原有的文化信念"的第二（占23.95%）；选择"对外来文化比本国文化有更强烈的兴趣，以外来文化优先"的第三（占10.78%）；选择"外来文化种种方面都好，值得全盘吸收"的第四（占3.89%）；选择"骄傲地宣传我国文化，不接受对方文化"的第五（占3.59%）。

上述数据显示，在跨文化交流遇到文化碰撞时，大部分学生表现出理性的态度，认为在文化交流中吸收借鉴外来文化时会坚定自己的文化信仰，并吸收借鉴外来文化的优点，这是文化自信的表现。但是也存在部分学生在面对文化碰撞时表现出极端的"一边倒"现象，有的学生认为外来文化的各个方面都好，值得全盘吸收。这是典型的对本民族文化的自卑情结，是文化不自信的表现，完全否定中华文化几千年传承蕴含的优良传统与美德。还有学生认为在文化交流过程中，应该骄傲宣传我国文化，不接受对方的文化，表现为"文化自负"，是过度的文化自信，也是不可取的。一个民族越是自信，越能够接受、包容其他文化，并吸取其长处来弥补自身的不足。"文化自卑""文化自负"都是文化不自信的表现，新时代大学生应当保持理性的文化自信。

第四章 新时代大学生文化自信教育的现实审视

既吸收外来精华，又保持中国特色文化 57.78%
这是很正常的现象，会坚持原有的文化信念 23.95%
对外来文化比本国文明有更强烈的兴趣，以外来文化优先 10.78%
外来文化种种方面都很好，值得全盘吸收 3.89%
骄傲地宣传我国文明，不接受对方文化 3.6%

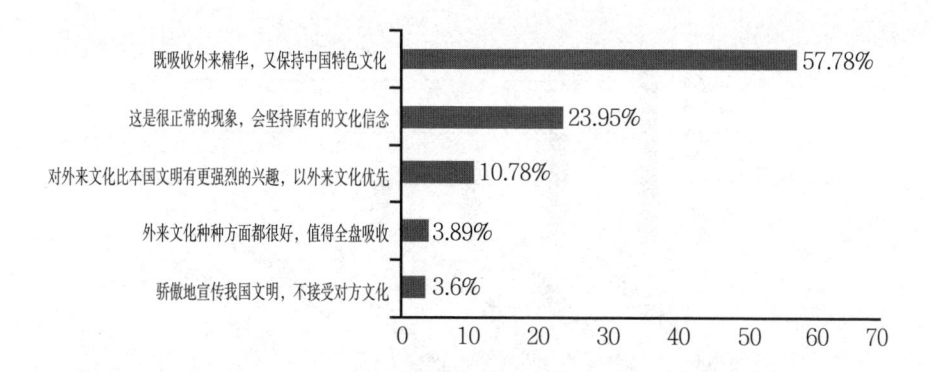

图4-5　在跨文化交流中遇到文化的碰撞，您会怎么做

第二，对西方外来文化冲击警惕性不高。在当今世界，多元化是发展的一个总趋势，各国之间的文化在交流互鉴中发展融合，在此过程中难免有一些西方的腐朽思想趁机传入我国，对社会主义核心价值观等主流意识形态造成冲击。大学生作为正在接受高等教育的一批特殊人才，其意识形态和价值观也相应地受到一定的冲击，从而影响他们的价值判断，做出错误的人生选择，如此势必会影响我国的发展，影响我国建设社会主义文化强国进程，因此，关注西方文化对大学生的价值观冲击十分有必要。

在调查关于"您觉得西方文化对自己的影响有哪些（多选）"时（见图4-6），选择"更多地发现本国文化的魅力"的第一（占65.92%）；选择"开阔了自己的视野，转变了思考问题的方式"的第二（占40.18%）；选择"改变了自己的价值判断"的第三（占30.01%）；选择"在比较中更多地发现本国文化落后"的第四（占22.63%）；认为"没有受到影响"的第五（占2.3%）；选择"使自己感到迷惑"的第六（占0.47%）。

从上述数据分析可知，部分大学生在西方文化的冲击下，思想观念和价值判断发生了改变，这十分不利于大学生的健康发展。理想信念是一个人的精神信仰，信仰出现了问题，就像人缺了钙一样，不能健康的茁壮成长。故此，大学生一定要树立高度的文化自信，才能抵御这种腐朽文化的冲击，拥有积极健康的人生。

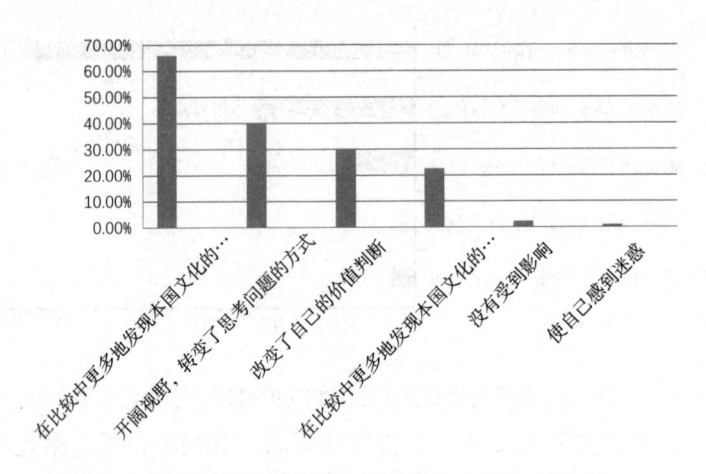

图4-6 您觉得西方文化对自己的影响有哪些（多选）

3. 部分大学生存在文化践行问题

大部分学生积极践行中华优秀传统文化，但是也有部分学生在践行中消极、懒散，严重地影响了坚定文化自信的程度，不利于其自身健康发展。

（1）对中华优秀传统文化的创新性和自觉性差

经过世代传承与发展，中华优秀传统文化特有的精神内涵影响着中国人民的价值观、审美观和思维方式，是联系中华民族情感的纽带。我们既要有选择地继承、发扬传统文化中的优秀遗产，更要勇于发挥创造性思维，力求达到新的高度，这才符合文化发展的客观规律。新时代大学生作为实现中华民族伟大复兴的建设者、接班人，应担负起传承和创新中华优秀传统文化的责任。但是，通过调查发现，部分大学生没能较好地传承、创新中华优秀传统文化，具体表现为对文化创新的能力较差、参加文化实践活动的自觉性差。

①文化创新能力差

大学生对中华优秀传统文化的践行可以体现为对中华优秀文化的传承与创新，创新能力不可能一步到位，需要在传承的基础上经过不断的积累沉淀，对中华优秀传统文化有选择地传承与弘扬，结合时代特点，内化为促进大学生健全人格、促使其全面发展的优良品格。新时代大学生对中华优秀传统文化的创新能力不足主要表现为对中华优秀传统文化继承创新的效果不佳、对文学艺术、主流话语权继承创新的张力不足，并且对生活和学习中的道德文明和风俗习惯的继承和创新欠缺。

在调查"平时您会用'吾日三省吾身'来要求自己吗"（见图4-7）时，选择"不太会经常反省自己"的第一（占45.24%），选择"偶尔会反省自己"的第二（占33.33%），选择"经常会反省自己"的第三（占16.67%），选择"不会反省自己"的第四（占4.76%）。以上数据表明部分学生在日常生活中没能把中华优秀传统文化内化为自己的优良品格，对优秀的品格继承和创新有所欠缺。

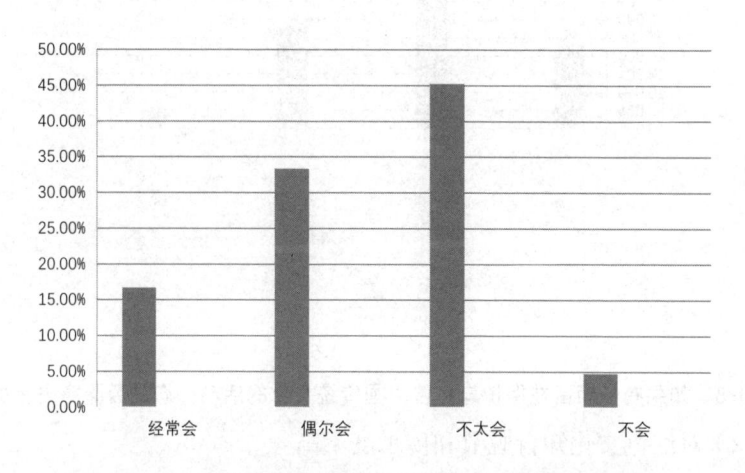

图4-7 平时您会用"吾日三省吾身"来要求自己吗

②参加文化实践活动自觉性差

文化自觉是一个人对文化自觉主动地认识和把握。文化自信和文化自觉二者的关系是密切联系的，自觉学习能增强了对文化的了解，在此基础上加强文化自信又能促进人们持续不断地学习。文化自觉是文化自信的前提，没有文化自觉就不会主动学习文化。实践是检验真理的唯一标准，不参加实践就无法获得理论背后的真知，就无法感受到中华优秀传统文化的魅力。在实际学习生活过程中，部分大学生缺乏参加实践活动的亲身体验。

在调查"如果有一项旨在保护与宣传中国传统文化的活动是否会参加"时（见图4-8），选择"在时间允许的情况下就参加"的第一（占43.77%）；选择"虽然不会参加，但很支持这样"的活动的第二（占27.30%）；选择"无论什么时候，只要有活动就会参加"的第三（占23.24%）；选择"不参加，认为这样的活动没意义"的第四（占5.69%）。

从上述数据可以看出，大部分学生意识到参加保护与宣传中国传统文化的活动对发扬中华优秀传统文化的积极意义，在主观意愿上是非常积极的，但同时也有部分学生认为参加这样的活动没有意义，落实不到具体实践行为上，产生了一种看过、想过即理解了、懂得了、获得了的错觉，部分大学生文化践行的主动性还有待提高。

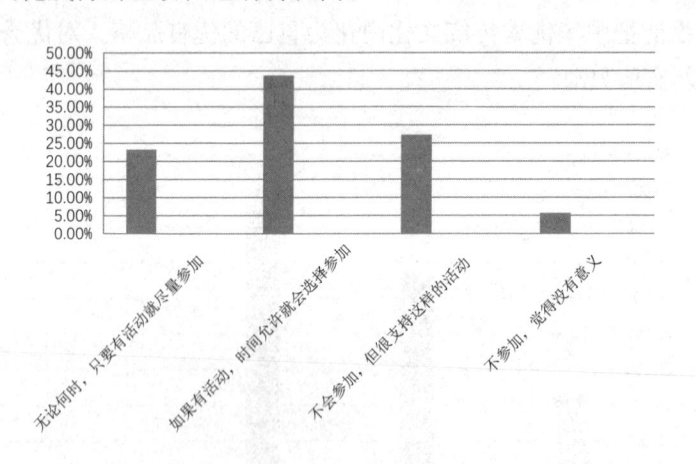

图4-8　如果有一项旨在保护与宣传中国传统文化的活动，您是否愿意去参加

（2）对红色文化知行脱节和传承度不高

中国红色文化作为中华文化的组成部分，在中国社会发展中起到了不可代替的突出作用。由于中国红色文化形成的特殊背景，当下大学生从小就生活在和平的美好生活氛围中，有些大学生认为在当代红色文化已经不适用于现代社会的需要，对红色文化的重要性视而不见。

①大学生存在知行脱节现象

在调查"是否愿意去参观革命文化教育基地"时（见图4-9），选择"比较愿意去参观红色文化教育基地"的第一（占47.63%）；选择"非常愿意去参观红色文化教育基地"的第二（占30.22%）；选择"不太愿意去参观红色文化教育基地"的第三（占16.6%）；选择"不愿意去参观红色文化教育基地"的第四（占5.55%）。

从上述数据可以看出，大部分学生意识到参观红色文化教育基地具有十分重要的教育意义，在主观意愿上是非常积极的，但同时有部分学生表示不愿意去参观红色文化教育基地，认为没有任何意义，落实不到具体的实践行为上,产生了一种看过、想过即理解了、懂得了、获得了的错觉,部分大学生文化践行的主动性还有待提高。

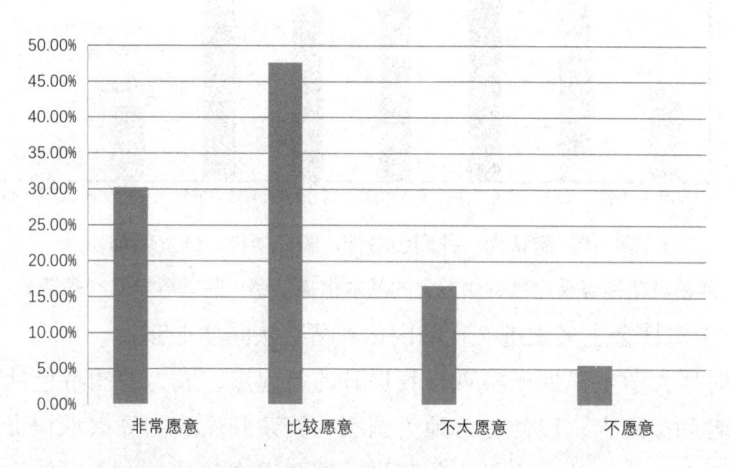

图4-9 您是否愿意去参观红色文化教育基地

②对红色文化传承度不高

在调查"您认为,井冈山精神、长征精神、延安精神、西柏坡精神等革命精神中包含的基本精神,哪一些值得学习(多选)"时(见图4-10),选择"应该学习不断进取、百折不挠精神"的第一(占85.25%);选择"应该学习立足实践、勇于创新品质"的第二(占83.19%);选择"应该学习坚定的理想信念追求"的第三(占73.16%);选择"应该学习团结一致精神"的第四(占70.21%);选择"应该学习艰苦奋斗精神"的第五(占70.80%);选择"应该学习爱国精神"的第六(占37.76%);选择"应该学习自我牺牲精神"的第七(占29.79%);认为革命精神中所包含的精神由于时代的不同,对今天已经不适用了,不值得学习,这种观点所占比例位居第八(占4.72%)。

分析以上数据得知,部分大学生认为革命精神在当今不具有任何意义,没有必要去学习,表现出对革命文化的传承度不高的现象。

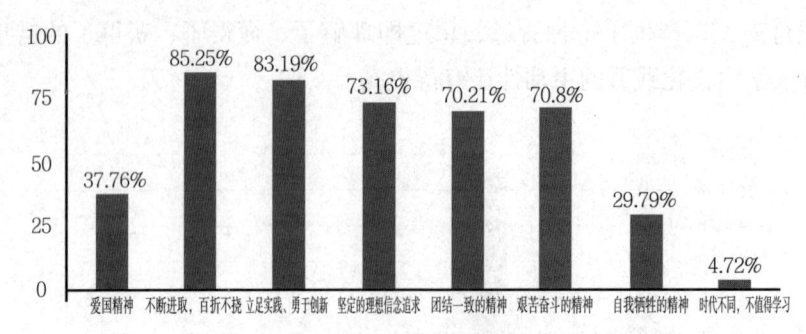

图4-10 您认为，井冈山精神、长征精神、延安精神、西柏坡精神等革命精神中包含的基本精神，哪一些值得学习（多选）

（3）对社会主义先进文化的内化和情感认同度不够

新时代大学生正处于实现自我提升的新起点，成为中国特色社会主义的建设者和接班人，以便更好地为国家的繁荣和民族的复兴承担责任。社会主义先进文化是社会主义文化建设的重要组成部分，大学生作为中国未来社会发展的中坚力量，有必要学习先进的社会主义文化，并将其应用于实践。但是通过问卷调查分析我们可以看到，一些大学生对先进的社会主义文化没有给予足够的重视。

①内化行为不够

在调查"您读过哪些关于记录习近平总书记事迹和讲话精神的书籍（多选）"时（见图4-11），选择阅读过《习近平谈治国理政》的第一（占48.51%）；选择阅读过《习近平的七年知青岁月》的第二（占38.14%）；选择阅读过《习近平讲故事》的第三（占35.03%）；选择阅读过《梁家河》的第四（占27.57%）；选择阅读过《习近平在正定》的第五（占18.83%）；选择只是对其中的一本书粗略的浏览过，没有读完的第六（占12.6%）；选择一本都没有读过的第七（4.74%）。

以上数据可以看出，大学生关于记录习近平总书记的书籍的整体阅读水平一般，有关记录习近平总书记相关事迹和讲话精神的书籍都是当下十分重要的先进性的信息和政策，直接关系到民生，作为新时代的大学生应该认真研读相关书籍以增长自己对时政的了解，帮助自己开阔视野，有利于科学思维的养成。但是在现实生活中，存在部分学生对相关书籍不感兴趣，因为学习而学习，这都是对社会主义先进文化内化不够的表现，没有把先进文化真正的内化为自己的知识，导致知行不一。

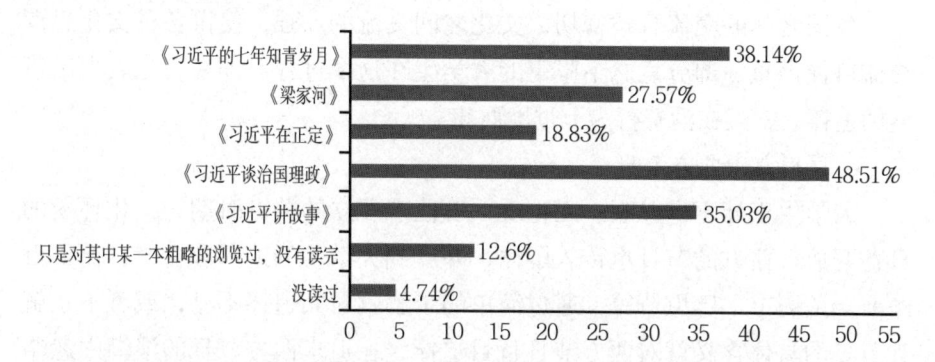

图中数据：
- 《习近平的七年知青岁月》 38.14%
- 《梁家河》 27.57%
- 《习近平在正定》 18.83%
- 《习近平谈治国理政》 48.51%
- 《习近平讲故事》 35.03%
- 只是对其中某一本粗略的浏览过，没有读完 12.6%
- 没读过 4.74%

图4-11 您读过哪些关于记录习近平总书记事迹和讲话精神的书籍（多选）

②情感认同度偏低

在调查"对社会主义核心价值体系的了解（多选）"时（见图4-12），选择"社会主义核心价值体系是与我国国情相适应"的发展结果的第一（占84.37%）；选择"社会主义核心价值体系是继承传统基础上的创新"的第二（占72.81%）；选择"社会主义核心价值体系的作用是日益显现出来"的第三（占72.57%）；选择"社会主义核心价值体系是每一位领导集体智慧的结晶"的第四（占72.27%）；选择对社会主义核心价值体系"只了解皮毛，只是记忆了一些要点"的第五（占8.85%）；认为社会主义核心价值体系"跟自己关系不大，没必要进行深入了解"的第六（占3.24%）。

以上数据表明，部分大学生对社会主义核心价值体系的情感认同度偏低，认为跟自己没有关系，表现出消极的态度。

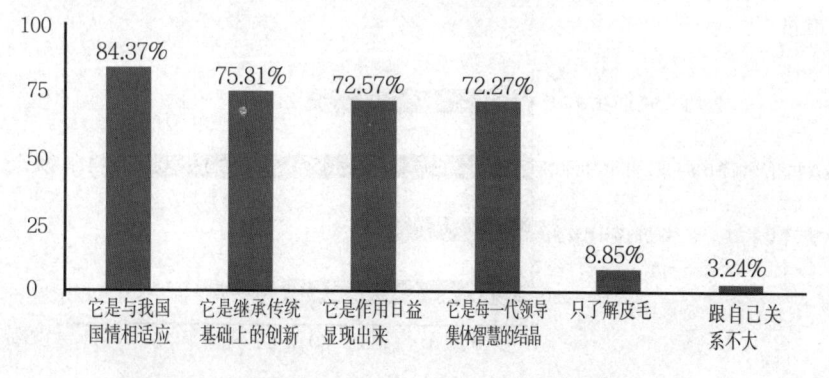

图中数据：
- 它是与我国国情相适应 84.37%
- 它是继承传统基础上的创新 75.81%
- 它是作用日益显现出来 72.57%
- 它是每一代领导集体智慧的结晶 72.27%
- 只了解皮毛 8.85%
- 跟自己关系不大 3.24%

图4-12 您对社会主义核心价值体系的了解是（多选）

（4）对外来文化盲目追捧和消费理念西化

各国之间的交流日益密切，文化之间交流的加强，使得各种文化思潮交流碰撞严重。部分意志不坚定的大学生在这个过程对外来文化表现出过度的追捧，并且在消费行为上过度西化。

①盲目尊崇西方节日

大学生正处于世界观、人生观、价值观建立的关键时期，文化环境的日益开放，西方的节日也传入国内，并受到大学生的追捧和喜爱，比如万圣节、圣诞节、感恩节等，通过简单的了解就对其追捧不已，或者不了解其节日的具体含义就对西方节日盲目追捧，在追求西方节日的浪潮中忽略了中国传统节日，忘记了中国传统节日背后所蕴含的深厚的历史文化底蕴。外来文化既有好的方面，也有不好的方面，需理性辩证地看待，不能将一切都收入囊中。新时代我国社会主义建设进入关键时期，在这个时期，必须重视大学生的价值观选择，要引导大学生树立正确的价值观，坚定实现中华民族伟大复兴的理想信念不动摇。

在调查"您喜欢过圣诞节、情人节、狂欢节等西方节日，还是春节、端午节、重阳节、中秋节等中国传统节日"时（见图4-13），选择"有年味儿的中国传统的节日多一点"的第一（占41.12%）；选择"中西方节日都喜欢"的第二（占23.64%）；选择"偏向中秋节等传统节日"的第三（占21.54%）；选择"浪漫的西方节日"的第四（占13.7%）。从上述分析中可以看出，部分大学生对一些西方文化的态度还较为模糊，这也反映出西方节日文化对大学生文化选择方面的冲击力，这种情况必须引起我们足够的重视。

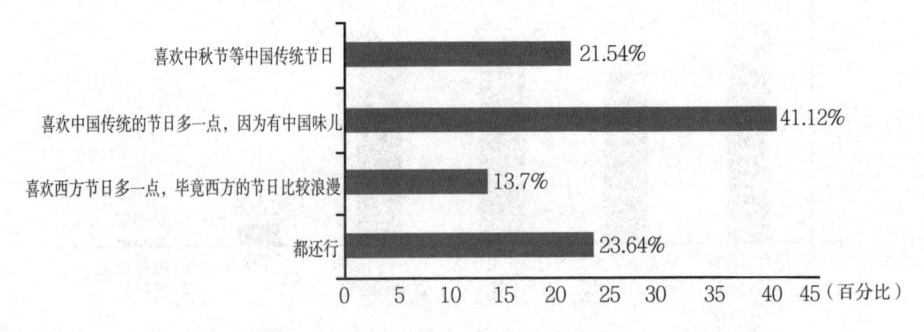

选项	百分比
喜欢中秋节等中国传统节日	21.54%
喜欢中国传统的节日多一点，因为有中国味儿	41.12%
喜欢西方节日多一点，毕竟西方的节日比较浪漫	13.7%
都还行	23.64%

图4-13　您喜欢过圣诞节等西方节日，还是春节等中国传统节日

在调查"您对于节日西化持什么看法"时（见图4-14），选择"中西方节日各有其特点和精华，应在传承发展中国节日的基础上，引进西方优秀节日"的第一（占72.29%）；选择"中国节日自有其魅力和意义，应传承和发展中国节日，抵制外来节日"的第二（占20.87%）；选择"西方节日更加丰富多样，比中国节日有趣，应该按照西方来过节日"的第三（占4.13%）；"对节日西化表示无所谓，认为文化节日与自己没有关系"的第四（占2.71%）。

从上述数据分析得知，大部分学生对西方节日保持理性的态度，认为西方节日也有其值得学习的地方，不应一味地否定与追捧，应该在传承发展中国节日的基础上，可以适当引进西方优秀的节日。但是也有部分大学生认为应该抵制西方节日，这是不太理智的做法。中华民族素来有包容的美德，我们应当包容借鉴，不应该将其拒之门外。还有部分学生认为西方节日更加有趣，应该按照西方节日来过，这是一种文化不自信的表现，否定自己国家的民族节日，盲目追崇西方节日，是不可取的。

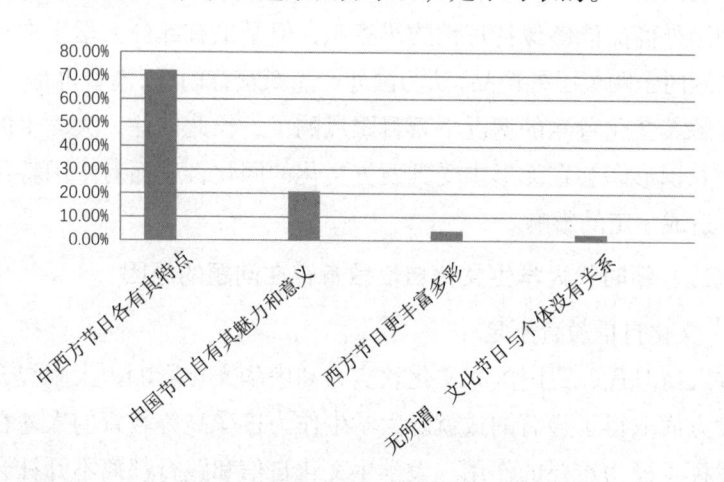

图4-14 您对于节日西化持什么看法

② 消费理念西化

新时代大学生受西方消费主义影响明显，当下"网购""代购""线上免税店"等便捷的购物渠道越来越多，大学生越来越倾向于购买国外产品。在调查"平时购物倾向国内商品还是国外商品"时（见图4-15），选择"国内国外商品都喜欢"的第一（占50.75%），选择"喜欢国内商品的多一点，表示支持国货"的第二（占 28.36%），选择"只喜欢国内商品"的第三（占 11.94%），选择"喜欢国外商品多一点"的第四（占 7.46%），选择"只喜欢国外商品"的第五（占 1.49%）。

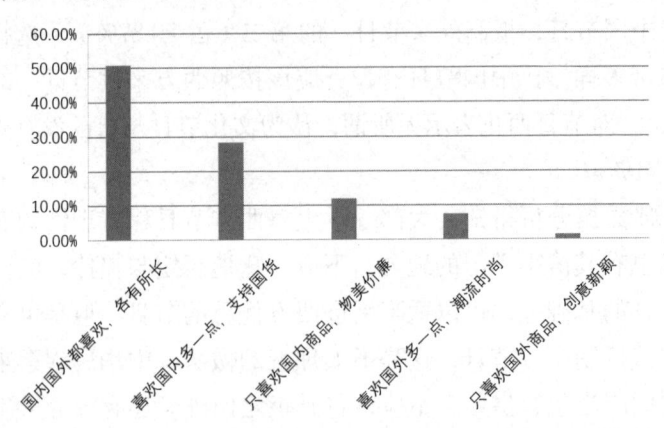

图4-15　根据您平时的购物习惯，您倾向国内商品还是国外商品

上述数据表明，大部分大学生在购买消费中保持理性头脑，对于国内商品和国外商品能够保持理性购买意识，但是也有部分大学生在日常消费中更加倾向于购买国外产品，认为国外产品新颖有创意。消费也是一种文化，在不了解其文化背景的情况下盲目跟风购买，长此以往，大学生的消费理念甚至意识形态会在无形中受到西方文化的同化，进而对中国特色社会主义事业造成一定的影响。

（二）新时代大学生文化自信教育存在问题的原因

1. 文化自信教育不足

进入新时代，我国国家文化软实力和中华文化影响力大幅提升，在文化建设方面取得了显著的成就。大学生作为接受高等教育的人才在这个过程中发挥了极为重要的作用。大学生文化自信和践行都离不开社会主体对大学生的文化自信教育，但是由于社会主义在进行文化自信教育时容易受到主观和客观条件受限的影响，从而影响对大学生文化自信教育的效果。在调查"从社会主体教育方面来看，您认为下列哪些会影响大学生坚定文化自信（多选）"时（见图 4-16），选择"校园文化实践活动匮乏"的第一（占 58.21%），选择"校园文化环境建设较差"的第二（占 53.73%），选择"家庭文化氛围淡薄"的第三（占52.24%），选择"家长文化意识较低和大学生文化自觉性差"的第四（占34.33%），选择"大学生综合素质较弱"的第五（占31.34%）。

项目	百分比
校园文化实践活动匮乏	58.21%
校园文化环境建设较差	53.73%
家庭文化氛围淡薄	52.24%
家庭文化意识较低	34.33%
大学生文化自觉性差	34.33%
大学生综合素质较弱	31.34%

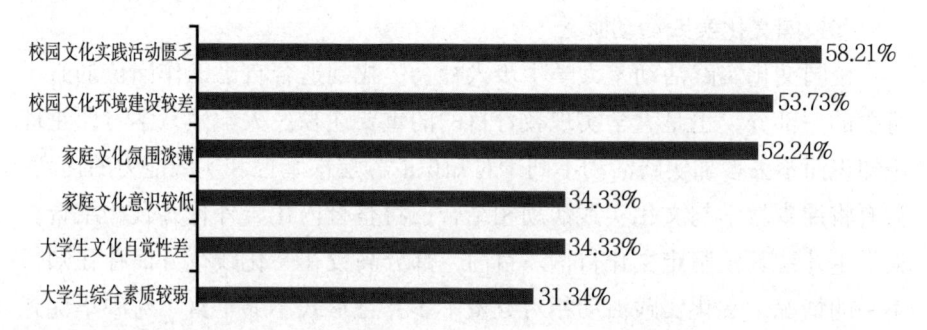

图4-16 从社会主体教育方面来看，您认为下列哪些会影响大学生坚定文化自信（多选）

分析上述数据，可将原因概括为三个方面：其一是学校教育有待提高；其二是家庭教育有待重视；其三是大学生自我教育有待加强。

（1）学校教育有待提高

鉴于高校作为大学生坚定文化自信的一个极其重要的场所，对于高校文化环境建设、校园文化活动匮乏等不足应予以重视。

①高校文化环境建设有待优化

新时代高校文化环境建设也在与时俱进的优化。虽然高校在校园建设方面的成果较多，但是关于高校文化环境建设的成果却相对较少。校园是一个活动场所，强调活动的内容和氛围，注重第二课堂的学习，从而提高文化素质，使文化环境对大学生坚定文化自信起到潜移默化的熏陶作用。目前高校的扩招形势使得学生人数猛增，学生来自全国乃至世界各地，价值理念、行为方式都各有其特点，同处于一个环境时会产生摩擦甚至冲突，容易让一些大学生在价值判断和价值选择上产生困惑和迷茫。再加上校园硬件设备条件有限，在满足不了学生的需求时，学生容易出现浮躁、没有耐心和对校园的消极情感，在此时，校园文化显得尤为重要。良好的校园文化可以让学生在课堂之外的校园环境中得到第二次文化的洗礼。

目前我国高校校园环境大都呈现出绿化、美化和亮化等特点，缺乏一种接地气的、可以满足学生所需要的人文精神的孕养。应当建设一个气质独特且充满人文气息的校园，从实际出发，遵循以人为本理念，从学生的审美需要、精神需要、行为需要、知识需要、受尊重需要等方面考虑，切身为学生着想，为学生服务，为学生提供一个和谐、能实现自我价值的校园环境。

②校园文化实践活动匮乏

校园文化实践活动是大学生步入社会、找到适合自己工作岗位的必不可少的一部分，也是大学实现教育目的的重要途径。大学生只学习课堂理论知识而不去参加实践活动不利于对知识的深层次掌握和实践能力的提高，只有将课堂教学与文化实践活动相结合，将整合内化与外化实践相结合，大学生才能真正坚定文化自信。目前，部分高校在文化践行方面存在知行不一的情况，文化实践活动相对数量不多并且形式不够丰富，对中华优秀传统文化的宣传力度不够，对社会主义先进文化的传承弘扬度不够，在利用现有科技、校园资源以及学校各个平台方面做得还不够，这样十分不利于大学生坚定文化自信。

（2）家庭教育有待重视

家庭是大学生的第一所学校，父母是大学生的第一任老师。对大学生的文化自信教育，小到家长的言传身教，大到家庭的文化氛围都对孩子起到潜移默化的作用。但是由于家庭的生活压力和家长自身的文化素养，在对孩子进行文化教育的过程中，效果不是很显著，导致大学生对中华优秀文化等认知不足，或漠视或误解。

①家长的文化素养不高

首先，家长自身的文化素养不高，缺乏从小培养孩子树立文化自信的意思，由于自身文化知识的匮乏，没有意识到坚定文化自信对大学生健全人格、成长成才的重要性。家长的举手投足之间流露出来的个人修养在对大学生的教育中都会体现出来。

其次，科学技术推动社会经济快速发展，家长受到来自生活、工作的压力以及市场经济利益驱动下产生的拜金主义、享乐主义、极端个人主义的影响，有的家长价值理念发生了改变，追求功利主义和实用主义，过度追求物质利益，将中华民族的传统美德全然抛之脑后，忽视了中华优秀传统文化所蕴含的重要价值。家长在教育大学生时应起到模范示范作用，家长的价值理念也会影响大学生的价值理念的塑造。部分家长过分追求大学生在校期间获得的名利,要求大学生在学校参加各种竞选,争取各种荣誉,导致大学生的功利思想越来越严重。

②家庭的文化氛围不浓

英国教育学家约翰·洛克认为家庭教育的好坏会决定孩子的一生,由此可见家庭的文化氛围在大学生坚定文化自信的过程中扮演着不可或缺的角色,起着十分显著的作用。这种无形的文化环境潜移默化地熏陶着大学生的文化内涵,表现出来强大的教育教化作用。家长的文化素养在一定程度上可以决定家庭的文化氛围。家长的文化素养高,其道德品行和文化学识会对大学生的成长成才产生积极影响,在这种氛围下成长的大学生相比其他学生,其民族自尊心、自信心都会更加强烈,相应地对中华优秀文化和社会主义先进文化有着强烈的认同感。相反,如果家长的文化素养不高,对文化教育的重视度必定不高,在大学生成长过程中对中华优秀传统文化的继承就会出现缺失,十分不利于大学生的健康发展。

(3)自我教育有待加强

新时代大部分大学生表现出阳光积极、具有强烈的爱国情感,对中华民族文化表现出极强的信心,充满信心,但是由于他们还不具备成熟的心理素质,综合素质较弱,再加上对文化自觉性差,往往表现出对文化自信的消极情感。

①大学生综合素质较低

大学生综合素质也是影响大学生坚定文化的因素之一,具体包含有大学生自身特点、大学生学习态度的不端正、对中华优秀传统文化掌握程度等内容。

第一,大学生正处于人生学习成长的关键时期,此时的大学生心智没有完全成熟,理想信念不是非常坚定,容易动摇;受好奇心的驱使,对各种新事物充满好奇,容易被不良文化思想误导,导致对中华优秀传统文化的认同弱化,继而动摇大学生对文化自信的坚定。

第二,大学生学习态度的不端正。在学习过程中缺乏主动性,部分学生对马克思主义、中华优秀传统文化相关课程不够重视、缺乏兴趣,学习更多的是为了应付考试,获得学分,顺利毕业,更多的是为了学习而学习,导致不能很好地掌握自己学到的文化知识。这都是因为在平时学习中态度不端正，被动学习，长此以往，导致对优秀传统文化认知不全面、不深刻，对优秀传统文化的价值判断缺乏理性态度，从而削弱了优秀传统文化产生的自豪感。

第三，大学生对中华优秀传统文化掌握程度不高。大学生文化自信的养成要经历认知、认同、践行等三个阶段。认知是最关键最基础的阶段，对中华优秀传统文化的认知不足直接导致对其掌握程度不高。新时代大学生只有对中华优秀传统文化的形成过程、内容及其重要性有一个大致的了解，才能产生情感认同进而在现实生活中产生实践活动，更好地传承与发扬适合新时代的优秀传统文化，坚定自身的文化自信。

②大学生文化自觉性差

进入大学，学习更多是在课堂经过老师的指导后在课下自行查阅资料完成的，文化自觉能力对大学生的成长成才至关重要。大学生生活相对宽松，富裕时间较多，自觉性差的学生把大把的时间花在娱乐方面，追剧、打游戏，内心没有意识到自觉学习中华优秀传统文化的重要性，导致对中华优秀传统文化的认知度低，践行不到位。对于学校开设的关于传统文化的课程不感兴趣，只求及格不用补考，这种消极的学习态度对大学生以后的职业生涯也是不利的。大学生坚定文化自信不仅仅需要文化氛围、参加实践活动，更重要的还是靠自身的文化自觉意识。要做到主动学习中华优秀传统文化，加强文化认同，争取为早日实现中华民族伟大复兴而学习奋斗。

2. 市场经济功利性的冲击

经济与文化二者是相互影响的关系，经济决定着文化的性质和表现形式，文化又对经济起着能动的反作用：繁荣的文化发展会促进经济的健康发展，萧条的文化发展将会阻碍生产力水平的提高、经济的繁荣发展。新时代，我国经济的发展速度十分可观，但是在发展前进的过程中由于市场经济自身的功利性、制度的不完善以及文化商业化等带来的负面影响，新时代大学生的理想信念、价值观受到了巨大的冲击，削弱了大学生的文化自信。

在调查"您日常的消费观"时（见图4-17），选择"根据自己的经济条件选择"的第一（占81.16%），认为"同学有的我也要有"的第二（占8.7%），选择"没有消费的欲望"的所占比例位居第三（7.24%），认为"贵的就是好"的第四（占2.9%）。分析上述数据可知，新时代大学生受市场经济消极因素的影响，存在不合理的消费观念，部分大学生存在拜金主义、享乐主义和个人极端主义倾向。

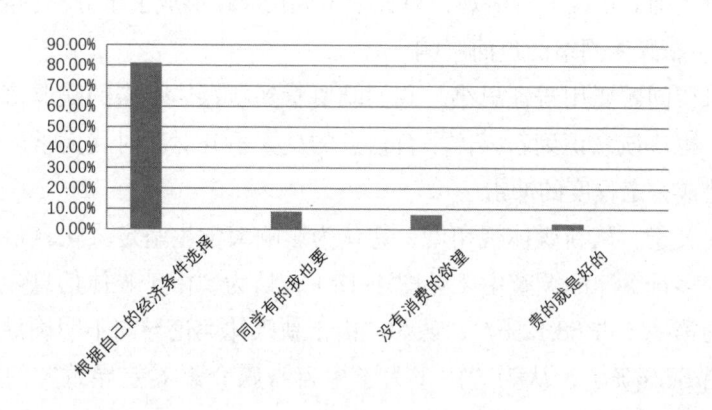

图4-17 您日常的消费观是

（1）大学生的不良消费观

随着科学技术的进步，生产率不断提高，出现了过剩性的生产，消费已经成为人们生活中必不可少的一部分。商品种类繁多，购物方式便捷，在满足了大学生购物需求后，部分大学生在长期的购物习惯中形成了不良的消费观，表现出过度看重商品价格而不考虑自己的经济条件和商品的实用性。尤其是当下网购的流行，突破了地域和国界的限制，只要下单即可完成购买，可以使用"花呗""借呗"等超前消费的支付方式，为没有稳定经济收入的大学生提供了便捷的消费支撑。长此以往，助长了大学生的超前消费行为，容易形成不良消费观。

（2）大学生滋生拜金主义

市场经济的功利性导致其行为主体总是以追求最大利润为目的，从而滋生了拜金主义。大学生基于自身的特点，对金钱和利益的认识浅薄，容易刺激大学生对金钱的无限追求，出现对金钱的过度崇拜，把金钱的能量放到无限大，从而导致大学生产生错误的金钱观念，甚至为了金钱不择手段。如此的拜金主义会严重侵蚀大学生的人生观、价值观，严重腐蚀大学生的理想信念，甚至导致大学生的行为扭曲，对大学生的成长成才十分不利。

受市场经济功利性的负面影响，大学生在生活中过分看重自己的得失，漠视集体主义的优良传统，过分追求物质利益，忽视精神上的补充，长此以往，大学生的理性信念遭到了巨大的侵蚀。市场经济功利性的负面影响也影响了大学生确立正确的价值观，对大学生成长成才形成了十分不利的影响。

3、新媒体网络的负面影响

看待问题要用辩证思维。我们既要看到新媒体带来的获取信息便利的同时，也应该意识到新媒体平台信息的良莠不齐对新时代大学生坚定文化自信造成一定程度的冲击。

在关于"从新媒体视角看，您认为影响大学生坚定文化自信的因素有哪些（多选）"的调查中（见图4-18），认为"由于媒体信息参差不齐导致"的第一（占68.12%），认为"由于新媒体舆论导向不明确导致"的第二（占66.67%），认为"由于大学生自身媒介素养差导致"的第三（占44.93%），认为"由于新媒体从业人员素养参差不齐和新媒体平台自律性差"的第四（占30.43%），认为"由于新媒体法律法规不健全导致"的第五（占20.29%）。

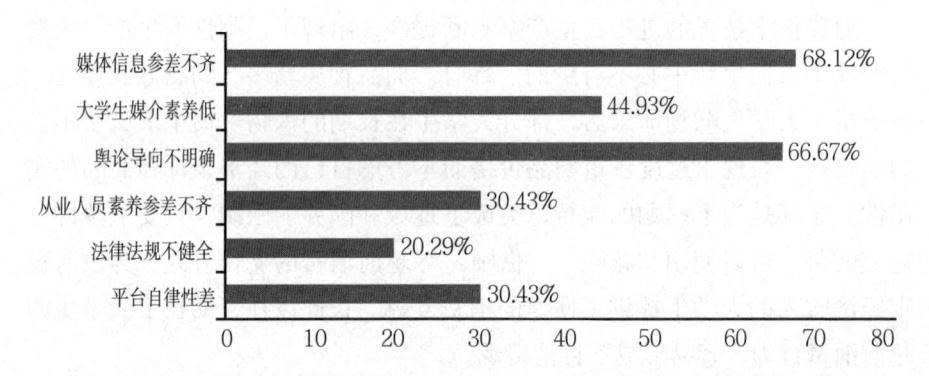

项目	百分比
媒体信息参差不齐	68.12%
大学生媒介素养低	44.93%
舆论导向不明确	66.67%
从业人员素养参差不齐	30.43%
法律法规不健全	20.29%
平台自律性差	30.43%

图4-18 从新媒体视角看，您认为影响大学生坚定文化自信的因素有哪些（多选）

分析上述数据，可将原因概括为三个方面：其一是良莠不齐的新媒体信息削弱了大学生的文化自信；其二是新媒体管理的不到位；其三是大学生自身媒介素养有待提高。

（1）新媒体信息的良莠不齐

网络是一把"双刃剑"，大学生通过网络可以及时获取自己想了解的各种知识信息，实现文化共享，给大学生的学习生活提供了便捷。同时，网络上也发布了各种不良信息，对大学生的思想产生了一定的消极影响。

①繁多杂乱的新媒体信息造成大学生文化认知碎片化

新媒体信息传播速度快，传播范围广，信息种类繁多，与传统媒体不同，新媒体信息没有体系，内容零碎复杂，在大学生学习过程中不能提供全面系统的资料供其查阅，使大学生的文化认知难度大大增加，导致文化认知最终呈现碎片化。

②参差不齐的新媒体信息影响大学生进行文化信息甄别

在信息化时代，网络媒体信息充斥着各个领域与平台，主流文化、非主流文化、多元文化、霸权文化中包含的不同意识形态和价值观念都在网络平台通过各种形式传播，正处于价值观塑造关键时期的大学生难以在这些信息中甄别正确的信息为自己所用。与此同时，一些不良分子和敌对势力故意利用新媒体向大学生传播西方的不良思潮，用错误言论抹黑中国，试图动摇大学生的理想信念。在种种不良信息的冲击下，部分大学生很难从中辨别真伪，为坚定文化自信设置了障碍。

③错误的新媒体舆论误导大学生正确价值取向的确立

大学是大学生树立价值观的关键时期，价值观的正确与否对大学生的发展起到至关重要的作用。在网络时代有一个大家都公认的一个原则，就是在不违反法律的情况下，网上言论相对自由，这就导致许多钻了空子的、不良甚至是错误的信息在网上也可以传播。大学生思想超前，对新事物充满好奇心，面对网络信息时不能清楚地鉴别信息是否正确，容易被错误的网络舆论所误导。

（2）新媒体管理的不到位

新媒体在信息传播领域扮演的角色越来越重要，人们对新媒体平台的依赖性也越强，这就要求新媒体平台传播的信息质量越来越高。目前，有的网络平台为了谋取利益在平台加放各种色情、不正规的广告和链接，这种网络道德失范的现象层出不穷，严重地损害和侵犯了大学生的身心健康。还有一些不法分子在网络平台上投放诈骗链接，通过各种手段和方式引诱大学生掉入陷阱，给大学生带来了不可消除的伤害。这些都是由于新媒体网络监管不到位，新媒体网络平台法律法规不健全，新媒体平台自律性不强以及新媒体工作人员的从业素养有待提高而造成的。

①法律法规不健全

良好的网络环境需要法律的保护，虽然我国现在已经有不少法律法规规范网络平台的运行，但是网络信息的发展速度十分迅速，更新换代的频率相当之高，出现的问题也随之更多，法律法规不可能一蹴而就，需要不断地随着网络信息的发展变化进行修订、补充。

②新媒体平台自律性差

新媒体平台所涉领域广泛，在对新媒体平台进行监管时没有权威性的参考依据，缺乏客观的自律评价标准，再加上媒体之间的恶性竞争，导致行业诚信建设不利，导致行业公约约束力不强，不能有效规范企业主体的运营行为。

③新媒体工作人员从业素养有待提高

每一个行业的兴衰与从业人员的职业素养存在必然的联系，新媒体行业也不例外。新媒体领域目前的技术人才较少，新媒体行业地在选拔招聘工作人员时，评价标准相对较低，对从业人员的学历、工作经历等要求较少，因此在管理网络信息平台的同时应对从业人员的资格审核、能力素养做好审查评估工作，防止有人恶意借助工作之利污染网络环境。

（3）大学生媒介素养不高

媒介素养是一般认为，它包括了获取媒介信息的能力、解读媒介信息的能力和使用媒介信息的能力。①新时代大学生出生于信息年代，从小就接触使用网络媒体，大学生无疑是规模最大的网民群体。媒介在大学生的世界观、人生观和价值观的形成中发挥着重要的作用。

①媒介信息辨别力较差

辨别媒介信息是衡量媒介素养的一大指标，作为一名合格的新时代大学生必须具备这种能力。调查发现，部分大学生在面对网络媒体传播的信息时，不能做出理性的判断，不经过深思和分析就对一些报道或过激性的言论进行转载和评论，造成错误舆论的扩散；还表现为在评价网络事件时没有从辩证思维的角度看待问题，只看到事件的部分片段，就激烈地发表个人言论，这些都是不理智的行为，是媒介素养不高的表现。

---

① 张艳秋. 理解媒介素养：起源、范式与路径 [M]. 北京：人民出版社，2012：85.

②媒介工具合理使用能力差

网络技术的发展在许多领域发挥了巨大的作用，比如线上教学、线上图书馆、有声电子书等等一系列的平台，还有各种公开学习的网站，都大大丰富了传统的学习数据库。但是有的大学生不能够充分合理地使用这些媒介工具，在网上浏览时也是偏向自己喜欢的娱乐活动，例如追剧、打游戏、追星，没能充分利用可以学习的媒介工具，表现出消极的媒介素养。

（3）网络法律意识和道德意志淡薄

网络空间虽然是虚拟的，但是也有相应的网络法规来规范我们日常的网络活动，在网络上不可以随意发表言论，撰写发表或转载非法文章，都需要相关审核。大学生虽然接受高等教育，但是日常关于法律的课程开设较少，存在网络法律意识不强和道德意识淡薄的现象。

4. 西方外来文化的渗透

当今世界正处在大发展大变革大调整时期，当代中国正在新的历史起点上向着新的目标迈进，文化的作用更加广泛而深刻。从国际看，综合国力竞争的一个显著特点就是文化的地位和作用更加凸现，许多国家特别是主要大国都把提升文化软实力作为增强国家核心竞争力的重要战略。因此，大力发展社会主义文化、提升文化软实力，对抵制西方文化霸权、维护马克思主义意识形态安全有着极为重要的意义。

在调查关于影响大学生文化自信的因素时（见图 4-19），根据排序的结果可以看出，享乐主义得分第一（4.74 分），拜金主义得分第二（4.64 分），极端个人主义得分第三（3.88 分），西方电影得分第四（2.99 分），西方新闻得分第五（2.4 分），西方书刊得分第六（2.3 分）。综上可以大致概括为两个方面对大学生文化自信造成影响，分别是：资本主义腐朽文化的危害、西方文化产品的渗透。

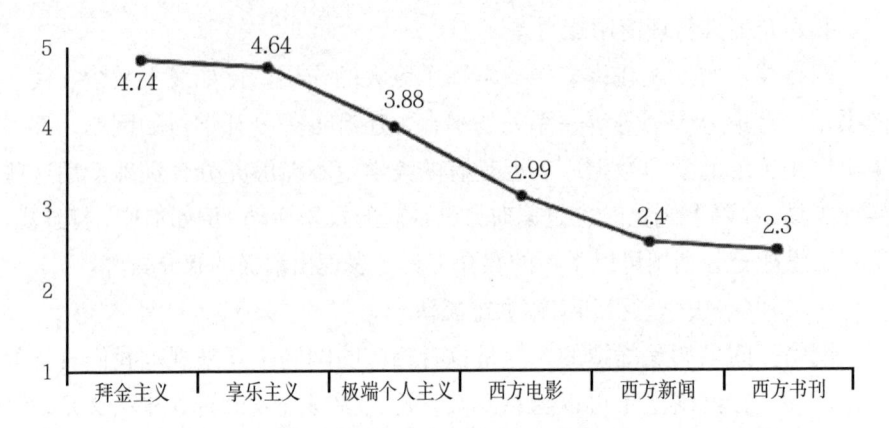

图4-19　您认为以下选项对大学生文化自信的影响程度如何（排序题）

（1）资本主义腐朽文化的危害

资本主义国家的腐朽文化与我国特定历史时期的空气和土壤相结合，滋生出了以拜金主义、享乐主义和极端个人主义为表现特征的当代非主流文化，侵蚀着我国的文化机体。大学生自身的青春期特点导致大学生十分容易受到这些腐朽文化的侵蚀。大学生受拜金主义影响，容易产生金钱至上的观念，将一切关系都看作金钱关系，容易导致其过度追求物质利益而不顾伦理道德的制约。享乐主义更加容易渗透到大学生的头脑中，导致其只安于现状，腐蚀其远大理想和抱负，容易导致大学生精神上的颓废和学业的荒废。极端个人主义是把个人主义发挥到极致的一种人生观。大学生毕业后步入社会，许多工作单位在用人时都会考虑其是否具有集体主义精神，以集体利益为主的学生会优先获得录用，反之，过于看重自身的利益对自己未来的发展会产生不利的影响。部分大学生受到这些腐朽文化的侵蚀，严重影响了大学生的身心健康发展。

（2）文化产品渗透

改革开放以来，中国在加强与世界各国的交流的同时，也为西方文化的渗透提供了可乘之机。西方的影视作品、书刊以及新闻传播等，给我国的文化安全带来了巨大的威胁，如美国的好莱坞电影凭借其科技和投资的力度使其文化渗透性越来越强，利用青年学生强烈的好奇心，对大学生进行强烈的思想文化渗透。

第五章　构建新时代大学生文化自信教育的内容体系

有效实现新时代大学生文化自信教育目标，发挥文化自信教育的最佳功能，必须丰富、优化文化自信教育的内容结构。文化自信教育的内容不同，所取得的文化自信教育效果也不同。要科学有效地实施大学生文化自信教育，必须以社会主义核心价值观教育为核心，突出中华优秀传统文化教育，加强红色文化教育，全面推进社会主义先进文化教育。

一、突出中华优秀传统文化教育

绵延数千年、博大精深的中华优秀传统文化是文化自信之根，它决定了中华文化的价值意蕴和生命走向。加强中华优秀传统文化教育，对于引导广大青年学生准确认识中华民族历史传统，科学把握文化发展理路，坚定"四个自信"，实现中华民族伟大复兴具有重大意义。

（一）中华优秀传统文化是涵育大学生文化自信的重要源泉

中国特色社会主义文化与中华优秀传统文化具有同一"血统"，跟随着时代的发展，中华优秀传统文化本身能够不断发展，能够契合于中国特色社会主义文化的发展之中。这样的优秀传统文化必定有助于涵育大学生的文化自信。

1. 中国特色社会主义文化源自中华优秀传统文化

中国特色社会主义文化虽然包含中华优秀传统文化、红色文化和社会主义先进文化三个层面，但从本质上说，中国特色社会主义文化源自中华优秀传统文化。天人合一、仁者爱人、和而不同、自强不息等思想滋养着中国特色社会主义文化。从中华优秀传统文化这一源流中提炼出的思想还为世界的发展贡献出了中国智慧和中国方案——走和平发展道路、社会主义核心价值观、一带一路、人类命运共同体等思想都源自中华优秀传统文化。中国特色社会主义文化源源不断地得到中华优秀传统文化的滋养，中华优秀传统文化与中国特色社会主义文化愈来愈契合，如果割裂了中华优秀传统文化这一文化血脉，那么中国特色社会主义文化就不会得到滋养，更别提发展繁荣了。

文化的一个重要特征就是历史继承性，前一个阶段的文化为后一个阶段的文化奠定基础，提供重要的资源。中华优秀传统文化为红色文化的发展奠定了重要的基础，社会主义先进文化同样是在中华优秀传统文化和红色文化的基础上得以发展。要想中国特色社会主义文化更加发展繁荣，使中国真正成为一个社会主义文化强国，必须继承中华优秀传统文化基因，不能够抛弃传统、丢掉根本，不能丢掉我们民族的精神命脉。

2. 中华优秀传统文化有助于涵育大学生文化自信

当前中西方文化正处于较为激烈的交流与碰撞之中，在这样的情况下更应该拿起中华优秀传统文化这一坚固的利器来牢固大学生对民族文化的自信心。西方国家想要通过文化交流这一形式将西方文化的思想传入我国，向我国进行文化渗透，甚至试图想要同化我们国家的文化，这势必会对大学生的文化自信产生不良的影响。部分大学生的注意力被西方文化所吸引，思想被西方文化的消极思想所侵蚀，建立起的正确的价值观被西方文化的消极价值观念所破坏，导致对本民族文化尤其是本民族优秀的传统文化失去兴趣，甚至淡忘。中华优秀传统文化正是增强大学生文化自信的有力武器，运用好中华优秀传统文化必然有助于涵育大学生的文化自信。

中华优秀传统文化一个很重要的特征，就是它可以与时代发展相连接并推陈出新。中华优秀传统文化在新时代得到了发展和创新，被赋予了新的时代内涵，对于人际关系、社会关系和国际关系都有重要的作用。在对中华传统文化进行创造性转化和创新性发展中应该坚持取其精华，弃其糟粕。经过几千年发展的中华传统文化不可能完全适应当今时代的发展，要坚持马克思主义辩证思维方式，要有鉴别地加以对待，有扬弃地予以继承，对传统文化中的有益因素加以继承，对传统文化中的消极因素必须摒弃，才能有助于涵育大学生文化自信。

（二）新时代大学生文化自信培育的时代诉求

理念引领行动，方向决定出路。中国特色社会主义进入新时代，开启全面建设社会主义现代化国家新征程，中华民族和中国人民的精神面貌焕然一新。新时代的发展呼唤具有高度文化自信的优秀人才，这既是建成社会主义文化强国的需要，铸牢中华民族共同体意识的需要，更是加强大学生"四个自信"的需要。

1. 新时代建成社会主义文化强国的战略需要

当今世界处于百年未有之大变局，中国正处于实现中华民族伟大复兴的关键期，要想在激烈的竞争中掌握话语权，使文化软实力同自身经济实力相匹配，离不开强大的中华优秀传统文化自信支撑。党的十九届五中全会明确指出，到2035年建成文化强国，在全社会营造了浓厚的文化氛围。大学生作为建设社会主义文化强国的生力军，肩负着传承中华优秀传统文化的使命。文化自信的培育能够维护国家文化安全，提高文化软实力，增强大学生志气、骨气和底气。

（1）维护国家文化安全需要

文运同国运相牵，文脉同国脉相连。文化安全事关国家稳固、民族团结和精神传承，与文化自信息息相关。作为一个有机整体，文化自信包含了中华优秀传统文化自信、红色文化自信和社会主义先进文化自信。其中，中华优秀传统文化是中华民族的根与魂，如果缺少其精神滋养，国家文化安全则难以维系。新时代，在党的坚强领导下，我们坚持以社会主义核心价值观引领文化建设，群众性的精神文明创建活动扎实推进，国家文化事业和文化产业繁荣兴盛，国民的文化自信水平显著提升，文化活力和创造力得以激发，为建成社会主义文化强国提供了重要保障。在文化全球化背景下，当今中国也积极传播中华优秀传统文化，不断提升其影响力和感召力。但我国的文化地位和水平同经济发展状况还未能很好匹配，与发达国家存在差距，距离文化强国目标还任重而道远。当前中华优秀传统文化呈现给世界的大多是中华美食、功夫和传统服饰等浅层文化符号，尚未过渡到深层精神文化理念。而西方国家不仅对外输出本国文化，还吸引其他民族文化为己所用，试图借助影视和动漫作品等渠道，改编中国历史与文化典故，渗透西方思想理念，如美国好莱坞电影《花木兰》和《功夫熊猫》等。日本在动漫作品和游戏产业中也大量融入中国传统文化元素。在文化交流碰撞中，中华优秀传统文化不可避免地面临西方"强势文化"和"霸权文化"的冲击，引发传统文化认同的危机，给文化自信的培育带来挑战。由于受到西方普世价值观和历史虚无主义等影响，部分大学生文化自信缺失，迫切需要引导学生发自内心热爱本民族文化，坚守中华文化立场，坚定不移地保护中华优秀传统文化，在世界各国文化的交流互鉴中，使中华文脉赓续传承，发扬光大，维护国家文化安全。

（2）提高文化软实力的需要

文化宏图绘就，建设任重道远。当今世界，文化软实力在综合国力竞争中的地位和作用日益凸显。面对我国社会主要矛盾发生的新变化，繁荣和发展社会主义文化越来越成为满足人民日益增长的精神文化需要和实现人民美好生活的关键。党的十九届五中全会明确了到2035年建成文化强国的发展目标，社会主义文化强国的建成离不开文化软实力的精神支撑，文化软实力的提高离不开文化自信的重要保障。回溯历史，中华民族的文化自信由来已久。明以前的中国，曾是世界上文化高度发达的国家。商周、春秋、汉代、盛唐、两宋时期的中华文化也曾一度繁荣，当时的中国人充满自信。1840年鸦片战争以后，中华民族在救亡图存的民族危机面前，陷入文化自卑。甲午战争的战败，导致中国文化自主权丧失，引发了更为严重的文化焦虑。直到中华人民共和国成立之后，中华民族才逐渐找回了文化自信。步入改革开放新时期之后，文化自信得以回溯，但同样面临西方意识形态渗透等挑战。着眼现实，党的十八大以来，中国共产党人在推进文化自信建设的进程之中，注重从中国文化发展的实际出发，从中华优秀传统文化的沃土之中汲取养分，坚守中华文化立场，合理吸收和借鉴外来文化的有益成果，丰富和发展了中国传统文化的内容，取得了一系列辉煌成就，国家文化软实力不断增强。新时代大学生作为社会主义文化强国建设的中坚力量，有责任和义务坚定文化自信，坚守中华民族的根与魂，使中华优秀传统文化一代代地传承和发扬下去，为提高文化软实力、建成社会主义文化强国贡献青春力量。

（3）增强志气、骨气、底气的需要

时代造就青年，盛世成就青年。在庆祝中国共产党成立100周年的上习近平寄语新时代的中国青年："要以实现中华民族伟大复兴为己任，增强做中国人的志气、骨气、底气，不负时代，不负韶华，不负党和人民的殷切期望！"[①] 志气、骨气和底气的提升需要以中华优秀传统文化为滋养，夯实中华优秀传统文化自信的精神根基。第一，新时代大学生只有不断增强做中国人的豪迈志气，才能更好地立鸿鹄志，做奋斗者，培养积极进取和勇于担当的气魄，将中华优秀传统文化的发展与个人理想紧密结合，筑牢信仰之基，把稳思想之舵，补足精神之钙，以强大奋斗之志，推动中华优秀传统文化的创新发展。第二，新时代大学生只有不断增强做中国人的铮铮骨气，才能无惧挑战，迎难而上，增强作为中华儿女的自信心和自豪感，争做中华优秀传统文化的忠实传人。第三，新时代大学生只有增强做中国人的厚实底气，才能不断形成对中华优秀传统文化生命力的正确认知，对中华优秀传统文化的价值认同，升华传统文化体验，提升传统文化素养，投身中华优秀传统文化实践，激活传统文化活力，交出满意的时代答卷。加强中华优秀传统文化自信培育，是涵养大学生的中国文化、中国精神和中国气质，提振学生精气神的需要，将激发学生的内生动力，凝聚起中华优秀传统文化发展的磅礴伟力，助推文化强国建设。

2. 新时代铸牢中华民族共同体意识的迫切需要

中华民族多元一体是先人留给我们的丰厚遗产和独特优势，中华优秀传统文化作为中华民族从多元到一体，从困难到辉煌的重要见证及历史积淀，是铸牢中华民族共同体意识的文化根基。习近平在党的十九大报告中强调："全面贯彻党的民族政策，深化民族团结进步教育，铸牢中华民族共同体意识。"[②] 我们要增进的文化自信，是中华民族对于自身文化理想、价值、活力和前景的确信，蕴含着中华民族对自身文化理想的坚守，对文化价值的认同，对文化发展生命力的肯定。加强中华优秀传统文化自信培育，是铸牢中华民族共同体意识，牢固维系各民族团结统一的迫切需要。

---

① 习近平. 在庆祝中国共产党成立100周年大会上的讲话[N]. 人民日报，2021-07-02.
② 中国共产党第十九次全国代表大会文件汇编[M]. 北京：人民出版社，2017：32.

(1)铸牢中华优秀传统文化认同的需要

文化认同作为对一个民族基本价值的肯定性判断,是民族团结的根脉,是文化自信的前提。党的十八大以来,在中国共产党的正确领导下,我国各族人民团结一心,携手奋进,推进中华优秀传统文化的传承、发展与创新,民族团结进步事业成效显著,中华民族的面貌发生历史性变化,各族人民的精神生活不断丰富,对中华优秀传统文化的情感认同更为深厚。习近平在全国民族团结进步表彰大会上指出:"坚持文化认同是最深层的认同,构筑中华民族共有精神家园,……"①如果中华儿女不认同源远流长、博大精深的优秀传统文化,对中华优秀传统文化的独特价值和生命力不自信,中华民族共同体意识将难以铸牢。因此,新时代的发展呼吁我们坚持各民族相互尊重、学习借鉴原则。铸牢大学生的中华民族共同体意识,既要引导各民族学生认可中华优秀传统文化,对中国传统文化取其精华,去其糟粕,批判继承,古为今用,推动中华优秀传统文化创新发展,更要描绘好中华优秀传统文化发展前景,增进学生对中华优秀传统文化的认同,增强学生对中华优秀传统文化的获得感、认同感和参与感,推动各民族像石榴籽一样紧紧抱在一起,构筑中华民族共有精神家园。

(2)铸牢中华优秀传统文化自觉的需要

培养大学生高度的中华优秀传统文化自觉,是铸牢中华民族共同体意识,巩固中华优秀传统文化认同,推进中华民族共同体建设的现实需要。中华各族人民民心相通,守望相助,团结和睦,亲如一家,延续了中华民族多元一体的精神血脉,创造了灿烂的中华优秀传统文化。大到"但使龙城飞将在,不教胡马度阴山""犯我者虽远必诛",小到"落叶归根""魂归故里",都是中华儿女归属感的有力彰显。中华优秀传统文化连接并凝聚着多样化的民族精神要素,促进了国家的繁荣和民族的复兴,其内涵与时俱进,涌现出舍生取义、精忠报国的奉献精神,居安思危、忧国忧民的民族忧患意识和救亡图存、坚强反抗的民族至上观念等。我们要想铸牢中华民族共同体意识,需要弘扬中华民族"修身、治国、平天下"的主流文化精神,倡导"天下己任"的民族大义追求,更要主动践行"天将降大任"

---

① 习近平. 在全国民族团结进步表彰大会上的讲话(2019年9月27日)[M]. 北京:人民出版社,2019:3.

的自觉担当。高校要发挥中华优秀传统文化的强大凝聚力和感召力，唤醒大学生传承中华优秀传统文化的自觉意识，鼓励学生自觉肩负起铸牢中华民族共同体意识的责任，推动民族团结进步事业的蓬勃发展。

3. 铸牢中华优秀传统文化自信的需要

历史和现实表明，没有哪一个民族在对自身文化持怀疑、鄙视甚至自卑态度之时，仍能够实现民族振兴和文化发展。高度的中华优秀传统文化自信，是一个民族在文化上有所创新创造的精神底气，推动着一个民族在激烈国际竞争中站稳脚跟，走在时代前列。正是在中华优秀传统文化的精神滋养之下，中华民族的归属感、认同感、尊严感与荣誉感才得以不断巩固和增强。铸牢中华民族共同体意识在本质上是中华文化的"寻根"过程，其核心就在于各民族在文化上达成价值共识，以中华优秀传统文化作为凝聚各民族发展的精神力量，维系各民族团结奋进的精神纽带，铸牢中华优秀传统文化自信。当今中国，随着社会信息化进程的加快，加之语言文字等方面造成的沟通障碍，各民族发展水平和发展层次出现了明显偏差，极易产生民族隔阂，引发民族矛盾。在实现中华民族伟大复兴的关键期，要想续写好时代发展的新篇章，必须铸牢中华民族共同体意识，激励学生在新时代继续弘扬中华优秀传统文化中兼收并蓄、宽容豁达的高贵民族品质和精神气度，参与传承和创新中华优秀传统文化的实践，营造中华民族一家亲、同心共筑中国梦的和谐社会氛围，展现时代新人的担当。

（三）构建全方位的文化自信培育环境

中华优秀传统文化教育是文化自信教育之根，丰富大学生文化自信教育内容首先要突出这一根基的培育。《完善中华优秀传统文化教育指导纲要》建议指出："既要发挥学校主阵地作用，又要加强家庭、社会与学校之间的配合，形成教育合力。"[1]因此，我们要发挥学校、家庭和社会多维支撑，构建全方位的培育环境，烘托中华优秀传统文化的学习氛围。

1. 加强中华优秀传统文化校园环境建设

中华优秀传统文化与高校校园文化环境密不可分，良好的校园文化氛围有助于陶冶深厚的情操，培养坚定的意志，塑造健全的人格，培育文化

---

[1] 完善中华优秀传统文化教育指导纲要 [N]. 中国教育报，2014-04-02.

自信。高校要在弘扬校训文化精神、美化校园建筑、推进校园学风建设中营造浓厚的文化氛围。

一是弘扬校训文化精神。校训是校园文化建设的重要内容，是学校教风、学风和校风的集中表现，体现了校园文化精神的核心内容。我国大多数高校的校训都取自中华优秀传统文化经典，如：清华大学校训"自强不息、厚德载物"，出自《周易》"天行健，君子以自强不息；地势坤，君子以厚德载物"，激励学生做一个德才兼备之人；南开大学校训"允公允能，日新月异"，则是张伯苓先生化用《诗经·鲁颂》中"允公允武"为"允公允能"，并从《礼记·大学》的"苟日新，日日新，又日新"中提炼出的"日新月异"组合而成，成为南开人的价值取向与精神追求；中山大学校训"博学 审问 慎思 明辨 笃行"，出自《中庸》第二十章的"博学之，审问之，慎思之，明辨之，笃行之"，主张按照"至诚"的本性来修身，通过学、问、思、辨、行五大环节，将自身修养为"君子"。高校要发挥校训文化育人功能，引导学生以校训出处为切入点，以校训内涵为主题，开展系列主题教育活动；还可以创新校训文化传播途径，综合运用各类新媒体平台，使校训中的传统文化内涵以现代化的方式加以呈现，结合新颖时尚、生动有趣的形式，传播校训文化中的优秀传统文化理念，涵养带有人文厚度的文化自信。

二是美化校园环境建设。校园环境的美化作为一项系统工程，具有科学性、知识性、系统性、创造性和实效性。第一，中国传统文化可以依托校园建筑得以显现，校门、道路、广场、围墙、报告厅、楼宇、文体场所和学生公寓等，都是传承发展中华优秀传统文化的有效载体；可以通过以历史名人的名字命名大学校园建筑，打造文化名人墙或文化长廊以展现大学校园的人文精神和文化韵味。第二，中国园林是自然山水美的集中反映，凝聚了诗歌、文学、绘画、书法等各类艺术之精华，具有独特的艺术风格与审美价值。要依托校园园林环境的建设，为学生的休闲和学习提供清静幽雅的环境氛围，彰显热爱自然、尊重自然的造园理念，传播中华优秀传统文化。第三，校园雕塑作为大学校园环境中一道靓丽的精神风景线，以其独特的艺术魅力，展现了大学人文精神的独特魅力，强化了大学生的审美感受，丰富了大学生的精神世界。在校园雕塑的选取上，要倡导传承中华优秀传统文化，传承中华传统美德，发挥其潜移默化的育人价值。第四，校园公共环境是大学校园环境中的重要组成部分，对大学生文化自信培育具有重要影响。高校学生守则和相关规范中，要传承中华优秀传统文化中的核心思想理念，制定符合现代文明要求的社会礼仪、服装服饰和文明用语规范，普及中国传统礼仪文化，培养良好社会风尚，使学生在校园文化氛围的熏陶中，逐渐涵养自身的文化品格。

三是推进校园学风建设。学风是高校精神的集中表现，是学校立校之本。中华优秀传统文化内涵丰富，影响深远，促进了高校学风建设与发展。《高校思想政治工作质量提升工程实施纲要》建议指出，要优化校风学风，繁荣校园文化，培育大学精神，建设优美环境，滋养师生心灵，涵育师生品行，引领社会风尚。[1] 高校要大力加强校园学风建设，完善学风建设思想理念，传播中华优秀传统文化。首先，从校风入手。高校要做好顶层设计，传承大学人文精神，全方位、多举措净化学风，提振校园发展的精气神。要加强校园制度文化建设和人文管理，弘扬中华优秀传统文化精髓，彰显学风管理的人文性和艺术性，增强高校文化育人的实效性。其次，从教风入手。教风好坏直接影响学风建设的质量和水平，要引导教师将优秀传统文化知识贯穿到学校学科建设、课堂教学和课题研究之中，在课堂上传播正确的、优秀的传统文化思想理念。最后，要从学风入手。学生作为学风建设主体，应当树立学习的自觉意识，传承"格物致知""克己内省""以道制欲"等中华优秀传统文化理念，强化自我教育、自我约束和自我管理，积极参与经典诵读、道德讲堂、读书交流会等弘扬中华优秀传统文化的活动。还可以树典型，立榜样，强化党员先锋带头作用，完善奖励和表彰机制，营造比、学、赶、帮、超的优秀传统文化氛围。

2. 营造中华优秀传统文化家庭环境氛围

家是最小国，国是千万家。家庭是文化之源，父母是孩子的第一任教师。家长的世界观、人生观、价值观以及日常言行举止、家庭成员关系、家庭氛围程度等，对学生文化自信的养成具有潜移默化影响。我们要重视家庭的基础性、长久性和渗透性作用，注重家庭、家教和家风作用，增强学生

---

[1] 中共教育部党组关于印发《高校思想政治工作 质量提升工程实施纲要》的通知_中华人民共和国教育部政府门户网站 [EB/OL]. (2017-12-06) [2022-11-20]. http://www.moe.gov.cn/srcsite/A12/s7060/201712/t20171206_320698.html.

中华优秀传统文化自信。第一，要注重家庭，转变文化理念。家庭是社会的细胞，家庭前途命运与国家和民族紧密相连。中华民族历来重视家庭教育，中国古代以农立国，家庭不仅具有生产和生活的功能，更具有突出的教育功能，家教文化因此成为中华民族特有的文化现象。在中国的家庭教育史上，不仅出现了"孟母三迁""岳母刺字"等教子有方的楷模，更涌现出大量家族中的传统文化教育典范，为新时代家庭文化教育提供了理论来源。当前，大学生正处于人生的"拔节孕穗期"，调研发现，仍有部分父母较少讲述、偶尔讲述甚至从未给子女讲过关于中华优秀传统文化的故事。这就需要父母自觉发挥家庭教育引导作用，积极转变文化理念，重视改善家庭文化环境，营造中华优秀传统文化教育的良好氛围。要为孩子创设安静的学习环境，学会从中华优秀传统文化中汲取养分，可以选购经典文化书籍，打造家庭阅读书屋，夯实孩子的传统文化底蕴。第二，要注重家教，父母言传身教。"爱子，教之以义方"（《左传·隐公三年》），"爱之不以道，适所以害之也"（北宋·司马光《资治通鉴·晋纪十八》）。家长的行为是子女最为直接的模仿对象，能直接影响子女的价值观、道德品质与行为习惯、处事方式。如果家长都不相信中华优秀传统文化的重要作用，对中华优秀传统文化的发展前景失去信心，将不能感染子女坚定文化自信。家长应以身作则，榜样为先，躬行身教，积极阅读中华优秀传统文化经典，学习中华名人大家的优秀事迹，倡导中华核心思想理念，弘扬中华传统美德，并将中华优秀传统文化的思想理念落实到现实行动之中，激发学生的传统文化学习兴趣；还可以通过引导孩子到图书馆、博物馆、美术馆等文化教育基地参观学习等接地气方式，使子女直观感受传统文化魅力，养成与人为善、注重孝悌、勤俭节约、爱国忠诚等传统美德。

其三，要注重家风，传承优良家风文化。家风是中华优秀传统文化的重要缩影，中国传统文化强调内圣外王之道，讲求修身、齐家、治国、平天下。国有国法、家有家规，家长要重视发挥家规家训的教化作用，传承中华传统家规家训中的重要价值理念与道德要求，开展以家规家训为载体的家庭教育，倡导优良家风文化。但传统家风文化作为一种文化遗产，带有社会历史性，因此，家长在吸收中国传统家风文化的思想精髓时，应树立正确文化导向，剔除男尊女卑、家长独裁、封建专制等与时代发展不相适应的内容，提升子女文化辨别能力，以适应更高层次的文化发展需要。此外，家长还应摒弃功利主义思想倾向，不能只看重孩子成绩，过于注重物质消费，而应树立合理的家庭消费观念，加大文化消费比重，增加传统文化教育投入，不断提升自身文化素质和文化品位，弘扬健康向上的家风文化。

3. 改善中华优秀传统文化社会传播氛围

马克思曾指出："人的本质不是单个人所固有的抽象物，在其现实性上，它是一切社会关系的总和。"[①]任何文化都是一定社会生活的产物，与社会环境密不可分。营造向上向善的社会氛围，对于坚定学生的文化自信意义重大。2022年2月4日，北京冬奥会的开幕，不仅是各国体育竞技和体育精神的展示舞台，更是向全世界展示中华优秀传统文化的良好契机，彰显了中华优秀传统文化创新发展成果。通过冬奥会的开幕式和闭幕式，从二十四节气到十二生肖，从朵朵雪花到盏盏灯笼，从迎客松到折柳寄情，从共赏天上月到共向未来，激发了中华儿女强烈的民族自信心和自豪感。新时代大学生文化自信培育，离不开社会环境的重要保障。

首先，落实文化自信培育的组织领导和政策保障。在组织建设上，要强化党的坚强有力领导，各级党委和政府要从实现中华民族伟大复兴的战略高度重视中华优秀传统文化的发展，动员社会各部门既各司其职，又相互配合，共同发力，形成社会多方面协调配合效应。在政策保障上，要强化政策导向，发挥政府主导作用，在文化自信培育方面给予高校更多资金和政策扶持，落实主体责任，加强联系交流。要健全奖惩机制，表彰传承中华优秀传统文化优秀榜样，完善相关评价体系，定期总结中华优秀传统文化的传承和弘扬情况，扬长避短。要加强文化法治环境建设，修订文物保护的法律法规，重视传统文化遗产传承，保护好城市特有建筑风貌与文化品质，维护历史文化名城名镇名村、历史文化街区、名人故居等文化标识。

其次，推进中华优秀传统文化自信培育的理论宣传和实践动员。在理论上，要加强中华文明成果编纂，做好中华文化典籍的整理与出版，强化少数民族语言文字及经典文献的整理研究和保护传承。要出版系列中华优秀传统文化经典书籍，发挥报刊、书籍等传统纸质媒体的重要作用，推广

---

① 中共中央马克思恩格斯列宁斯大林著作编译局编译. 马克思恩格斯选集（第一卷）[M]. 北京：人民出版社，2012：139.

更多高质量的中华优秀传统文化读物。还要积极运用大众媒体，弘扬中华传统美德和中华人文精神，建设有吸引力的主题网站。依托社区组织的活动阵地，利用寒暑假和节假日开展知识竞赛等，普及中华优秀传统文化知识，增进邻里和谐，建设和谐社区。在实践上，要立足日常，扎根实践，引导广大文艺工作者增强对中华优秀传统文化的理解和认同，善于从中提炼素材，运用现代化的艺术形式进行创造性转化和创新性表达，创作出符合时代要求的中华优秀传统文化精品。将传统文化全方位融入生产生活，要全面振兴中国传统节日，挖掘中国传统节日的文化内涵，传承地方有代表性的传统民俗文化；还可以开展关于国民礼仪的普及和宣传，传承礼仪之邦的优良传统，按照现代文明要求加以转化，使大学生在浓厚的社会氛围中增进中华优秀传统文化认同。

最后，拓展中华优秀传统文化的对外交流与传播渠道。中华优秀传统文化是在世界文化的交流碰撞中形成和发展起来的，要坚持独立自主的重要原则，铸牢中华民族的精神之魂，在此基础上兼收并蓄，促进文化交流互鉴。结合中华民族的地缘优势与人文资源优势，在"一带一路"倡议下，以从容自信姿态，推动中华文化与世界文化交流，在世界文化激荡中弘扬"中国风"。可以定期举办以中华优秀传统文化为主题的大学生夏令营、冬令营等国内外文化交流活动，展示中国文化节日，推动中国书法、国画、武术、中医、京剧、茶道、围棋、剪纸等国粹走出国门，走向世界；可以动员各国联合举办"文化年""文化周""中国艺术节""民俗文化节"等大型的文化品牌活动，借助网络新媒体平台推广中华优秀传统文化；还可以创新文化传播方式，依托海外中国文化中心、孔子学院等基地，开展弘扬中华优秀传统文化的博览会等主题活动，在文化交流互鉴中增强大学生中华优秀传统文化自信。

二、加强红色文化教育

红色文化是中国共产党带领广大人民在革命斗争、社会主义建设和改革实践中形成的先进文化，是特定历史时期的产物，上承中华优秀传统文化，下领社会主义先进文化，具有鲜明的中国特色。2019年3月4日习近平在看望参加全国政协十三届二次会议的文化艺术界、社会科学界委员并参加联组会时指出："共和国是红色的,不能淡化这个颜色。"[①]红色文化是党和国家的宝贵精神财富,要不断结合新的时代条件发扬光大。红色文化教育是今天百姓幸福生活之本,是当下国泰民安之本。学习红色文化,传承红色基因,传播红色故事,讲述红色历史,有利于坚定文化自信,巩固文化根基,提升文化软实力,抵抗西方文化侵袭,为建设社会主义文化强国,实现中华民族的伟大复兴注入不竭的精神动力。

昂昂向上的红色文化蕴藏着丰富的育人资源。从精神资源看,无数仁人志士抛头颅、洒热血,在新民主主义革命、社会主义建设、改革开放时期形成的红船精神、井冈山精神、长征精神、延安精神、"两弹一星"精神、雷锋精神、焦裕禄精神等,催人奋进,给人以火热的思想、平静的内心的和无畏的行动。从理论资源看,中国人民经过艰辛探求找到救亡图存的出路——马克思主义,开始了马克思主义同中国实际结合的努力探索,实现了马克思主义中国化,在这一思想的指导下,在中国革命、建设和改革进程中,马克思主义实现了历史性的飞跃,形成了重大理论成果,是中华民族从站起来、富起来到强起来伟大飞跃的理论指导。从物质资源看,在中国革命、建设和改革中形成的革命遗址、纪念馆、展览馆、烈士陵园、名人故居等物质媒介和传播载体,以再现历史和人物的方式,聆听红色故事,发扬红色精神,传承红色文化。

红色文化是大学生文化自信教育最好的营养剂。大学生文化自信教育要加强红色文化教育,引导大学生树立正确的历史观、民族观和文化观,反对历史虚无主义,坚定文化自信。

(一)新时代大学生红色文化教育的内容及重要价值

1. 新时代大学生红色文化教育的内容

红色文化教育内容是开展大学生红色文化教育的基本要素,也是教育者对教育对象施加教育影响的具体要素。红色文化的内容是广泛的、多方面的,有革命实践中造就的革命精神、形成的革命理论,也有革命战争留

[①] 中共中央党史和文献研究院,中央"不忘初心、牢记使命"主题教育领导小组办公室编. 习近平关于"不忘初心、牢记使命"论述摘编[M]. 北京:党建读物出版社,2019:17.

下的遗址、革命英雄遗留的文学作品等。而红色文化中最宝贵的就是流传下来的革命精神。因此，运用红色文化教育资源开展教育，其教育内容以革命精神为核心，将创业精神、斗争精神、奉献精神、乐观主义精神以及自我革命精神等纳入大学生红色文化教育的内容中，并对此展开了具体的论述。

（1）艰苦奋斗、勇于开拓的创业精神

中国共产党的历史就是一部艰苦奋斗的创业史。中国共产党创立之初，面对着各方势力的打压，在嘉兴南湖的红船上开始了它的创建之路。面对当时复杂的国际国内局势，中国共产党从弱小到强大，从几十人的政党成长为几千万人的政党，正是依靠艰苦奋斗、勇于开拓的创业精神，浴血奋战、不断进取。无论是在国民党反动派的残酷镇压下，还是在日本帝国主义的无情屠杀下，中国共产党都能在逆境中勇于开拓，坚守初心，造就了一个又一个的奇迹。1949年新中国成立，面对一穷二白、满目疮痍的境况，中国共产党从转变政治制度、经济制度入手，建立了社会主义制度，使人民逐步摆脱了贫穷落后的局面。纵观中国共产党的百年历史，它既包含着创立时的艰苦，也包含着守业中的曲折。中国共产党之所以能在曲折中前进，找到适合中国的发展道路，是因为中国共产党始终坚守着艰苦奋斗、勇于开拓的创业精神。新时代中国共产党始终保持着创业的初心，发扬着努力进取的昂扬斗志、迸发出继续创业的蓬勃激情，这些足以面对当前变化多端的国际形势，完成任务艰巨的深化改革，打赢"三大攻坚战"。新时代的青年承载着民族复兴的大任，不能仅仅满足于在中小学学习到的知识，需要更深层次的理论来充实自身的知识体系。新时代的钟声已经敲响，中国人民将在中国共产党的带领下，继续发扬艰苦奋斗、勇于开拓的创业精神，走向中华民族伟大复兴的光辉未来。

（2）英勇顽强、紧密团结的斗争精神

斗争精神诞生于中国共产党成立之初，并在以后的革命、建设和改革的实践过程中不断演化形成的特有精神形态，它内含英勇顽强、敢于亮剑、紧密团结的精神内涵。中国共产党的诞生标志着中国历史发展方向的拨乱反正，从此中华民族的命运和前途就牢牢地掌握在了中国人民自己的手中。中国共产党人发扬和创新了马克思主义政党的革命斗争精神，薪火相传，不断指引着共产党人开拓创新的历史征途。中国共产党成立之初就把为人民服务和实现中华民族伟大复兴的责任和使命扛在肩上,以不怕牺牲、英勇顽强的斗争精神,开创了符合中国国情的革命道路,打破了旧制度的枷锁和帝国主义对中华民族的压迫,建立了人民当家做主的社会主义新中国。在一个以农村人口为主的落后国家,西方的革命道路并不适用于中国的国情。以毛泽东为核心的党的第一代领导集体打破了本本主义和经验主义的束缚,成功开辟了一条异于普通思维的中国特色革命形式。改革开放以来,中国共产党人破除旧有思维的束缚,大胆开启对内改革和对外开放的发展战略,在此期间经受住了东欧剧变、南海危机、汶川地震、新冠病毒等艰难考验,坚持修炼内功、韬光养晦、踏实苦干、开拓创新,探索出一条独立自主的中国特色社会主义发展道路。新时期历史发展的接力棒传了下来,面对国际形势和西方反华势力的打压,要"发扬斗争精神,增强斗争本领"[1],全党紧密团结在以习近平同志为核心的党中央周围,勇于担当、艰苦奋斗,带领全国各民族人民,以敢于创新、勇于斗争的精神不断完善和发展中国特色社会主义。

（3）不惧生死、为民服务的奉献精神

奉献精神是马克思主义理论的本位价值观,是共产主义精神的价值观映照,中国共产党诞生之初就把其根本宗旨确定为全心全意为人民服务。正是在如此的价值观、宗旨的带领下,不计其数的共产党人把奉献当作一生践行的理念,把奉献看作自身的理想追求。在革命和建设的实践中,中国共产党人谱写着自己的浩然正气,因此,我们不仅取得了革命斗争的伟大胜利,也在新时期波澜壮阔的建设过程中取得了傲人的成就。无数共产党人都将自己的奉献精神融入国家和民族的伟大复兴过程中,他们所代表的精神为我们树立了前进的路标和榜样,为我们留下了弥足珍贵的精神财富。这种精神像浩瀚的星辰照耀、指引着我们,并穿过历史的烟尘为我们、为后来人指引着迷途中前进的方向。党性是各政党之间相互区分的本质特性,共产党人的党性是共产党员在党的各个历史时期所展现出来的不惧生死、为民服务、英勇进取的实践凝练。中国共产党是以马克思主义为指导

---

[1] 中共中央关于坚持和完善中国特色社会主义制度、推进国家治理体系和治理能力现代化若干重大问题的决定[N]. 人民日报, 2019-11-06.

纲领的中国无产阶级先锋队，这种规定的实质性表明党员干部的奉献精神是共产党人党性的内在要求。纵览中国共产党的发展历史，能够在党的发展进程中发挥重要作用的党员干部，无不是牢牢秉持党性原则、具有坚定理想信念的共产党人。同时，不同历史时期要求党员具有的素质和完成的任务是不同的。当今世界纷繁复杂，无时无刻不在变化，这些变化都要求新时期的党员干部必须要有勇于开拓、不断进取的精神。而奉献精神则是规定他们行为的内生动力和目标指南，只有甘于奉献，心怀国家和人民的人才可以完成新时代所赋予的历史使命，才不会辜负国家和人民的历史期望。

（4）斗志高昂、朝气蓬勃的革命乐观主义精神

革命乐观主义精神是凝练着革命战士鲜血的精神力量，中国共产党在面对任何艰难险阻时都能保持斗志昂扬、乐观向上的精神面貌。在革命战争中，无论是面对国民党反动派的大屠杀还是重重封锁，都始终保持着革命乐观主义精神。过草地是红军长征途中最艰难的一关。在极端恶劣的境况下，红军战士依然保持着革命乐观主义精神，不畏艰难险阻，在生死攸关的考验中开辟出一条道路，最终取得了红军长征的胜利，谱写出一首广为流传的史诗。发扬革命乐观主义精神不仅对革命时期的中国至关重要，而且对于新时代的中国也同样重要。当前我国已经全面建成小康社会，正向建设现代化国家迈进，在前进道路上还存在诸多未知的困难和风险，面对疫情阻击战、脱贫攻坚战以及乡村振兴等考验，中国共产党坚持发扬了革命乐观主义精神。这种精神的力量，源自对革命理想的坚定，但是，革命乐观主义并不是代表盲目的乐观，是在清楚地认知自己处境下依然以乐观的心态去面对困难，并坚信自己一定能够战胜困难。新时代大学生要具有比中小学生更强的抗压能力和受挫能力，通过红色文化教育继承并发扬革命乐观主义精神，在遭遇人生低谷时，依然保持乐观从容的心态，不抛弃不放弃，始终保持高昂的斗志走出低谷，一路高歌，朝气蓬勃地书写属于自己的人生篇章。

（5）自我教育、自我净化的自我革命精神

习近平指出："勇于自我革命，是我们党最鲜明的品格，也是我们党

最大的优势。"① 在百年的奋进历程中，中国共产党始终发扬实事求是的作风，从不遮掩自己的缺点和不足，能够做到彻底的自省自新。中国共产党是一个具有自我净化能力的政党，也是一个勇于自我革命的政党。正是这一优秀品质才使中国共产党在革命斗争中不断取得胜利，并能始终保持党的先进性和纯洁性。遵义会议上中国共产党面对第五次反围剿的失败，积极地总结失败原因和教训、进行自我批评，找到了中国共产党前进的方向。党的十一届三中全会也是中国共产党自我革新、自我教育的一次会议，总结了"文化大革命"以来的经验教训，拨乱反正，解放思想，找到了今后党和国家的工作中心。党的十八大以来，党内进行了多次集中学习教育，每一次的集中学习教育，都是党的一次自我教育和自我净化，是对党员干部思想、党性以及作风上的鼓劲和"补钙"，促使党员干部坚守初心、勇担使命，在复杂的国际国内局势中不能迷失方向和自我。尤其处于国内改革的关键期，在国际局势错综复杂、局部冲突不断的情况下，要勇于自我教育，练就新本领，迎接新挑战。新时代大学生在人生道路上会经历各种挑战和挫折，但是不能因此一蹶不振，而是要学习中国共产党的自我革命精神，及时总结失败的经验教训，积极改造并革新自我，重整行囊再出发。

2. 新时代开展大学生红色文化教育的重要价值

红色文化为新时代大学生成长成才提供了土壤，并源源不断地输送养料。红色文化中所蕴含的艰苦奋斗、勇于开拓的创业精神、英勇顽强、紧密团结的斗争精神、不惧生死、为民服务的奉献精神、斗志高昂、朝气蓬勃的革命乐观主义精神以及自我教育、自新净化的自我革命精神，正是当前这个各国文化和各种信息大融合时代，大学生所应树立的精神标杆，对新时代大学生进行红色文化教育是国家之需、社会之需和人民之需。

（1）有利于培养大学生爱国情操

"爱国"一词流淌在中华民族几千年的血脉之中，已经铭刻在中华儿女的心灵之中。正是爱国精神的存在，中华民族才能表现出强大的生命力，中华文明才能成为世界上唯一没有中断的文明，成为人类史上的一个奇迹。爱国也是中华民族继往开来、勇于开拓、艰苦奋斗的重要精神支柱。爱国

---

① 习近平. 论坚持全面深化改革[M]. 北京：中央文献出版社，2018：325.

是实现民族大团结的前提，更是炎黄子孙、海外游子共同的情感纽带，他们带着对祖国深沉的爱将中国文化和风俗传播到世界各地。

红色文化是一首爱国主义的赞歌。红色文化是在拥有爱国热情的青年人高呼"外争主权，内除国贼"的口号下开始的，在大革命、抗日战争以及解放战争时期涌现出千千万万的烈士们，他们用自己的鲜血染红了党旗和军旗，用自己的行动讲述了什么是爱国主义。在这个信息化、全球化的时代，各种思想文化都充斥着大学生的生活，有些大学生未能正确去筛选辨别，造成一些西方腐朽落后的思想侵占了大学生的头脑，一部分学生由此产生了"西方的月亮比祖国的圆"的崇洋媚外心理。红色文化教育是养成大学生爱国情感的有效路径。一方面，通过对革命历史进行讲解，让大学生了解中国共产党的奋斗历程，深刻地感悟这段用无数革命烈士的鲜血和生命铸就的历史。另一方面，带领大学生开展红色之旅，身临其境地去感受先烈们的事迹，感受爱国主义的强大魅力，增强大学生的爱国情感。爱国也是社会主义核心价值观的内容之一，是作为社会公民应具备的最基本、最重要的品质。作为新时代的大学生，是在祖国母亲的怀抱中成长起来的，祖国为其成长发展创造了条件，所以更应尽自己所能去守护去爱护祖国，将自己的人生追求与国家的发展融为一体。

（2）有利于坚定大学生理想信念

理想信念是人生道路上的指明灯，指引人们前进的方向。习近平指出："理想信念不坚定，精神上就会'缺钙'……"[1] 产生于革命斗争年代的红色文化，其中蕴含的革命理想和革命信念，是大学生理想信念的营养剂。当代大学生成长在和平发展的新时代，物质生活条件十分优越，但是精神生活却十分匮乏，出现了寻求安逸，缺乏奋斗精神、信念不坚定、铺张浪费等价值观问题。因此，必须对大学生开展红色文化教育，这是坚定大学生理想信念的必由之路。

红色文化教育扎实大学生信仰之基。新时代的大学生要坚定共产主义远大理想，在社会主义建设中奋勇前进、立功建业。革命战争年代，中国共产党正是在马克思主义的指导下，抱着坚定的共产主义信仰，才会取得

---

[1] 习近平. 习近平谈治国理政（第一卷）[M]. 北京：外文出版社，2018：15.

抗日战争以及解放战争的胜利。因此，在这个意识形态相互渗透和各国文化相互碰撞的时代，加强对大学生的红色文化教育尤为重要，通过对革命文化的学习，坚定大学生的信念，充实大学生的精神世界。

红色文化教育为大学生浇灌品德之树。艰苦奋斗、坚持不懈、勇往直前这些良好的品德是中国共产党在革命战争年代形成的。艰苦奋斗的优良品质，中国共产党带领人民实现民族独立和人民解放的在革命战争年代展现得淋漓尽致；坚持不懈的品质在红军两万五千里的长征事迹中得到充分体现，中国共产党无时无刻不在发扬坚持不懈的优良品质，做到不抛弃、不放弃；无论前面是悬崖峭壁还是荆棘丛生，中国共产党始终保持着勇往直前的斗志，绝不会后退一步。这些优良品质正是当代青年人所缺失的，红色文化教育正是弘扬这些品质、促进大学生品德之树茁壮成长的重要手段。

红色文化教育为大学生树立远大理想。红色文化所蕴含的为人民服务、甘于奉献、敢于牺牲的精神内涵深深地震撼着人们的内心。在抗击新冠肺炎疫情的战斗中，医护人员就是冲锋在前的战士，他们甘于奉献、甘于牺牲的精神给大学生上了一堂生动的思想政治课，他们是新时代的楷模。大学生要学习时代榜样的精神品质，树立为社会主义建设奋斗终身的理想。

（3）有利于强化大学生责任担当

习近平指出："青年一代有理想、有本领、有担当，国家就有前途，民族就有希望。"[①] 党的百年奋进史是最好的教科书，革命战争年代书写的红色文化是最好的营养剂。从中国共产党诞生之日起，就清楚地知道我是谁、为了谁以及依靠谁，并将实现中华民族伟大复兴的责任扛在肩上，无数的革命英烈为此浴血奋战，李大钊、杨靖宇、方志敏、赵一曼等优秀的共产党人为实现民族独立和人民解放而英勇就义。尽管中国共产党遭遇了重重挫折和阻碍，但中国共产党员始终坚守初心，明白自己身上的责任，知道自己为什么出发，在毛泽东的带领下找到了适合中国的革命道路，从一个胜利走向另一个胜利，最终建立了中华人民共和国，中华民族实现了站起来的美好愿景。党的十一届三中全会拉开了改革开放的序幕，中华民

[①] 习近平. 习近平书信选集（第一卷）[M]. 中央文献出版社，2022：226.

族开始向富起来的征途迈进,经过几十年的发展,中国社会发生了翻天覆地的变化,离中华民族伟大复兴的愿景更近了一步。党的十八大以来,党和国家的建设事业取得了辉煌成就,如实现全面建成小康社会的目标、打赢疫情阻击战、使9899万农村贫困人口实现了脱贫等,这些都是中国共产党牢记责任担当的伟大作为。中国共产党始终坚守初心,回望自己走过的路,不忘自己来时的路,继续走好未来的路。新时代面临新的风险与挑战,青年大学生要聆听时代脉搏,屹立于时代潮流最前沿,将敢于担当、勇于担当作为践行责任的行为准则,自觉担负起中华民族伟大复兴的历史责任。通过红色文化教育厘清党的历史发展脉络,懂得党从哪里来,要往哪里去。大学生要紧跟党的步伐,牢记宗旨情怀,将自己的理想与实现中华民族伟大复兴的进程相结合。

(4)有利于增强大学生"四个自信"

党的十八大以来,习近平在多个场合讲到"四个自信"。红色文化是中华民族特有的精神标识,它是由中华优秀传统文化而来,被社会主义先进文化所继承,革命文化在其中起着承上启下的重要作用,并迸发出强大的生命力,是中华民族坚定"四个自信"的源头活水。因此,新时代增强大学生"四个自信",在大学生群体中开展系统的革命文化教育是必要的。

首先,坚定大学生道路自信。习近平强调:"道路就是党的生命。"[1]自中国共产党成立以来,就沿着社会主义道路一直前行。在毛泽东同志的领导下,中国人民不惧前进道路的艰难险阻,不屈不挠,顽强拼搏取得了接连的胜利,建立新中国并让中国人民迈入社会主义大门。中国特色社会主义道路也是马克思主义与中国具体实践完美结合的产物,是符合中国国情和时代要求的正确道路。新时代的青年大学生要对国家未来的发展充满信心,坚信中国特色社会主义道路是实现中华民族伟大复兴的必经之路。

其次,提升大学生理论自信。中国共产党能经历艰难困苦而不断成长壮大的原因就是始终以理论建党,中国共产党从未停止过学习,而马克思主义是共产党人的一门必修课。中国共产党将这门必修课运用于中国实践,形成了独具中国特色的理论体系,它引导着中华民族不断前行。通过革命

---

[1] 习近平. 习近平谈治国理政(第一卷)[M]. 北京:外文出版社,2018:21.

文化教育，大学生能从容面对西方意识形态的挑战，对中国特色社会主义理论体系未来发展充满自信。

再次，增强大学生制度自信。近代中国不断变换革命的主题，在君主立宪制、共和制皆惨败退场后，社会主义制度闪亮登场，使处于半殖民地半封建的中国看到了曙光。社会主义制度是科学的、先进的制度，其优越性在新中国七十多年的伟大成就中充分得以显现。

最后，革命文化教育坚定大学生文化自信。文化自信的基础就是要树立高度的文化自觉，懂得文化来自哪里、怎样发展以及未来走向。革命文化是文化自信的重要支撑，是中国特色社会主义文化的关键一环。开展革命文化教育，对增强大学生民族自豪感和中华文化的自信心具有重要的意义，终将会成为了解历史、展望未来的最佳路径。在当前各种文化和思潮相互碰撞的时代，大学生既要坚持马克思主义的立场，又要对有益的文化思想进行吸收借鉴，高度的文化自觉与文化自信使大学生对中华文化的发展充满信心，对建设文化强国充满自信。

（二）创新革命文化教育形式

教育形式犹如将血液输送到人体全身的血管，如果采取不恰当的教育方式，犹如血管堵塞，血液将不能正常流动，知识无法达到人的头脑，教育的价值也无法得到真正的实现。由此可见，教育形式对于教育活动的重要性。

1. 牢牢坚守思想政治理论课主阵地

新时代高校开展革命文化教育工作，要充分发挥思想政治理论课主阵地作用。思政课主阵地的作用无可替代，仍是开展革命文化教育的主战场，但由于当前革命文化教育课堂仍存在教学方式单一，教育内容空泛以及课堂教学活力不足等问题使主阵地的作用没能充分发挥出来，亟须通过提升思政课的指向性和感染力，使大学生的身体和心理健康发展的诉求得以实现，通过革命文化教育厚植学生的思想之根，增强思政课的吸引力和活力。

第一，丰富课堂教学形式。当前革命文化教育多以教师讲授、学生被动接受的形式为主，这种形式不利于知识的传授，应开展多种形式的教学，例如，表演情景剧、分享革命故事以及革命诗歌朗诵等，这样将大大增强红色文化教育的吸引力，使学生更加深刻地领悟到革命文化所具有的精神内涵。第二，健全教学管理制度。需要制定出系统完善、内容可靠以及方法科学的思政教师教学评价体系。在运行管理过程中要坚持定量与定性相结合、工作评价和成效评估相结合，明确思政课"抓什么"以及"怎么抓"，推动高校红色文化教育教学再上新台阶。

2. 充分发挥网络平台的教育引领优势

党的十八大以来，网络安全被高度关注。习近平指出："互联网领域发展不平衡、规则不健全、秩序不合理等问题日益凸显"[①]，并在党的十九大报告中多次提及互联网，这充分体现出了他对网络强国战略的深入思考和重视。这些重要讲话已成为开展网络革命文化教育工作的重大原则和依据。近几年，随着网络信息化的迅速发展，冲击了传统的教育形式，为人才的培养提供了巨大的信息资源。当前，网络已经进入大学生生活的方方面面，对大学生学习生活产生了深层次、全方位的影响。由此，对大学生开展革命文化教育工作，要运用好网络平台这个主渠道。

首先，拓展教育形式。网络革命文化教育要充分运用高校组织资源的优势，抓住学生的硬性要求，最大程度地汇聚课堂内外、校园内外的优质资源，从学生主体体验出发，依据互联网等新兴媒体的传播规律对教学内容进行再造，运用交互性、互动性的方式传播教学内容，让学生通过观看相关视频和长短课程自然而然地进行学习，同样也将革命文化教育的资源悄无声息地融入其他各类学科教学中。比如，将学生们的要求和问题以最快的速度变成教学资源，并且要时刻关注社会的新动态和发生的有意义的事件，使其成为网络革命文化教育的教学素材；在互联网上可以将"一票难求"的大师课程转化成近在身边的教育资源，并与知名学者和专家进行交流；教师可以在网上开展"微课堂""专栏"等形式以学生学习的问题为切入点，将困惑和苦恼消散于交流之中。

其次，立足于思想引导。网络平台是各类思潮的竞赛场和各种文化的聚居地，其中存在一些腐朽、消极以及庸俗的文化，对我国社会主流意识造成了不良影响，因此在网络革命文化教育过程中，要以引领主流思想为

---

① 习近平. 习近平谈治国理政（第二卷）[M]. 北京：外文出版社，2017：532.

着力点,发挥网络革命文化教育价值导向、行为导向以及目标导向的作用,巩固共同的思想基础。一方面,教育者要勇敢说出自己的观点,同网上不正当的的言论作斗争。另一方面,教育者要准确及时抓住学生"痛点",通过网上交流聊天,引导学生走出困境,树立正确的价值观。教育者可以将健康向上的视频音频资料传到网上,供学生下载学习,并时刻关注学生们的反馈评论,掌握学生的思想动态并进行教育和引导。

3. 丰富革命文化实践教学活动

儒家代表人物孔子对于学以致用和躬行践履十分重视,认为道德品行要靠学习和修行,更源于身体力行。由此可见,对于理论的学习,不仅仅是思想上提升,更需要在实践中践行。马克思指出:"理论一经掌握群众,也会变成物质力量。"[1]革命文化教育所传授的知识和理论只有被学生所掌握并在实践中践行,方能转变为物质力量,由内化于心转变为外化于行。因此,要实现革命文化教育的目标,开展丰富多样的革命文化实践教学活动是必要的。

首先,参观革命遗址。习近平指出,每一个红色旅游景点都是一个常学常新的生动课堂,蕴含着丰富的政治智慧和道德滋养。[2]每一处革命遗址资源都是对一段历史的见证,鲜活地展现着中国共产党那一段永远铭记的历史和奋斗历程,是永远的精神丰碑。高校组织学生学习参观革命遗址,让他们在革命遗址的参观中、在聆听革命英烈的故事中接受教育和洗礼,提升学生们的爱国情感,进一步增强走中国特色社会主义道路、为党和人民的伟大事业不懈奋斗的坚决性和自觉性。

其次,组织红色歌曲比赛。红色歌曲不只是一个单纯的革命口号,更不是一个抽象的政治符号,它承载着革命信仰和革命精神,这正是红色歌曲经久不衰的奥秘所在。至今传唱的红歌有上百首,从井冈山时期的江西民歌到延安时期的《信天游》再到祖国和平解放的《东方红》,都展现着红歌独特的艺术魅力。高校组织红歌传唱比赛,使学生在感受红色歌曲魅力的同时,了解红色歌曲背后的故事,从中学习到党和红军艰苦奋斗、自

---

[1] 中共中央马克思恩格斯列宁斯大林著作编译局编译. 马克思恩格斯选集(第一卷)[M]. 北京:人民出版社,2012:9.

[2] 习近平到韶山[N]. 人民日报(海外版),2011-03-24.

强不息、顽强奋斗的精神。

最后，采访革命老战士。每一名革命老战士背后都承载着一段鲜为人知的历史，他们大部分都出生贫穷，且目不识丁，却把自己的一生都贡献给了祖国，为民族解放和独立奋斗终身。高校组织学生去采访革命老战士，老战士用真挚而朴实的话语带领学生们回到那个战火纷飞的年代，让学生们在老战士略带深沉的目光中感受他的革命情感，在老战士面带沧桑的述说中领悟他的革命情怀，使学生们更深刻地感受到革命战士们自力更生、不怕牺牲、勇往直前的革命精神。新时代大学生要勇于担起民族复兴的大任，投身于建设社会主义事业的浪潮中，积极树立和践行社会主义核心价值观，继承革命文化传统的同时弘扬革命精神，坚守住老一辈革命战士的初心和使命。

三、全面推进社会主义先进文化教育

（一）社会主义先进文化的内涵及其特点

举什么旗、走什么路关系党和人民事业的兴衰成败。习近平在2013年全国宣传思想工作会议上强调："独特的文化传统，独特的历史命运，独特的基本国情，注定了我们必然走适合自己发展的道路。"[1]这条路就是适合中国国情、适合中国特点的中国特色社会主义道路。文化为制度提供基础，制度为文化发展繁荣提高保障。在中国特色社会主义道路的伟大实践中形成的社会主义先进文化，随着时代的纵深发展和社会的长足进步，其内涵也在不断丰富和发展。

社会主义先进文化是文化自信之魂。坚定文化自信必须全面推进社会主义先进文化教育。社会主义先进文化的丰富内涵决定它是文化自信之魂。社会主义先进文化是以马克思主义思想为指导，以中华文化为立场，以社会主义核心价值体系和核心价值观为核心，创新发展创造转化中华优秀传统和革命文化，扎根当代中国现实的文化形态。社会主义先进文化面向现代化、面向世界、面向未来，民族的、科学的、大众的特点决定它是文化自信之魂。社会主义先进文化是人民性的文化，代表广大人民利益和需要，新时代坚持以人民为中心的文化发展和文艺创作是对社会主义先进性的集

---

[1] 习近平. 习近平谈治国理政[M]. 北京：外文出版社，2014：156.

中表达。社会主义先进文化的开放性、包容性决定它是文化自信之魂。社会主义先进文化植根于中华优秀传统文化，决定其有海纳百川的优秀基因；形成于经济全球化、文化多元化、社会信息化的今天，要求其必须顺应时代发展，正视合作与竞争，彰显社会主义先进文化的优越性，为文化自信增添动力源泉。

1. 社会主义先进文化的内涵

先进文化能够促进历史的发展。具有先进性的文化，既要为社会和时代的发展提供智力方面和精神方面的保障，使该群体焕发活力，展现出生命力、凝聚力和创造力，又要顺应历史和人类的发展规律，不拘泥于时代环境，具有人类普遍的价值。先进文化的这种内涵，可以通过"面向现代化、面向世界、面向未来的"和"民族的、科学的、大众的"这两组词来体现。它们展现出了当代中国先进文化所包含的基本属性，使先进文化在传统与现代、本土与世界、当下与未来等一系列既对立又统一的价值之间，能够兼顾各方，保持一种动态的平衡，从而促进社会的全面进步。

在第一组形容词中，"面向现代化"是指先进文化要符合现代社会的发展要求，以实现社会主义现代化为宏伟目标，适应现代发展趋势，对于传统文化要进行去粗取精，吸收传统文化中的精华部分，以丰富我国文化内涵，使之不断与时俱进，具有鲜明的时代特点；"面向世界"是指随着国际上国家间的交往日益频繁，如果完全地故步自封，把外来文化全都拒之门外，那么我们国家将很难在全球文化的竞争中占据优势地位。因此，我们要以马克思主义理论为指导，吸收世界上其他国家的先进文化成果，博采各家之长，不断加快我国文化建设的步伐；"面向未来"是指要站在时代潮流的前沿，紧跟世界科学文化发展的趋势，用发展的眼光看待未来世界，坚持与时俱进的品格，保持先进性的特殊本质，为实现社会主义现代化而永不停步地奋斗。

第二组形容词也代表了先进文化的内涵：发展先进文化首先应该是民族的，是以中华民族的优秀传统文化为根基的。这些优秀传统文化犹如熠熠生辉的珍宝，闪耀着独特光芒，陶冶着中华儿女的情操。同时，我们又要文化创新问题。要加大力气发展科学，在社会上倡导科学，弘扬科学精神，用科学战胜愚昧。最后，在大众化的问题上，我们要以人民的利益为出发点，发展先进文化就是为了满足人民的需要。要时刻维护人民的利益，并不断调动人民的热情，发挥人民群众的积极性。只有具备了以上特性的文化，才能称之为先进文化。

2. 社会主义先进文化的特点

社会主义先进文化主要可以概括为以下几方面的主要特征。

（1）社会主义先进文化具有时代性

每一种文化都是在社会特定时代背景下产生的，时代不同，处在该时代的文化也大不相同。文化是时代精神、时代发展要求的反映。国家的政治、经济及文化三者间是相互联系的，通过文化情况也能反映出政治、经济情况，政治和经济的发展都要求具有鲜明的时代性特征，文化也是如此。中国的先进文化在当代要具有中国特色社会主义所体现的特点，并紧随社会主义发展阶段的需求，始终坚持与时俱进，为解放、发展生产力提供支持。

（2）社会主义先进文化具有科学性

社会主义先进文化是以马克思主义世界观和方法论为指导并以毛泽东、邓小平的文化思想为理论基础的科学的意识形态。发展先进文化就要求人们抵御落后、愚昧的文化的侵蚀，禁止封建迷信活动。社会主义先进文化包含了各类科学的优秀成果，能正确地引导人民群众的世界观，引导群众要严格依据客观规律办事，并始终坚持按照科学的方法为建设具有中国特色的社会主义事业奋斗。在社会主义先进文化发展要求的指引下，国家大力发展科教文卫事业，不断增强国际竞争力。先进文化是经得起时间的考验的文化，始终保持科学的精神和姿态。

（3）社会主义先进文化具有开放性

鲜明的开放性是世界上一切优秀、先进的文化所具有的特征之一。当今世界是一个多元的世界，社会主义先进文化以海纳百川的博大胸怀，采各国文化之长，吸收一切优秀文化成果，是一种广集百家的文化。我国社会主义先进文化在继承中国传统文化的精华的同时，还要兼收并蓄世界各国文化的先进思想及文化成果，取长补短，实现古为今用，洋为中用，使社会主义先进文化发扬光大。

（4）社会主义先进文化具有创新性

创新是一个民族的灵魂，也是文化保持旺盛生命力和先进性的源泉，国家的发展离不开创新。社会主义先进文化不是一成不变、停滞不前的文化，而是一种与时俱进、开放创新的文化。它能够在继承中华优秀传统文化和人类文明成果的基础上结合时代发展的需求，结合新的实践，并结合人民群众精神生活日益变化的需要，不断推陈出新，丰富内容，具有强烈的创新意识和创新能力。社会主义先进文化的创新性是建设中国特色社会主义的不竭动力。

（二）全面推进社会主义先进文化教育

培育大学生文化自信，必须全面推进社会主义先进文化教育。当前存在部分大学生对社会主义先进文化丰富内涵一知半解，对社会主义先进文化的价值认识不清的现象，甚至出现崇拜外来文化、轻视社会主义先进文化的怪相，这一点在调查问卷中也有所证实。同时，在部分大学生中还存在片面重视经济利益，追求物质享受的精致利己主义者。这些现象的存在亟需我们全面推进大学生社会主义先进文化教育。新时代全面推进社会主义先进文化教育，首先，要以长征精神、西柏坡精神、北大荒精神、载人航天精神、北京奥运精神、抗震救灾精神等为引领，以加强先进群体和英雄模范人物模范事迹教育为引导，营造良好的社会氛围，强化社会育人作用。其次，要充分发挥课堂教学主渠道教育，无论专业课教师还是公共课教师，都能做到将社会主义文化的先进性、优越性、人民性融入课程中、课堂里，发挥"课程思政"的育人实效。最后，有效拓展和充分利用校园文化活动和社会实践活动平台，提升大学生对社会主义先进文化的科学认知，价值认同和行为转化。

四、强化社会主义核心价值观教育

文化自信的表现与构成是多方面，对自我文化历史与未来的理性认知，对文化成就价值的高度认同，对文化发展方向道路的坚定信心，等等。在多维的文化自信谱系中，价值观自信处于核心地位，具有统摄意义。"任何一种文化体系的性质，都由其内含的价值观决定、表征；任何一种文化体系的魅力，都由其内含的价值观培育、彰显；任何一种文化体系的发展，也都由其内含的价值观规约、引导。"①文化的核心在于价值观,价值观的滋养在于文化。价值观在文化体系中的独特地位和意义决定了价值观教育之于文化自信教育犹如血脉之于人的生命。

社会主义核心价值观——富强、民主、文明、和谐,自由、平等、公正、法治、爱国、敬业、诚信、友善的24字表达,把涉及国家、社会、公民三个层面的价值要求融为一体,高度概括了国家建设、社会发展、公民培育的目标与要求,既继承了中华优秀传统文化,还辩证地吸收了世界文明有益成果;既体现了社会主义本质属性,又突出了时代发展需要,是中国特色社会主义道路、理论、制度和文化的价值表达,也是全体人民共同的梦想追求。培育和践行社会主义核心价值观有利于提高广大人民的思想水平和道德素养,有利于维护社会稳定和和谐发展,有利于提升国家治理体系和治理能力现代化。历史和现实都已表明,构建与弘扬社会主义核心价值观,关系个人全面进步,社会和谐发展,国家长治久安。

(一)社会主义核心价值观的基本内涵

社会主义核心价值观的具体内涵是对我国优秀传统文化的继承和其他国家的文明成果借鉴,是符合中国特色社会主义道路发展要求的全民价值观的共识,在内容上相互补充、相互衔接和贯通,是国家发展目标、社会价值取向和个人行为处事的统一体,为大学生主动实践意识的培养提供了指导。

1. 国家层面

"富强、民主、文明、和谐"在社会和个人层面上支配着价值观。一个国家的繁荣昌盛、一个民族的复兴,不仅关系到中国在世界上的话语权,而且在很大程度上决定着人民奋发向上的雄心。因此,国家层面的核心价值观是最高层次的价值观,是统领社会层面和个人层面的价值观。

"主之所以为功者,富强也。故国富兵强,则诸侯服其政,邻敌畏其威。"(《管子·形势解》)富强关系到国家的稳定和繁荣,具体来说,富强是指国家经济建设的目标,经济发展是社会进步的物质基础,它包括两个目标:即使人民过上小康生活和实现国家富强。"物质生活的生产方式制约着整

---

① 沈壮海. 论文化自信[M]. 武汉:湖北人民出版社,2019:92.

个社会生活、政治生活和精神生活的过程。"[①] 马克思主义认为，人类的终极目标是实现自由全面发展，这需要强大的经济实力和综合国力作为后盾。因此，把"富强"作为社会主义核心价值观的重要组成部分，是制度上的一个保证，它始终提醒全党全国人民集中力量建设发展。

民主是全世界人民追求的价值理想，它既是一种价值理想，又是一种政治理想。自古以来，"民主"就受到统治者的关注。中国古代有"民为本""水能载舟亦能覆舟""民重君轻"等思想，这些思想虽然是在封建制度下君主为维护统治而提出的，但在一定程度上制约了君权，反映了人民群众的影响力。现代的"民主"概念源于西方，意思是"平民治理"，直到 20 世纪才成为西方普遍的民主制度。与之不同的是，社会主义是以生产资料公有制为基础的，人民可以参与国家管理。我国是社会主义国家，人民民主专政是民主政治的核心，这实则是在政治上对人民美好生活的保障。中国特色社会主义民主在实践中创新，民主政治的进程在创新中加快。通过民主制度的完善，增强全民的民主意识，提高民主素质，更好地参与民主生活，实现社会主义民主的目标。

文明是社会进步的标志，是个人文化修养的表现。文明是我国文化建设的价值追求，包括人与人、人与社会、人与自然的关系。几千年来，中华文化积淀了许多优秀的精神品质，塑造了中华民族的灵魂。社会主义文明需要具有较高文化素质和思想道德素质的公民，高素质的公民有利于促进国家文明的发展，同时，国家文明对社会文明也具有重要意义。

唯物辩证法认为，和谐是一种合作、互利、共发展的关系。共产主义社会是一种真正解决人与自然、人与人之间的矛盾，真正解决存在与本质、客体化与自我确证、自由与必然、个人与阶级之间的斗争的和谐社会，有助于解决社会矛盾和凝聚社会力量。

"富强、民主、文明、和谐"符合国家现代化建设"五位一体"总体布局的要求，体现了国家和人民建设强国的美好愿景，也是激励民族不断奋斗的动力。

[①] 中共中央马克思恩格斯列宁斯大林著作编译局编译. 马克思恩格斯选集（第二卷）[M]. 人民出版社，1995：32.

2. 社会层面

"自由、平等、公正、法治"反映了我国社会的基本属性。人的全面自由发展是中国社会发展的最高价值追求，是马克思主义的核心理念。中国特色社会主义建设需要自由全面发展的人，同时，政治、经济、文化等领域也需要保证人的自我发展和自我实现的自由，这在社会生活中是相辅相成的，没有特殊情况，给每个人的生存和发展带来同等的重视和机会。社会主义所提倡的平等不是绝对的平均主义。社会上没有绝对的平等，但我们可以不断缩小差距。提倡平等价值观，有利于调动人民群众的创造力和积极性。比如，法律保障公民的权利，公民有平等的竞争机会，社会保障制度调整公平。

公正就是公平和正义。公正是社会文明进步的重要标尺。一个社会制度的首要价值应该是公正，只有社会公正，每一个人才都有同样的发展机会，并且得到和付出平等的回报。因此，公正是社会稳定发展的重要保证。

法治就是依法治国，任何人都不能凌驾于法律之上。法律是社会规范的一种形式，是强制性的。一个国家的治理离不开法律的支持和保障。新时代，一个国家的管理者需要有法治的思想和意识，"坚持依法治理，加强法治保障，运用法治思维和法治方式化解社会矛盾"[①]不仅可以维护国家的稳定和社会的有序发展，而且可以保障其他核心价值观的践行。

自由是社会主义的终极目标，但自由的实现需要以法治为边界，不存在脱离法治的绝对自由。社会主义制度的基础是平等，没有平等，就不可能实现公正。公正是中国特色社会主义的内在要求。只有享有同样的权利和平等的机会，我们才能发挥自己的才能，充分发展自己。法治作为治国的基本方式，能够有效地创造良好的社会环境，实现其他价值目标。

3. 个人层面

"爱国、敬业、诚信、友善"是每个公民的具体行为准则，类似于社会主义核心价值这个建筑的砖瓦。离开了公民个体，再响亮的价值观也只是一句空口号。一个德行完备的人，需要不断激发真善美的道德意志、道德情感，提高辨别是非的能力，最终养成自觉践行的良好习惯。个人层面

---

① 中共中央关于全面深化改革若干重大问题的决定 [N]. 人民日报, 2013-11-16.

的价值观在家庭、社会、工作他人等方面划出一道线，促进每个公民提高自身道德修养。

爱国主义是一种对国家的真挚情感，时刻把自己的成长和国家的命运联系在一起，主动为国家负责。国家的繁荣和稳定可以给每个公民一种自豪感和安全感。同时，人们对国家的热爱可以形成巨大的力量，成为国家战胜困难的可靠后盾。爱国主义的认识不能只停留在传统美德上。当下爱国更要爱热爱社会主义，青年大学生要把对社会主义的热爱转化为实际行动，投身于国家建设，贡献力量。

敬业是各行各业的人在工作中应具备的基本态度，是职业行为的价值标准。每个人只有在岗位上尽责，才能得到应有的报酬，才能更好地发展个人生活，才能保证社会经济。社会需要认真对待工作的公民，公民的自我价值也需要体现在具体的劳动中。

诚信是所有人际关系所需要的优秀品质，也是一个人的基本道德品质。一个没有诚信的社会将无法正常运转。自古以来，中华民族就十分重视诚信。孔子的"人而不信，不可知也"、墨子的"言不信者，行不果"等都体现了诚信对人的重要性。随着市场经济的发展，诚信不仅是一种道德，更是一种经济性质。在交往圈子不断扩大的社会中，诚信已成为连接彼此的一项重要参考标准。

友善是一种与人沟通和交往的品质，它能创造一种和谐的人际关系，这也是个人对自己的严格要求。友善作为人的基本素质，不仅可以完善人格，而且可以优化社会秩序，密切人与人之间的关系，营造良好的社会氛围，尤其在各种社会矛盾容易激化的社会转型期间。

"爱国、敬业、诚信、友善"的内涵是相互影响的。爱国是个人价值观的基本遵循，能激发民族自豪感。普通民众的爱国精神体现在他们每天的辛勤劳动中，通过对工作的投入来表达他们的爱国情怀。诚信和友善是人们交往的基本品质，良好的人际关系有助于树立国家的威信。在核心价值观的具体培育过程中，要特别注重个人层面价值观的确立，用个人价值观滋养社会价值观和国家价值观的诞生和发展。

4. 三个层次之间的逻辑关系

核心价值观的三个层次是一个有机的整体，任何一个层次都不能缺失，它们在社会主义实践中是统一的，都集中体现在国家价值目标、社会价值取向和公民道德规范上。每一层面的价值观都与前后层面的价值观有着密切的联系。国家层面的价值目标是最高指挥。一个国家只有强大，才能有充足的物质资料、民主的政治生活、丰富的文化生活和和谐的社会氛围等，这样一个国家对公民良好政治素养和良好人格的形成也会产生直接的积极影响。社会层面的价值取向是公民理想的社会状态，也是社会秩序良好的基本条件。正因为如此，社会层面的价值观才能指引社会主义建设的方向，只有走上追求自由、平等、公正和法治的道路，才能缓解国家和个人利益的矛盾，才能实现国家和个人层面的价值观。于国于社会，最终"人"才是落脚点，什么样的价值目标和价值取向是基于人而定的。公民不仅是价值观实践的主体，也是社会实践的主体。思想道德良好的公民，可以净化社会风气，引领社会风尚，凝聚建设国家的一切力量。

三个层次的关系就像盖房子：国家层面的价值目标最终是建筑的外观；社会层面的价值取向是建房的方法，不依据建筑的规律，房子就无法成型；个人层面的价值标准是建房的材料，没有它，房子就只停留在设计图纸上。总之，社会主义核心价值观就是依据价值准则的公民在正确价值取向引领下，实现国家价值目标，每个部分相互依存，相互贯通。

（二）优化大学生社会主义核心价值观教育路径

社会主义核心价值观教育是大学生文化自信教育的血脉，文化自信教育归根结底就是要打通价值观自信。当前深入开展社会主义核心价值观教育，必须充分发挥学校的文化传播教育作用，家庭的熏陶感染作用，社会的宣传导向作用。首先，通过学校老师的知识传授和丰富多样的校园活动，让大学生明确什么是社会主义核心价值观，为什么要培育和践行社会主义核心价值观，知其然知其所以然，通过课堂教学和课外活动教育引导广大学生从博大精深的传统文化中汲取"仁、义、礼、智、信"，家国天下，天人合一等体现个人修养、行为规范、伦理道德、治国理政、生态建设的重要精神养料。其次，要充分发挥家庭的熏陶作用。家长是孩子最好的老师。家长以讲诚信、重孝道、睦友邻、守法纪的言行熏陶引导孩子，现身说法，用言行告诉孩子什么是社会主义核心价值观，社会主义核心价值观应该如何践行。最后,要充分发挥社会的宣传和保障作用。人是社会的产物,必须通过强化教育引导、舆论宣传、文化熏陶、实践养成和制度保障等将社会主义核心价值观融入社会生活中,让大学生在社会实践中感知它、领悟它、践行它。

第六章　全面推进大学生文化自信教育融入思想政治教育

高校是思想政治教育的重要阵地，肩负着培养什么样的人和如何培养人的工作，以思想政治教育为载体培育大学生文化自信，不仅是时代发展的需要，也是思想政治工作者的职责和使命所在。文化自信融入大学生思想政治教育工作中，不仅是实现中华民族伟大复兴中国梦的内在要求，也是现阶段高校教育改革的现实需要。文化自信融入大学生思想政治教育，可以发扬和传承中华民族文化自信，增强民族自豪感，同时对于改进大学生的思想政治素质，树立正确的价值观念，帮助大学生成长成才，有着非常重要的意义。

一、思想政治教育与大学生文化自信的内在关联

（一）大学生思想政治教育的概念界定

1. 思想政治教育

中国共产党高度重视意识形态领域的建设，特别在延安时期和军队建设方面，通过对思想素养和政治觉悟的教育引导，推动建成一支组织纪律严明、广泛联系群众的队伍，保障了中国革命取得最终胜利。新中国成立后，中国共产党提出要坚决地贯彻思想政治教育的进行，旨在促进思想政治教育对学生发展做出全面指导，为社会主义事业培养建设人才。改革开放后，邓小平提出："为了实现四个现代化，……需要在人民内部广泛地加强思

想政治教育。"[1] 在全社会范围内开展思想政治教育，为以经济建设为中心的发展任务营造良好的文化氛围和思想基础。党的十八大以来，习近平多次强调："能否做好意识形态工作，事关党的前途命运，事关国家的长治久安，事关民族的凝聚力和向心力。"[2] 因此，思想政治教育一直被学术界广泛关注和持续研究。

关于思想政治教育的概念，学者们从不同的角度和层次得出了不同的观点，其中最具代表性的、学术界普遍认可的是以张耀灿等人为代表的观点："思想政治教育是社会或社会群体用一定的思想观念、政治观点、道德规范对其成员施加有目的、有计划、有组织的影响，使他们形成符合一定社会、一定阶级所需要的思想品德的社会实践活动。"[3] 该观点主要从思想政治教育的主客体关系、内容、目的等方面来进行界定，强调思想政治教育是一门培育人的思想、品德、行为规范的科学。笔者根据研究内容和比较分析，认同并使用张耀灿等人的思想政治教育概念。

2. 大学生思想政治教育

大学生是中国梦的圆梦人，对未来我国经济、政治、文化的健康发展将发挥重要作用。大学生思想政治教育是指以大学生为教育对象，以高校为主要场所，以主流价值观念、政治观点、道德准则和行为规范为教育内容，在遵循大学生思想品德形成发展规律的基础上，促进大学生由思想观念到行为方式转变的教育实践活动。

首先，教育对象具有特殊性。大学生区别于其他社会成员，正处于特殊的发展阶段。当今时代，我国与世界各国的联系日益紧密。大学生群体思维活跃，对外界充满好奇，个性突出，以成年人自居，渴望得到认可，但是价值观念尚未完全确立，社会经验匮乏，无法客观理性地看待问题，极易被不良思想误导，需要思想政治教育的规范和引导。其次，教育场所具有特定性。高校是大学生思想政治教育的主要场所，贯穿于大学生教育实践的全过程，发挥主导作用。同时，家庭和社会等也发挥着配合和补充

---

[1] 邓小平. 邓小平文选（第二卷）[M]. 北京：人民出版社，1994：187.
[2] 中共中央文献研究室编. 习近平关于全面建成小康社会论述摘编[M]. 北京：中央文献出版社，2016：103.
[3] 张耀灿，陈万柏. 思想政治教育学原理（第二版）[M]. 北京：高等教育出版社，2007：86.

的作用。最后，教育内容具有全面性。为了实现立德树人的根本任务，要求大学生思想政治教育必须涉及自然界、人类社会和人的思维等各领域的内容，为大学生正确认识世界、改造世界提供观念指导，培养大学生积极的价值观念和行为习惯，为实现共产主义而奋斗。

（二）新时代高校思政课的基本属性及价值功能

高校思想政治理论课即高校思政课，它隶属于马克思主义理论学科，是高校对青年大学生进行思想政治教育、意识形态教育和文化自信教育的主要课程，具有特定的属性和重要的价值功能。

1. 新时代高校思政课的基本属性

笔者认为，高校思政课在中国特色社会主义新时代应主要表达出三个意蕴——"思想课""政治课""理论课"。也就是说，高校思政课在新时代应具备三个基本属性——思想性、政治性、理论性。

首先，思想性指的是人进一步追求思想穿透、思想张力和思想境界的性质。[1]其是思政课的显著特征，主要体现在高校思政课对大学生的思想进行全方面、全覆盖的关注和引导，提升大学生的思想穿透力，使之成长为健康发展、和谐发展、主动发展的人。其次，政治性解决的是育人的方向问题[2]，它是思政课的根本属性。高校思政课始终秉持着马克思主义的政治立场，向大学生传导正确的政治理念，提升大学生的政治水平和政治素养，使之明确自己的历史使命，确立远大的政治抱负。最后，理论性是思政课的鲜明属性，具有内在的研究范畴、推理范式和逻辑框架。其以马克思主义为基石，帮助大学生将政治话语学理化，用理论深悟原理，培养大学生的理论思维，提高大学生的马克思主义理论素养。

2. 新时代高校思政课的价值功能

高校思政课担负着一定的文化责任和文化使命，具有十分重要的价值功能，具体来说，具有文化传承、整合创新、育人和引导等四个功能。

---

[1] 曾狄，黄齐. 论高校思想政治理论课的基本性质[J]. 思想政治教育研究，2015，31（02）：43-46.

[2] 卢黎歌，隋牧蓉. "八个相统一"：推动思想政治理论课改革创新的遵循原则[J]. 学校党建与思想教育，2019（09）：9-13.

（1）继承和发展中华文化的传承功能

高校承担着重要的文化教化任务，高校思政课的实施过程实则是一项文化教育活动，其发挥的最明显的文化作用就是中华文化的传承与发展。首先，高校思政课的根本任务是立德树人，其通过开展具体的教学活动将我国的主流意识形态和主流文化传递给青年大学生，教育大学生、培养大学生、塑造大学生，使大学生了解中华文化，在文化的熏陶下形成正确的价值观念，促进大学生成长成才。其次，高校思政课是马克思主义理论课，在坚持马克思主义指导的同时，其又以中华文化为思想资源，向青年大学生输送文化知识，从某种意义上讲，这也是对中华文化的传承与发展。最后，高校思政课对大学生进行文化教育的目的一方面是促进大学生成长为高素质人才，另一方面是培养大学生的创新意识，引导大学生在对文化消化吸收的基础上进行创新和发展。正是在这样的一个过程中，高校思政课实现了其文化的传承功能。

（2）融合古今、中西文化资源的整合创新功能

高校思政课作为一门严谨的政治课程，一个重要特征就是与时俱进性，能够有效融合各种文化资源并进行整合创新，显示出强大的包容性。一方面，对于国内的多元文化，其能够进行有效的整合，保留和吸收同质文化因子，批判和扬弃异质文化因子；另一方面，能够对外来文化中优秀的、符合我国发展的内容进行采纳、整合和吸收，纳入课程内容之中，实现文化的更新与发展。通过这种方式，高校思政课有效地减少了文化冲突和文化诘难，同时又及时更新了课程内容，实现了文化的丰富和发展。高校思政课在对多元文化进行整合的过程中，必须处理好多元文化与我国主流文化的有效接洽，这就意味着高校思政课要对原有的体系和内容进行一定的调整和再创造，也就是进行文化内容的创新。经过一系列的操作处理，高校思政课实现了对文化资源的整合创新。

（3）激励大学生成长成才的育人功能

高校思政课是青年大学生在人生关键时期"三观"养成和内在精神世界形成的重要途径和主要课程，直接事关高校为谁培养人、培养什么样的人、怎样培养人这个根本问题。可见，高校思政课承担着培养青年大学生价值观、充沛青年大学生精神世界的重要职责，利用文化的力量并运用各种方式去

熏陶大学生、感染大学生、鼓舞大学生、塑造大学生，解决大学生精神迷茫、信仰缺失、价值混乱等意识形态问题，帮助他们建立正确的文化价值观念和行为取向，激励他们成长成才，实现思政课"以文化人"的最终目的。因此，高校思政课的育人功能就是通过将文化输出给大学生，充沛大学生的精神世界，完善大学生的知识结构，涵养大学生的道德品格，帮助和引导大学生形成正确的价值观念、成熟的人格品质，实现大学生由"自然人"向"社会人""文化人"过渡。

（4）增强文化认同的引导功能

思政课的性质、任务以及内容决定了高校思政课具有增强大学生文化认同、提高大学生文化认知的引导功能。首先，中华优秀传统文化是高校思政课的重要资源支撑，且高校思政课的教学目标以及它所提倡的道德理念在很大程度上与我国传统文化相融合。因此，在这一过程中，能够自然地提高大学生对传统文化的认知，进而增强文化认同。其次，革命事迹、革命理念和革命精神等红色文化是高校思政课的教学内容之一，课堂讲授的过程也是弘扬红色文化的过程，同时高校思政课通过实践教学，使大学生在亲身体验中感受红色文化的力量，产生文化共鸣，迸发出真挚的情感归属。最后，高校思政课的一个重要任务就是弘扬我国的主流文化，即社会主义先进文化，引导大学生理性的分析和明辨当下各种文化，形成正确的文化价值观，坚守我国主流意识形态阵地，形成文化自觉和自信。

（三）文化自信与大学生思想政治教育的契合点

同属于意识形态范畴的文化自信和大学生群体的思想政治教育在某种层面上具有很强的契合性，研究这两者之间的契合性，对深入探究文化自信融入大学生思想政治教育的对策具有一定的启发、指导作用。

1. 文化自信与大学生思想政治教育目标具有一致性

文化自信的目标要求人们对我国文化有一定的认同，对我国文化的过去和将来都充满信心，并且在产生情感共鸣的基础上将其内化于心，使每个人的价值观都符合社会发展要求，进而外化于行，共同促进社会主义文化的稳定繁荣。说到底，文化自信就是价值观自信，使文化在人身上凝聚为国家和社会对人所要求的正确的价值观念和道德素质，进而为个人全面发展、社会和谐稳定、国家繁荣昌盛提供不竭精神动力和支持。

思想政治工作必须做到"以生为本"———一切为了学生、为了学生的一切，不断使大学生在思想、品行和文化等方面达到一定的水平，把大学生培养成一个全面发展的优秀人才，从而使他们在实现中国梦的路途中放飞个人梦想。由此，大学生思想政治教育亦是体现着国家及其社会对大学生的期望，在大学生思想政治品德的发展方向上起着导向与调控的作用。总之，文化自信与大学生思想政治教育同样作为社会主义精神文明建设，都旨在从人的内心深处出发，通过有目的、有意识的教育培养，使人的价值观念、思想意识和道德规范等都符合国家和社会的要求，二者在教育目标上具有鲜明的一致性。

2. 文化自信与大学生思想政治教育内容具有同源性

大学生思想政治教育的内容是在党中央的集中领导下，教育者向受教育者传授一定的知识和观点，以促进大学生身心健康发展，成为国家所需要的人才，具体教育内容主要包括传统道德教育、革命精神教育、先进文化教育以及公共法治教育等方面的内容。而文化自信教育就是要充分了解我国各种文化，比如中华优秀传统文化、革命精神以及先进文化，用文化的底气和力量去熏陶、感染和渗透，以达到正确引导和教育的效果。文化自信与大学生思想政治教育内容的同源性主要表现在：首先，大学生思想政治教育内容中的中华民族优良传统教育是以中华优秀传统文化为内容，对大学生进行教育，诸如"先天下之忧而忧，后天下之乐而乐"的高尚情怀；"穷且益坚，不坠青云之志"的奋斗精神；"天下兴亡，匹夫有责"的爱国教育；"宁为玉碎，不为瓦全"的铁骨铮铮等都有助于激发大学生的爱国热情和民族自豪感。其次，文化自信源于红色文化，它是中国共产党根据马克思主义的指导带领全国人民在浴血奋战、争取独立中创造的文化，分为在新民主主义革命时期、社会主义建设时期和改革开放时期，是革命先辈们的精神凝聚。而红色文化教育一直是我国大学生思想政治教育的重要内容之一，这对培养大学生坚定的理想信念，艰苦奋斗的思想作风以及全心全意为人民的服务宗旨等都有着不可替代的作用。最后，文化自信也来自我国社会主义先进文化，而这正是引领大学生世界观的内容。所以，不难发现，文化自信思想同大学生思想政治教育有着共同的理论基础和来源，两者在一定程度上可以互通有无，相辅相成。

3. 文化自信与大学生思想政治教育过程具有共通性

文化自信的实现是以文化为客体内容，主体（个人、社会、国家）通过一定的载体对文化进行认知、选择、信任以及肯定的过程，也就是文化自信主体和主客体交互发展的过程。而大学生思想政治教育这个过程就是教育者个人或群体通过一定的方式、手段或载体，使大学生的思想品德、价值观念、道德规范等内容达到社会要求的过程，这也是教育者和大学生主客体互动参与的过程。由此可以看到，文化自信的实现同大学生思想政治教育这两者之间有一定的共通性。

首先是教育主体的共通性。大学生思想政治教育的主体是教育者个人或社会团体，但是大学生在某种意义上既是教育客体也是教育主体，只有大学生发挥主观能动性积极接受教育影响，才能使其真正受到思想教育。因此大学生作为主体，能够能动地对文化进行认知、认同和践行。其次是教育介体的共通性。教育介体就是实现大学生文化自信和思想政治教育过程的内容及方法，将教育者和大学生连接起来就必须借助教育内容这个纽带。而文化自信中的传统文化、革命文化、社会主义先进文化都可以作为高校对大学生进行思想政治教育的内容，在对大学生进行思想品质塑造的过程中，也能增强大学生自身文化自信。最后是教育结果的共通性。文化自信和大学生思想政治教育的结果都旨在使个人、社会乃至国家都有一套完整准确的政治观、道德观和价值观。由此可见，文化自信教育和大学生思想政治教育的过程在一定条件下可以合二为一，互为一体。

（四）文化自信融入大学生思想政治教育的重要意义

文化自信是实现伟大中国梦的前提和基础，大学生是祖国的未来和希望，思想政治教育承担着培育大学生文化自信的重要任务，致力于使大学生成为我国文化忠实的传承者和弘扬者。因此，将文化自信融入大学生思想政治教育无论是对大学生还是高校思想政治教育都有重要意义。

1. 有助于奠定大学生思想政治教育根基

随着全球化的持续深入进行，当今世界各国政治、经济飞速发展，各种文化也争相斗艳，俨然一个百花园。我国大学生却也或深或浅地受到外来文化的影响,譬如西方的日常饮食、生活用品、影视文化等纷纷受到青年大学生的追捧。此外随着网络技术的迅猛发展,互联网信息中也充斥着西方的文化和思想,这些都使大学生的思想意识在潜移默化中悄然发生变化,甚至对大学生的世界观、人生观、价值观有着深刻的影响,这对正处于"三观"成型时期的大学生来说,他们可能会理想信念模糊,迷失人生方向,甚至会走错道路。

鉴于此,高校要对大学生思想政治教育严加规范和引导,让大学生养成独立思考的习惯,对是非对错也有积极的自我判断。而通过对大学生进行中华优秀传统文化、红色文化以及社会主义先进文化教育,不仅能增强大学生对本民族文化的认知和认同,使大学生对本民族文化充满敬畏,而且能够帮助大学生正确对待本国文化和外来文化,自觉进行文化选择。因此,将文化自信融入大学生思想政治教育,在很大程度上能让大学生坚定自身文化根基,使大学生在实现中华民族伟大复兴中国梦的征途上充分发挥其生力军作用。

2. 有助于增强大学生思想政治教育实效

实效性是衡量大学生思想政治教育成功与否的重要标准,它决定了高校各项工作的顺利进行。目前高校对大学生进行思想政治观教育基本都采取班级授课制,以教育者为主导向大学生灌输教育内容,这样的教育方式极易使大学生对这门课程产生逆反心理,而且部分大学生不喜欢这门课程,认为该课程可有可无,没什么实质性价值,甚至不愿意去上课,就算去教室也不听老师讲课,久而久之,就严重影响了大学生思想政治教育的效果。因此,对大学生进行思想等方面教育,增强实效性尤为重要。文化是大学生思想政治教育的一个重要因素,文化自信对大学生思想政治教育效果具有重要影响。将文化自信融入大学生思想政治教育,能提高大学生的学习积极性,有利于增强大学生思想政治教育的实效性。

一方面,让文化自信走进校园,将中华优秀传统文化、红色文化、社会主义先进文化融入课堂、校园等大学生日常学习和生活中,形成一股无形的力量,使大学生的物质、精神世界都能在潜移默化中受到影响。另一方面,可以让文化自信走出校园,走进社会,比如定期组织大学生观看中国先进文化专题电影,参观有浓厚文化色彩和氛围名胜古迹,让大学生用心去感受文化的力量。由此，大学生才会有更高的文化素养，才能更好地为人民、社会和国家服务。

3. 有助于丰富大学生思想政治教育内容

当代大学生思想政治教育主要包括道德规范教育、爱国主义教育、理想信念教育，而这三方面内容都与文化自信有着紧密的联系。

从道德规范教育来看，中华优秀传统文化为大学生思想政治教育提供了丰富的滋养，其所倡导的"真、善、美""仁、义、礼、智、信"等优良传统对提升大学生思想和道德境界有着重要的导向作用。将中华优秀传统文化自信引入高校大学生的思想政治教育，对大学生个人品质的提升和文明习惯的培养有着重要的作用。

从爱国主义教育来看，红色文化无疑是生动的教育教材。红色文化是党领导人民在充满着血与火的斗争中形成的优秀文化，承载着中国人民对祖国炽烈的热爱和无限的忠诚。高校在思想政治教育工作中应大力度地宣传红色文化，用革命战士无畏牺牲、英勇奉献的集体主义精神培养大学生高度的民族自信心，厚植爱国主义情怀。

从理想信念来看，马克思列宁主义、毛泽东思想、邓小平理论、"三个代表"重要思想、科学发展观以及习近平新时代中国特色社会主义思想都属于我国的先进文化思想，它们都是当代大学生的思想武器来源。在思想观念、政治观点、价值取向日益多元化的今天，对大学生进行马克思主义理想信念教育，让他们在实践中认识到马克思主义的科学性和真理性，为大学生构筑精神世界的支柱，进而以其强大的凝聚力和感召力使大学生抱有崇高的理想和坚定的信念。

4. 有助于完成大学生思想政治教育任务

大学生是促进经济社会发展的生力军，更是实现中华民族伟大复兴之伟业的中坚力量，对他们文化方面的培育也不能忽视。因此大学生思想政治教育的重要任务之一就是培育大学生文化素质和文化修养，树立其文化自信心和归属感，使大学生坚定中华文化的力量，辩证看待各国文化差异，对全球文化冲击抱有理性应对的态度。文化自信是习近平在党的十九大报告中明确提出的要求，大学生作为青年一代，应当站在新时代的潮头，做习近平新时代中国特色社会主义思想的坚决支持者和履行者。然而，当前大学生在文化素养方面还有较多问题：一方面，部分大学生对中华优秀传统文化认知不清，了解也不够深入；另一方面，在与外来文化的选择中缺乏独立思考能力，极易受到意识形态问题的影响。因此，将文化自信融入大学生思想政治教育，可以使大学生在真切感悟中华文明魅力的同时，坚定中华优秀传统文化自信，进而在处理本国文化与外来文化的关系中做出正确的选择。

二、文化自信融入大学生思想政治教育的现状

（一）文化自信融入大学生思想政治教育取得的成效

1. 大学生思想政治教育涵盖了文化自信的基本内容

由于思想政治教育高度的政治属性，结合我国生产生活实践，其主要内容有世界观、人生观、政治观、道德观、法制观教育等方面，以对大学生自身综合素质进行全面教育引导。同时，思想政治教育的内容要与时俱进、不断更新。文化自信作为马克思主义中国化的最新成果，内涵丰富，意义深远，被广泛融入大学生思想政治教育中，有利于促进大学生理解、认同本民族文化，在实践中坚定文化自信，实现人的自由全面的发展。

中华优秀传统文化深深植根于中华儿女的精神基因之中。其中，儒家的"仁"、道家的"自然"、法家的"法制"、墨家的"兼爱非攻"、佛教的慈爱奉献等多元文化是中华优秀传统文化的重要表现，被作为重要的素材教育大学生平等待人、宽容理解、谦逊有礼、热爱祖国、诚实守信，取得了良好的教育效果。红色文化反映出中国共产党的优良革命传统，是激励中华儿女不懈奋斗、实现中华民族伟大复兴的精神动力。新民主主义革命虽然结束了，但红色文化一直在延续。思想政治教育通过讲授红色文化，有利于培养大学生的坚定理想信念和艰苦奋斗精神，引导大学生在新时代探索和走好中华民族伟大复兴之路。社会主义先进文化在当代社会蓬勃发展，集中体现在社会主义核心价值观。思想政治教育一直将社会主义核心价值观贯穿始终，密切关注并及时解读党和国家的各项路线、方针、政策，保证大学生的政治敏锐性，提升大学生的思想理论素养，坚定中国特色社会主义文化发展道路的信心，发展大学生爱国、敬业、诚信、友善等优良品质。

2. 大学生思想政治教育承载了文化自信的价值追求

文化自信以树立正确的文化观念，指引人们进行文化判断和文化选择为价值目标。思想政治教育以人的自由全面发展为价值追求。两者在性质上具有同质性，都符合社会主义发展的前进方向，共同推进我国社会主义现代化进程；在内容上具有对接性，底蕴深厚的优秀传统文化、英勇抗争的红色文化、蓬勃发展的社会主义先进文化内含于大学生思想政治教育的内容之中。在实施过程中具有一致性，都需要了解受教育者的文化需求，进而整合教育资源，引导大学生的价值判断和价值选择。因此，大学生思想政治教育承载了文化自信的价值追求，具体表现在以下几个方面。

第一，通过课堂的理论讲授，承载文化自信培养大学生深厚文化素养的价值追求。文化自信的理念比较抽象，难以系统有效地传递给大学生，需要借助一定的客观载体。文化自信融入大学生思想政治教育，既调动了课堂学习氛围，又加深了大学生对文化知识的认识理解，在潜移默化中提升大学生的文化素养。第二，通过联系相关历史事件和人物事迹，承载文化自信培养大学生优良道德品行的价值追求。文化自信中丰富的历史事件和人物事迹是思想政治教育的重要资源，引导大学生运用思想政治教育的理论分析背后蕴含的精神品质和人格修养，激励大学生以史为鉴，学习榜样人物和先进事迹，培养起大学生优良的道德品行。第三，通过开展系列文化活动，承载文化自信培养大学生文化践行的价值追求。文化自信的落脚点和归宿是文化践行，开展"走近地方民俗，增强文化自信""传承中华国粹，坚定文化自信"等思想政治教育文化活动，探寻生活中的文化自信现象，能够突出大学生的实践主体地位，在具体情境中理解、鉴别和选择文化，在自身实践中创造和更新文化，增强文化实践能力。由此可见，大学生思想政治教育承载了文化自信的价值追求，有利于大学生树立文化自信，实现自由全面发展。

3. 大学生思想政治教育遵循了文化自信的时代特征

文化自信是国家和民族发展的内在灵魂，也是人民坚定理想信念、思想信仰的底气所在。我国人民的文化自信产生于中华民族5000多年历史发展的伟大实践之中，又用于指导当今中国特色社会主义的伟大实践。任何文化自信都源于特定历史时期人民群众的生产生活实践，是社会和历史发展在文化方面的产物。当代中国的文化自信,是顺应多元文化冲击和推进中华民族伟大复兴发展趋势的产物,具有鲜明的时代特征。大学生思想政治教育是以社会发展变化和受教育者需求为依据的动态教育活动,内在地包含着文化自信,同时遵循了文化自信的时代特征。

第一,大学生思想政治教育遵循了文化自信的人民主体性。文化自信坚持以人为本,具有人民主体性。大学生思想政治教育尊重并调动大学生的主体地位,满足大学生多样的文化发展需求,遵循了文化自信的人民主体性。第二,大学生思想政治教育遵循了文化自信的开放包容性。文化自信体现在中外文化交流中,能客观理性地看待外来文化,吸收借鉴优秀成果,以我为主,为我所用。而大学生思想政治教育坚持实事求是原则,一切从实际出发,承认差异,能根据教育内容进行教育,正确处理借鉴与抵制的关系,遵循了文化自信的开放包容性。第三,大学生思想政治教育遵循了文化自信的价值指向性。文化自信的本质是一种价值观念,一种是对本民族文化认同和信仰的价值观念,其中的文化一定是积极向上、符合社会发展方向的文化。而大学生思想政治教育坚持以马克思主义为指导,坚定正确的政治方向,宣传党的路线、方针、政策,提升大学生的思想道德素养,遵循了文化自信的价值指向性。

(二)文化自信融入大学生思想政治教育存在的问题

1. 文化自信融入大学生思想政治教育的内容缺乏时代发展性

目前,部分高校并未开设文化自信相关课程。文化自信在融入大学生思想政治教育的过程中,缺乏发展更新,未能使文化自信与时俱进,满足大学生多样化发展需求;系统性不够,未能将文化自信纵贯古今、对比中外,使大学生的文化自信内化于心。具体表现在以下几个方面。

首先,文化自信融入大学生思想政治教育的内容比较局限。一方面,由于文化自信受到广泛关注和深入研究的时间较短,尚待建立并完善相关的课程内容和制度体系,作为评判大学生全面发展的重要指标。有的高校以选修课和网络公开课的形式弘扬本民族文化,培养大学生对本民族文化的自信心,但影响比较局限,难以覆盖所有在校大学生。另一方面,文化自信的主要内容复杂繁多,并非所有的高校思政课教师都能具备文化自信教育所需的文化素养，不能深入浅出地对各类文化现象进行解释和运用，培养大学生的文化自信，实现文化育人的目标。因此，某些教师往往为了追求教学进度、提高教学效率而忽视对文化自信某些内容的关注和传播，导致大学生文化自信意识薄弱，建设不够全面。

其次，文化自信融入大学生思想政治教育的内容有待发掘。一方面，思想政治教育在对文化自信内容的讲解上仅停留在内涵的解释、事件的梳理、影响的概括等宏观层面，并且内容千篇一律，将大学生的思想束之高阁，也磨灭了大学生的创造性。而未能全面做到引导大学生结合时代背景和自身实际挖掘文化自信的深层内涵，领会文化自信的本质和精髓，树立文化自信观念，指导学习生活实践。另一方面，文化自信融入大学生思想政治教育不能故步自封、停滞不前，仅仅满足于前人开发的文化成果。思想政治教育要与时俱进，不断挖掘并创造符合时代需求的文化自信理念，推动文化自信发展完善，肃清外来不良文化的干扰和曲解。

最后，文化自信融入大学生思想政治教育的内容脱离学生实际。一方面，受思想政治教育学科属性所限，大学生思想政治教育在对文化自信内容的选取上偏重于政治倾向，而忽视了文化的自身价值，不利于思想政治教育的文化育人目标实现，更不利于促进大学生全面发展。另一方面，大学生是具有主观能动性的教育主体，教育者在对文化自信融入内容的选取上未能考虑大学生的实际需求和情感需要，一定程度上降低了大学生的学习兴趣和心理共鸣。

2. 文化自信融入大学生思想政治教育的方法具有相对单一性

首先，课堂教学方法偏重单向灌输。在新的教学理念指导下，教师尝试运用多种教学方法调动学生积极性，但居于主导地位的仍是传统讲授法，即教师以书本教材为主要依据，向学生系统、连贯地讲授知识、技能，进行思想教育，推动学生思想发展的教学方法。如果这种方法运用得当，可以充分提高效率，且不受条件设备的限制，省时省力。但事实上，在教学实践中相当部分教师不能平衡理论讲授和学生实际之间的关系，就会偏向单向灌输和口头说教，降低大学生接受引导的积极性，甚至引发抵触心理，动摇大学生对文化自信的坚定。

其次，实践教育的创新性不高。实践教育是促进大学生将课堂教学中掌握的文化自信理念运用于实践的重要途径，以其丰富灵活、生动活泼的主要特征受到大学生的喜爱。当前，在大学生思想政治教育过程中实践教育的比重较小且创新性不足，难以调动大学生参与的积极性，具体表现在以下几个方面：从实践教育的形式看，主要以演讲比赛、辩论比赛、诗歌朗诵等传统形式为主，大学生参与度不高，往往流于形式，收效甚微；从实践教育的范围看，主要集中在校内，未能建立相应的校外实践教育平台和完善的实践教育机制。从实践教育的内容看，千篇一律，缺乏新意，不能促进大学生的创造性转化和创新性发展。

最后，新媒体的运用不充分。新时代的大学生是在网络技术高度发展的环境下成长起来的，相对于课堂教学，网络中传递的文化思想更能够对大学生产生深远持久的影响。就目前来看，运用新媒体推动文化自信融入大学生思想政治教育的方法存在一些问题。有的高校网络新媒体平台建设不完善，无法用于推动文化自信融入大学生思想政治教育。有的高校网络新媒体平台建设缺乏文化自信理念的指导，将两者相割裂，很少传播文化自信思想。有的高校虽然建立了专门的文化网站和微信公众号，但缺乏日常管理、维护和运营，取得的成效也不显著。

3. 文化自信融入大学生思想政治教育缺乏持续延展性

首先，校园文化建设忽视对大学生文化自信的熏陶。校园文化建设对大学生思想观念的形成具有潜移默化的作用，一旦忽视就会中断大学生在思想政治教育过程中树立起来的文化自信。校园文化建设包括物质、制度和精神三个方面，其中，校园文化建设物质方面的忽视，包括校园宣传栏、走廊、教室墙壁等关于文化自信的典故、事例、标语的张贴布置较少甚至缺失，降低了物质文化建设的宣传感染作用；校园文化建设制度方面的忽视，包括学校缺乏相关规章制度的建立，未能建立对大学生坚定文化自信的规范和约束，引起大学生对坚定文化自信的关注和重视；校园文化建设精神方面的忽视，包括校园文化氛围、校园文化活动对文化自信融入的支持不够持续。大部分校园文化活动的主体是学生，缺乏相关教师的参与指导，学术性不强，而且活动经费有限，往往很难营造校园文化氛围。因此，取得的成效并不理想。

其次，社会不良文化现象影响大学生对文化自信的坚定。一方面，受西方消极文化思潮和市场经济运行机制影响，部分大学生产生了急功近利、肤浅浮躁等不良表现。相比于自身人文素养的提升和全面长远发展，大学生更关注荣誉、就业、生活等眼前利益，影响文化自信的持续融入。另一方面，社会生活中发生的一些文化不自信现象不断冲击大学生对文化自信的坚定。一些人忽视本民族优秀文化而盲目追捧西方文化，认为西方的物质水平和政治制度更为优越，这些都是对本民族文化不自信的表现。大学生价值观尚未完全确立，社会经验匮乏，文化鉴别能力较弱，容易被社会不良文化现象干扰，阻断文化自信的持续融入。

最后，文化权利受损影响大学生对文化自信的坚定。近年来，我国文化领域繁荣发展，满足了人们日益增长的文化需求，同时也出现了一些损害公民文化权利的现象。为了保障公民合法的文化权利，国家相关部门不断完善文化领域的法律法规体系，出台了一系列法律法规，依法保护公民合法的文化权利不受侵害。但是，文化权利保障的运行机制还不够完善，相关文化部门的职权分工不明确，工作效率不高，难以及时有效地处理各类问题，保障公民文化权利。公民文化权利的受损将直接动摇大学生对本民族文化的信心，降低文化自信融入的持续延展性。

（三）影响文化自信融入大学生思想政治教育的主要因素

文化自信融入大学生思想政治教育存在着内容缺乏时代发展性、方法具有相对单一性、缺乏持续延展性等问题。通过系统深入的研究，其影响因素主要集中在社会环境、高校和大学生自身三方面。

1. 国内外社会发展阶段的特殊性是社会环境因素

（1）国际社会多元文化的冲击

当今世界，国与国之间的交流与联系日益加强，世界逐渐成为一个整体，在给各国带来便利的同时也存在很大隐患。一方面，加强了各国之间的分工协作，促进全球经济的发展；使人们了解到西方不同的政治制度和思想文化，与世界各国之间的交流借鉴成为可能，开阔了思维，拓展了学习范围，增进了中国与世界文化的联系。另一方面，文化多元化中不良思潮的渗透也挑战着人们的底线和准则，为坚定文化自信带来干扰与阻碍。"错误思潮的泛滥直接危及国家文化安全。其重要表现之一就是冲击和解构人们的文化自信。"[1] 不良思潮将矛头指向大学生这一特殊群体，企图操控大学生群体的价值观念，使部分大学生在主流文化和不良思潮之间迷茫动摇、矛盾冲突。如新儒家和文化复古主义存在局限性的观点，如片面地维护以儒家为核心的中华民族传统文化，甚至要求"儒化社会"，以"三纲五常"代替马克思主义，不利于大学生树立取其精华、去其糟粕的辩证文化态度，违背中华优秀传统的文化自信理念；历史虚无主义通过扭曲革命事实、抹黑革命先烈、否定革命成果，误导大学生对我国革命进程的感受领悟，丧失对革命文化的信仰和信心；"普世价值"和新自由主义利用大学生群体追求新奇、平等、解放的天性，鼓吹资本主义价值观念，引导大学生质疑社会主义道路的正确性，进而否定社会主义文化。以上国际社会多元文化的冲击，可能使大学生失去对本民族文化的信念和信心，影响文化自信融入大学生思想政治教育。

（2）国内社会转型期的干扰

当前，我国国内社会正处于转型期，经济发展速度加快，新旧思想观念、价值取向和行为方式交互碰撞，使大学生在文化选择上产生不同程度的困惑，如果不能及时加以教育引导，将影响大学生对本民族文化的坚定信心，制约文化自信融入大学生思想政治教育。一方面，社会主义市场经济为我国文化领域的发展注入活力，多样的文化产品层出不穷，丰富了人们的文化生活，推动了我国文化产业化的发展，同时，市场经济以利益为导向的弊端也显露出来，文化领域发展的商业化成为普遍现象。与市场经济相伴而生的功利主义、个人主义价值观念冲击着大学生群体的思想意识，使大学生在文化选择上产生混乱和错位，对社会主义主流文化产生怀疑、丧失信心。另一方面，社会转型期大众传媒对主流文化的宣传不足。大众传媒承担着传播社会主流文化观念的社会责任。在社会转型条件下各种文化观念鱼龙混杂，大众传媒存在传播庸俗文化以吸引眼球的问题，忽视或扭曲对主流价值观念的弘扬和解读，消解大学生对本民族文化的认同和信心。

---

[1] 樊建新. 社会思潮与文化安全[J]. 红旗文稿, 2017（07）: 7.

2. 高校教育理念和师资素养与之不完全匹配是关键因素

（1）部分高校对文化自信融入思想政治教育的理念不够重视

随着社会的不断发展，无论是国际国内环境还是党和国家都对大学生的综合素质提出新要求。高校应顺应时代发展潮流和受教育者的需求，将文化自信融入思想政治教育，培养大学生对本民族文化的信心，推动实现文化强国目标。但事实上，由于文化自信的教育得以重视是从近年才开始，有些高校的课程设计和教育理念尚未建立完善并具体落实，制约着文化自信融入大学生思想政治教育的普遍重视和有效实施。一方面，高校思想政治教育的内容以政治教育和道德教育为主，开设并组织有关文化自信的课程及活动比较少，且主要以人文选修课、网络公开课和专题教育讲座等形式存在，文化自信学习的主体侧重为社会和人文科学类专业的学生，理工科等专业的学生主导参与和接触意识较为薄弱，其影响范围和感染力未能涉及高校全体大学生。另一方面，高校思想政治教育的评价理念忽视文化自信的融入和考量。大学阶段是培养大学生文化自信的重要时期，但是有的高校忽视思想政治教育的文化育人理念，仍然以考试成绩、荣誉证书、升学就业等片面地作为评价大学生综合素质的单一指标，忽视文化自信理念对大学生全面发展的积极作用。

（2）部分高校思政课教师的文化素养有待提升

高校教师是文化自信融入大学生思想政治教育的主要组织者和实施者，教师的文化修养和文化自信将直接决定文化自信融入大学生思想政治教育的成功与否。首先，高校思政课教师并未接受过系统专业的文化自信方面的学习，对文化自信融入的理念和内容具有主观性，且文化自信的内容繁多复杂，可能涉及教师的知识盲区，无法运用自身知识储备对其进行合理解释。教师对文化自信的了解不够，在融入大学生思想政治教育的过程中就会底气不足，无法对相关理论进行清晰讲解和灵活运用，使文化自信融入大学生思想政治教育的内容缺乏系统规划。其次，部分思政课教师的融入方法比较单一保守，缺乏新意，单纯采用理论灌输的单向性讲授方法，无法调动大学生的主体性和参与性。在将文化自信融入思想政治教育的过程中照本宣科，缺乏与学生的互动、讨论和沟通。最后，思政课教师是学生学习的榜样，其行为实践具有示范性。少部分教师在西方多元文化涌入后,理想信念不坚定,被西方文化吸引,盲目推崇西方文化,忽视对本民族文化的挖掘、弘扬和传承,对大学生的价值取向和行为方式产生消极影响,削弱文化自信融入大学生思想政治教育成效的持续性。

3. 大学生文化素养和文化自觉有待提升是重要因素

(1) 大学生文化素养相对贫乏

文化素养是当代大学生应该具备的基本素养,是在长期的学习生活中形成和积淀下来的在文化理论方面的素质和修养,主要包括文学常识、历史知识、科学技术、艺术欣赏等。良好的文化素养能够帮助大学生接受理解思想政治教育中的各种文化现象、文化观点和文化理论,加强与教师的交流互动,产生思想情感共鸣。但事实上,大学生的文化素养参差不齐,许多大学生对于文化传统、革命事件和社会缺乏认知,如《道德经》《论语》《孟子》等文化典籍;机智勇敢的放牛娃王二小送鸡毛信的故事;"两学一做""四个意识""两个维护"等深层内涵,文化素养有待提升。一方面,受应试教育影响,家长和教师大都专注于学生各科考试成绩的提高,唯分数论的现象严重。学校组织的文化活动较少,且存在走过场、重形式等特点,未能有效提升大学生文化素养。另一方面,大学生群体的自律能力不足,容易沉迷于网络游戏等消极文化之中,导致自身文化素养相对贫乏。面对良莠不齐的文化现象,大学生群体追求新鲜个性,优先选择现代化、感官化的电子产品、网络游戏、动漫直播等虚拟文化,殊不知其背后是对大学生精神的腐蚀、思想的掏空、意识的控制,阻碍文化自信融入大学生思想政治教育。

(2) 大学生文化自觉尚需锻炼

大学生的学习方式具有自发性,没有了家长、老师的指导督促,大学生意识不到学习文化知识、提升文化修养、实现全面发展对今后学习、工作、生活的重要性。有的大学生文化自觉不足,容易放纵自己的学习和生活,比起坚定文化自信,提升自身综合素质,更愿意沉迷于打游戏、追剧、睡觉、逛街等休闲娱乐活动,逐渐丧失对本民族文化的信念和信心。一方面,大学生的文化价值观尚不成熟,容易受到同辈群体的影响和错误文化价值观的误导。在进行文化价值选择时,往往根据自身的需求和标准,具有主观随意性。在平时的学习生活中,大学生不注重自身文化自觉的提升,对本民族文化缺乏信心，当面临高校毕业、择业、就业选择时，无法满足招聘单位的文化发展要求，就会产生心理上的矛盾和思想上的落差。另一方面，文化实践活动未能有效锻炼大学生文化自觉。实践是检验真理的唯一标准，组织开展文化实践活动是大学生思想政治教育的重要组成部分，不仅能帮助大学生理解所学文化理论，而且可以指导大学生化解生活实践中的文化问题和困惑，提高大学生文化参与的自觉性。但是，一些文化实践活动的创设主题不鲜明、内容流程不严谨，缺乏深度的理论思考和设计，为实践而实践的现象严重，以至无法达到提升大学生文化自信的效果。

三、全面推进大学生文化自信教育融入思想政治教育的实践路径

（一）充分发挥高校思政课涵育大学生文化自信的作用

1. 提升高校思政课教师的综合素质

优秀的教师队伍是一所高校发展的必备条件，教师素质如何直接影响着育人效果。习近平指出："办好思想政治理论课关键在教师，……"[①]因此，新时代发挥好高校思政课涵育大学生文化自信的价值功能，就必须加强思政课教师队伍建设，发挥好其关键作用。

（1）加强对思政课教师的培养培训

建设一支高水平、专业化教师队伍的一条非常重要的途径就是加强教师培训。因此，高校要重视教师队伍建设，强化培养培训，提高思政课教师的育人意识，发挥好思政课教师的榜样示范作用，保持思政课教师队伍的先进性。

第一，对思政课教师进行文化自信培育。思政课教师的职责规定了思政课教师文化自信的必然性。[②]所以，涵育大学生的文化自信，首先思政课教师必须对中华文化充满自信，具有崇高的信仰。高校要基于提高思政课教师文化自信的目的，定期举办和组织教师文化活动，例如，文化研讨会、

[①] 习近平. 论党的宣传思想工作[M]. 北京：中央文献出版社，2020：378.

[②] 吕毅，刘海芳. 论思想政治课教师的文化自信[J]. 思想政治课教学，2019（07）：8-11.

第六章　全面推进大学生文化自信教育融入思想政治教育

文化展览参观、文化体验、文化自信教学比赛等，切实提高思政课教师的文化情感。另外，高校要及时购置优秀的文化教材供思政课教师学习和消化，补充涵育大学生文化自信所需的教育资源和教学载体，从而达到锦上添花的效果。

第二，加强对思政课教师的教学培训和教育研修。思政课教师的教学能力、文化储备、道德修养都影响着大学生文化自信涵育的效果。因此，在日新月异的今天，高校要重视对教师的培训和研修，促进思政课教师素质与时代发展、高校标准、学生诉求的匹配。高校要定期举办教学培训会，邀请国内知名专家、教学能手对思政课教师进行培训和指导，提高思政课教师的教学能力。同时，高校要加强与国内外知名高校的合作与联系，鼓励思政课教师积极外出研修，学习其他高校优秀的教学方法、先进的教学理念，丰富自己的教学思想、拓展教学视野、更新文化知识。

第三，举办思政课教师分享交流会。教师之间有效的交流分享是提高自身能力的良好途径，对于部分思政课教师，特别是一些刚踏入工作岗位的年轻的思政课教师缺乏足够的教学经验，在教学上还有很大的进步和改善空间。因此，高校要定期举办思政课教师分享交流会，就教学方法、教学内容、教学疑惑等内容展开充分的交流，使他们在释疑解惑中收获成长。同时，要进行优质课程展示，发挥优秀思政课教师的榜样引领作用，使其他思政课教师能够取长补短，在学习中丰富经验，提高教学本领。

（2）思政课教师要提高自身能力

思政课教师在涵育大学生文化自信过程中扮演着十分关键的角色，关系到教育的成败。习近平对思政课教师提出了六点要求，即政治要强、情怀要深、思维要新、视野要广、自律要严、人格要正。[1] 思政教师要以这六点要求为标准，不断提高自身的能力。

第一，思政课教师要增强政治意识，提高政治素养，始终坚持正确的政治站位。首先，要时刻明确并勇于承担政治责任。思政课教师要时刻保持清醒的政治头脑，将崇高的信仰和正确的政治理念凝结在教学活动中，输送到大学生的头脑中去。其次，要着力增强政治意识。高校思政课教师

---

[1] 习近平. 用新时代中国特色社会主义思想铸魂育人　贯彻党的教育方针落实立德树人根本任务 [N]. 人民报，2019-03-19.

要从内心深处热爱党、热爱国家、热爱人民，明辨各种与主流价值相悖的错误言论与思潮，敢于发出时代之声。①最后，要深入学习政治理论。思政课教师必须不断加强理论修养，提高自己的专业水平，将马克思主义经典著作和党的理论学懂悟透讲清，做到以理服人、以文化人。

第二，思政课教师要心系国家、心系社会、心系人民，以浓厚的家国情怀教书育人。思政课教师首先要胸怀天下，才能真切地将爱国之情传递给学生，才能更好地引起学生的共鸣，使之真正体悟到传统文化中所讲的"修身、齐家、治国、平天下"的情感厚度，继而产生文化归属感，自觉认同传统文化，树立起责任意识，将报国行、强国志深刻于理想信念中，以高度的热情积极投身于新时代的奋斗浪潮中。为此，思政课教师要有一颗热忱的爱国之心，关心国家发展，将个人的理想融入中国梦之中，并将这份饱满的报国之情输送给学生，坚定大学生的理想信念。

第三，思政课教师要紧跟时代步伐，树立创新思维，增强创新意识。时代是不断发展的，形势是不断变化的，新事物层出不穷。因此，思政课教师不仅要有扎实的理论功底，更要有接受和消化新事物的能力，能够紧跟时代潮流，以创新的思维及时更新知识结构。一方面，思政课教师要对文化自信的知识有一个全面的理解和把握，能够创造性的讲清楚文化自信的重要内涵和价值所在，引导大学生对该问题的充分重视。另一方面，思政课教师不能僵化思维、故步自封，要善于运用辩证思维，增强创新意识，更新教学理念，探索新的课堂教学方式，吸引住大学生的眼球，在增加课堂趣味中提升教学实效性。

第四，思政课教师要拓宽视野，不断扩充知识面。不同的学生有不同的疑惑，能够对这些疑惑给出合理的解答是对教师知识储备的考验。要经受住这个考验，思政课教师就要在深耕专业知识的基础上尽可能地接触更多内容，不仅要熟悉中华文化，还要学习外国文化；不仅要熟悉国内形势，还要了解国外动向；不仅要熟悉思政领域，还要涉猎其他专业内容，努力成为一名全方位、立体化的思政课教师。此外，思政课教师要有历史眼光，能够对中华文化的历史发展了然于心，使大学生学会历史地、纵向地看问题，

---

① 冯连军、朱宝林. 高校思政课教师的主体地位、现实困境和发展向度[J]. 学校党建与思想教育，2020（13）：40-43.

理解树立文化自信的历史必然性，承担起历史使命。

第五，思政课教师要严于律己、知行合一、言行一致。教师具有天然的示范性，教师的一言一行都会影响学生的价值判断和价值选择，稍有偏差都有可能误导学生的思想和行为。思政课教师言行一致的文化自信是"行走"的思政课程。[1]因此，思政课教师要提高自律意识，提高自我要求，做到经常性的自我反思、自我总结。教师不仅要在课堂上教授知识，弘扬正能量，更要做到身体力行，言行一致。所以，思政课教师绝不能只喊口号、做两面派的假大空，而是要扮演好马克思主义的阐释者、中华文化的传播者的角色，还要带领大学生行动起来，在行动中彰显文化自信。

第六，思政课教师要不断加强道德修养，塑造高尚人格。教师是学生的示范者和领路人，有什么样的教师就会有什么样的学生，良好的师德师风是思想政治教育的隐性资源。[2]因此，思政课教师要端正人格，提高自己的师德修养，关心大学生的生存与发展，以富有感染力的人格魅力去带动大学生，努力成为大学生效仿的榜样，成为大学生成长成才的促进者和引航人，从而激励大学生提升自身素质，提高中华文化认同感、自信心以及文化践行力，争做有品德、有追求、有素质的时代新人。

2. 强化思政课涵育大学生文化自信的学科支撑

思政课是保障大学生意识形态安全最为紧要的课程，必须推进新时代思政课建设，强化思政课教学，发挥出思政课的最大功能。在学科建设方面，就要构建有效的学科支撑体系，为思政课涵育大学生文化自信提供坚实的学科支撑。

（1）加强马克思主义理论学科支撑，更好地服务于思政课建设

思政课教学隶属于马克思主义理论学科体系，是部分与整体的关系，只有将整体建设好了，才能更好地发挥部分的作用。为此，我们要强化马克思主义理论学科建设，实现课程与学科共进，以更好地为思政课涵育大学生文化自信提供强大的学科支撑。

其一，促进马克思主义理论学科与思政课教学的深度融合。就目前形

---

[1] 吕毅，刘海芳. 论思想政治课教师的文化自信 [J]. 思想政治课教学，2019（07）：8-11.
[2] 曾洁荣. 新时代高校思想政治理论课改革创新探赜 [J]. 学校党建与思想教育，2020（15）：42-43.

势而言，国家高度重视意识形态教育，重视马克思主义理论学科建设，重视思政课改革。但是，当前有些高校一味地追求"实惠教育"，刻意忽视这些问题，甚至还有部分高校尚未成立独立的马克思主义学院，尤其是在一些民办高校和专科院校，这极不利于马克思主义理论学科与思政课教学的融合，也不利于涵育大学生文化自信。因此，要加强对马克思主义学院的扶持，对于尚未成立独立马克思主义学院的高校，要加大督促和支持力度。同时，一些高校已将马克思主义学院打造成了全国重点院所，学科建设与思政课教学融合得也很好，对于这些院校，要推广他们成功的经验，发挥他们的示范引领作用。

其二，将思政课涵育大学生文化自信中的热点难点问题的研究作为马克思主义理论学科重要的、独立的研究方向。提高思政课教学实效性，就必须增强教学的针对性，但是受当前一些科研评价方式的影响，思政课教师缺乏对教学研究的积极性。[①] 因此，要加大对教学研究的投入力度，鼓励思政课教师对思政课涵育大学生文化自信中的热点、难点、疑点、重点问题进行教学研究，并将最终的研究成果归入其科研成果，从而为思政课涵育大学生文化自信提供学理支撑的同时又提高了思政课教师的教学研究热情，进而有助于提高育人效果，打牢大学生的文化基础。

其三，将科研优势转化为教学优势，发挥出科研成果的最大实效性。在一定意义上可以说，思政课教师的学术水平影响着教学的实际效果，而且能够解决现实问题和现实困境的科学研究才是真正有意义的。为此，鼓励思政课教师进行大学生文化自信教学研究，加大科研支持力度的同时，应强调研究成果要为现实服务，要注重解决现实问题，研究出来的科研成果最终能够为思政课教学服务，能够有效地寓于思政课的教学过程之中，避免出现科研成果与思政课教学分离的问题。

（2）充分发挥其他学科作用，形成支撑合力

思政课教学是一种综合性教学，尤其是在涵育大学生文化自信方面，要注重发挥其他学科的作用，形成对思政课建设的支撑合力，弥补课程教学短板。

---

① 艾四林. 构建有效支撑思想政治理论课建设的学科体系[J]. 思想理论教育导刊, 2015（11）: 9-11.

第六章　全面推进大学生文化自信教育融入思想政治教育

其一，充分发挥哲学社会科学等其他学科作用。促进思政课建设、涵育大学生文化自信都不能脱离哲学社会科学，它们之间存在着千丝万缕的联系，是相互促进、相互贯通的。要发挥哲学社会科学作用，体现系统性、专业性。[①]一方面，哲学社会科学具有很多独特的优势和学科建设经验，能够为思政课建设提供良好的教学补充，因此，二者可以建立互供交叉平台，补齐思政课建设中存在的一些短板和空白；另一方面，哲学社会科学等学科要充分发挥自身的学科优势，不断修正完善，构建更加丰富、更加繁荣、更具特色的哲学社会科学体系，以更好地为思政课涵育大学生文化自信提供保障。

其二，充分发挥哲学社会科学等其他人文学科的思想政治教育功能。思想政治教育一个重要的功能是文化育人功能，涵育大学生文化自信是文化育人的生动体现。虽然思政课是发挥思想政治教育功能的主要课程，但哲学社会科学等人文学科也具有独特且重要的思想政治教育功能。因此，要加强与这些学科的互融互通，利用好这些学科的思想政治教育功能，发挥出其对思政课的"渗透"作用，体现好涵育大学生文化自信的协同功能。

其三，形成思政课和哲学社会科学课程的育人合力。形成学科群之间的育人合力能够大大提高大学生文化自信涵育的实效性。[②]譬如，聘请优秀的哲学社会科学教师兼任思政课教师，这样既可以解决思政课教师数量不足的问题，还可以打破传统的思政教师队伍相对封闭的体系，形成思政课教学的开放、多元格局。此外，高校还可以定期邀请国内知名的哲学社会科学专家做专题讲座，让大学生品味中华文化盛宴，探寻中华文化奥秘，形成对中华文化的崇高信仰，增强文化认同和自信。

（二）通过课程思政提升大学生文化自信意识

1. 课程思政与文化自信

"课程思政"这一概念来自上海高校对于2016年全国高校思想政治工

[①] 杨丽，盛新娣. 文化自信现实性的本质内涵与提增路径[J]. 中南民族大学学报（人文社会科学版），2019, 39(05): 134-138.

[②] 艾四林. 构建有效支撑思想政治理论课建设的学科体系[J]. 思想理论教育导刊, 2015(11): 9-11.

作会议精神落实的实践探索。[①] 与传统的思政课仅仅作为思想政治理论教育的课程体系不同，"课程思政"实质是一种新的课程观，是将高校思想政治教育融入课程教学和改革的各环节、各方面，打破了高校思政课与其他通识课、专业课的传统学科教材界限，构建起将各门课程所蕴含的思想政治教育元素和所承载的思想政治教育功能融入课堂教学各环节的高校育人新体系，改变了过去思政课教师单兵作战，其他学科教师只教书、不育德的状况，营造一个全员育人、全程育人、全方位育人的大思政体系。

习近平在全国高校思想政治工作会议上强调：把思想政治工作贯穿教育教学全过程，实现全程育人、全方位育人，要更加注重以文化人以文育人。[②] 在中共教育部党组印发的《高校思想政治工作质量提升工程实施纲要》中提出构建十大育人体系的基本任务，其中第一项基本任务就是构建课程育人质量提升体系。大力推动以"课程思政"为目标的课堂教学改革，优化课程设置。可见，课程思政与大学生文化自信教育是密不可分的。

一方面，通过"课程思政"提升大学生文化自信意识。课堂是实施文化育人的主阵地，高校思想政治教育应从培育大学生主体意识、帮助树立科学的"三观"出发，通过传播先进思想、先进文化，传承和弘扬中华文化，提升大学生文化素养，使学生对本民族文化有全面而正确的认识和理解，产生文化认同，促进个体的全面发展，使大学生形成对新时代中国特色社会主义文化的高度自觉和自信。

另一方面，通过文化自信教育提高高校"课程思政"的针对性和实效性。高校应针对目前大学生普遍存在的文化认同减弱、文化素养不强问题，通过注重以文化人以文育人，突出文化育人新理念，坚持文化的传承性和创新性，培养大学生的文化自信意识，以中华优秀传统文化、红色文化、社会主义先进文化为基础，使学生具备文化选择能力和文化创新能力，对民族文化产生高度的认同感和自信心，有助于加强大学生对新时代中国特色社会主义文化的认可性、接受性和自信性，使其内化于心，外化于行。

[①] 高德毅，宗爱东. 课程思政：有效发挥课堂育人主渠道作用的必然选择 [J]. 思想政治教育理论导刊，2017（01）：31-34.

[②] 习近平在全国高校思想政治工作会议上强调：把思想政治工作贯穿教育教学全过程 开创我国高等教育事业发展新局面 [N]. 人民日报，2016-12-09.

2. 双翼齐飞，坚守培养大学生文化自信的主阵地——高校课堂教学

课堂教学作为学校教育的主阵地，大学生文化自信教育首先离不开教师这一知识的传播者。思政课、综合素养课程、专业教育课程在"课程思政"中如同鸟之双翼、车之双轮，只有搞好课堂教学，学生才能真正领会弄懂中国文化的博大精深。

思政课作为高校思想政治教育的显性课程，是培养大学生文化自信的主阵地、主渠道。高校应保质保量开设思政课，并将培养大学生文化自信的任务融入其中。思政课教师要认真吃透教材，合理设计教学内容，将中国传统文化融入思想政治理论课教学体系中，以科学态度对待传统文化，传承和弘扬传统文化的精华，以讲经典、话典故的形式讲好中国故事，加深学生对中国传统文化的了解；同时，创新教学方法，开展多种形式的校内外、课内外实践教学，让学生既读懂有字之书，又多读"无字之书"，加深学生对新时代中国特色社会主义文化的了解，促进大学生树立强烈的文化自信，发挥好思政课德育主阵地、主渠道的作用。例如：在"毛泽东思想和中国特色社会主义理论体系概论"的教学中，通过讲授马克思主义中国化两大理论成果，使学生深刻认识到是历史和人民选择了马克思主义，马克思主义的科学性和与时俱进的理论品质促使一代又一代先进的中国人，不断把马克思主义基本原理与中国革命、建设、改革的实际相结合，指引着中国不断从胜利走向胜利。通过大数据说明，正是由于我党始终高举中国特色社会主义伟大旗帜，不忘初心，牢记使命，历经四十多年改革开放的伟大实践，方才取得国内生产总值稳居世界第二，对世界经济增长贡献率超过30%的伟大成就，使学生深刻理解今天我们的美好生活是从何而来，从而增强学生的理论自信、道路自信、制度自信。在"思想道德修养与法律基础"教学中，通过讲授忠孝节义、礼义廉耻、勤劳节俭、诚实守信等中华民族传统美德，多举大学生身边的实例，使学生牢固树立"仁者爱人""推己及人""民无信不立""崇德明礼"等中华传统美德观念，培养大学生主动体悟中华传统美德的意识，通过切身感受中华文化的博大精深，树立自觉遵循的意识，增强学生的文化自信。

综合素养课程、专业教育课程作为高校思想政治教育的隐性课程，是培养大学生文化自信不可或缺的重要组成部分。要发挥好综合素养课程（通

识课程、专业基础课程）在高校思想政治教育中"润物无声"的作用：教师在传播通识知识时，潜移默化地把知识背后的历史逻辑、科学精神、价值观念、文化底蕴和艺术价值等传导给学生；同时要发挥好专业课程在高校思想政治教育中同向同行的作用，在传授专业技能知识时，改变重智能技能轻德育的倾向，在课堂教学中通过传播弘扬劳模精神、工匠精神，倡导人文关怀，培养德智体美劳全面发展的社会主义建设者和接班人。

（三）营造文化自信融入大学生思想政治教育的良好环境

"人创造环境，同样，环境也创造人。"[①]当今社会，大学生与环境的接触越来越密切，受到各方面环境的影响越来越大。因此，有必要加强对校园和社会环境中各种文化氛围的营造和文化问题的管理。

第一，加强校园文化自信环境的创建，可以从物质、制度、精神方面营造文化自信氛围。在校园环境中增设文化自信历史人物的雕像或开辟文化自信专题活动区域，宣传普及本民族发展过程中坚定文化自信的事迹和思想，营造文化自信氛围。在校园宣传栏、走廊和教室中张贴文化自信的重要标语和最新动态，发挥日常学习生活中物质文化环境的感染力和凝聚力。在高校的规章制度和评价准则中增加文化自信内容的设置，鼓励大学生坚定文化自信并提出硬性的最低标准，明确党和国家对大学生坚定文化自信的基本要求，严格规范自己并相互监督，为大学生的思想观念和行为方式指明方向。高校可以每年举办校园文化节，主题要新颖独特，与时代发展密切相关，活动形式要具体多样，能够吸引大学生积极参与，在专业教师的指导下发掘文化自信的宝贵资源，在全校范围内形成坚定文化自信的氛围环境。开展文化自信主题教育活动，组织大学生参观文化自信相关的人物故居、文化古迹等，在参观的过程中引导大学生坚定文化自信。举办文化自信的学术会议和学术讲座，邀请专家学者解读文化自信的理念和要求，注意要与当代社会和大学生实际相结合，引发大学生对文化自信的情感共鸣和心理认同。这样既能深化对大学生思想政治教育的效果，又能形成深刻独特的校园文化环境。

---

① 中共中央马克思恩格斯列宁斯大林著作编译局编译. 马克思恩格斯选集（第一卷）[M]. 北京：人民出版社，2012：92.

第二，加强社会文化自信环境的创建，可以从加强文化市场监管、发展文化事业和文化产业、保护文化资源等方面优化文化自信环境，使大学生接受社会文化环境的感染和熏陶。改革开放以来，我国文化市场呈现出纷繁复杂的局面。既有积极向上的文化，又有落后腐朽的文化，以不同的方式迎合广大人民群众。党和政府可以加强对文化市场的监管力度，严厉查处打击各种形式的落后文化、消极文化，为大学生提供风清气正的社会文化环境。党和政府可以出台相关的文化政策和规范文件，鼓励文化工作者进行文化创作，推进文化惠民工程和公益文化的发展，扩大城乡文化覆盖面。党和政府要加大对文化资源的保护力度，积极促进文化资源的开发转化，严厉打击和惩处破坏文化资源的行为，不断提升社会的文化影响力，为大学生营造浓厚的社会文化环境。

（四）构建文化自信融入大学生思想政治教育的长效机制

文化自信融入大学生思想政治教育是一项系统工程，受到外界众多因素的影响和干扰，除了专业的师资队伍和良好的环境熏陶，还需要建立长效的教育机制，为思政课教师开展融入工作和大学生树立文化自信观念提供制度保障，确保文化自信融入大学生思想政治教育的成效深远持久。

首先，构建文化自信融入大学生思想政治教育的导向机制。文化自信融入大学生思想政治教育要坚持以马克思主义为指导，加强对大学生意识形态的调控和发展，同时，明确文化自信追求的价值目标，以文化人，以文育人，为教育机制的构建提供正确的价值导向。高校要明确对大学生的培养和教育理念，促进大学生自由全面发展。坚决贯彻执行党和国家关于文化自信的方针政策，深刻领会其传达的核心主旨和精神指向，从而加强宏观指导和长远规划。各职能部门要结合实际制定相关政策和规章制度，推进文化自信融入大学生思想政治教育的日常管理，引导大学生在学习和生活中理解和践行文化自信，持续延展文化自信融入大学生思想政治教育的实效性。

其次，构建文化自信融入大学生思想政治教育的运行机制。思想政治教育者和受教育者首先要明确文化自信的基本理念和具体要求，为构建合理有序的运行机制奠定基础，推动实现文化育人的最终目标。不仅要了解和掌握文化自信的时代背景和理念表达，更重要的是挖掘领会文化自信的价值追求，促进大学生内化于心、外化于行，实现立德树人目标。要将文化自信的理念要求与当代社会发展相结合，激发大学生参与的热情和积极性，为文化自信融入大学生思想政治教育的运行体制注入发展活力，提升融入的时效性和持续延展性。要联合管理者、教育者和受教育者等多方主体参与文化自信运行机制的建立，听取多方意见提高运行机制的可行性。

最后，构建文化自信融入大学生思想政治教育的保障机制。高校要构建完善的规范制度保障机制，保证融入的过程有据可依、有章可循、有证可考。第一是制度保障。高校要将文化自信引导到规范化、具体化、可操作化的运行轨道中，结合高校自身特点和大学生发展实际进一步贯彻落实。把文化自信纳入高校人才培养的思想政治教育目标中，用于指导高校日常的教学、科研与管理工作，使文化自信的融入有制度保障。第二是物质保障。认识世界、改造世界的过程，都需要借助一定的物质条件。文化自信融入大学生思想政治教育是一项无法以经济效益衡量的系统工程，因此要落实学校年度文化自信融入工作的专项经费投入。高校要提供活动开展所必需的活动场所和设备，投入资金建设和维护文化自信教育基地，确保文化自信融入大学生思想政治教育的持续健康发展。第三是考评保障。建立明确的考评机制，注重结果的反馈和修正是保证教育长效性的重要手段。要树立文化自信考评理念，丰富教育的考评内容，保证考评结果的客观性和公正性，实现文化自信融入大学生思想政治教育的持续性。

面对全球化语境下的文化冲突，高校思想政治教育工作者应转变观念、创新思路，整合包括通识课、专业课在内的各类课程思政资源，紧密联系社会现实和学生实际，发挥高校文化育人的功能，将思想政治教育融入各类课程教学体系中，融入教育教学的全过程中，实现从"思政课程"到"课程思政"的转变。[①] 在对学生进行思想政治教育的同时，不断强化他们的文化认同感，培育他们的民族认同意识，进一步加强民族精神和爱国主义教育，使大学生正确看待新时代中国特色社会主义文化在世界多元文化中的地位及作用，提升其文化素养，培养其高度的文化自信。

---

① 江先锋. "课程思政"背景下高校教师人文阅读的缺失现状与复位路径：基于上海7所高校的实证研究[J]. 渭南师范学院学报，2017（05）：9-14.

第七章　优化新时代大学生文化自信教育的实践路径

习近平指出,加强高校思想政治工作,要更加注重以文化人,以文育人。[①] 新时代,大学生的文化自信教育"要因事而化、因时而进、因势而新"[②]。应当结合多种方式,多角度地推进大学生文化自信教育工作,切实提升大学生的文化自信,厚植大学生的爱国情怀,激发大学生的文化自信心和民族自豪感,使其自觉抵御西方外来文化的入侵,做一名合格的社会主义建设者和接班人。

一、明确新时代大学生文化自信教育的目标与原则

(一)明确新时代大学生文化自信教育的基本目标

党的十九大报告提出,中国特色社会主义进入了新时代,这是全面实现小康社会,全力进军社会主义现代化强国的新时代。这一发展的新方位赋予了大学生传承、保护、创新中华文化,建设文化强国,实现中华民族伟大复兴的光荣使命,也对大学生成长成才提出了新要求和新期待。具体而言,立足于当前的基本国情,从知、情、意、行四个维度对大学生文化自信提出了要求和期待,鼓舞和激励大学生实现德智体美劳的全面发展。

1. 形成全面的文化知识体系

中华优秀传统文化是中华儿女共同认同的价值取向、道德规范等精神

[①] 习近平在全国高校思想政治工作会议上强调:把思想政治工作贯穿教育教学全过程　开创我国高等教育事业发展新局面 [N]. 人民日报, 2016-12-09.

[②] 习近平. 习近平谈治国理政(第二卷)[M]. 北京:外文出版社, 2017:378.

品质的集中表达,是全体中华儿女智慧的结晶。首先,新时代提升大学生的文化自信,一方面,通过开展广泛的文化自信教育,引导大学生从历史的角度看到中华优秀传统文化源远流长、博大精深的一面,增强文化自豪感;另一方面,从现实的角度看到我国是文化大国但还不是文化强国的发展现状,认识到中华优秀传统文化未来发展的光明前景的同时,认识到时代和实践给中华文化发展带来的挑战。总之,新时代的文化自信不是盲目自信,不是妄自菲薄,而是要求形成对文化发展历史和国情的理性认识,树立文化自觉、自省、自强意识,积极主动担当传承文化之脉,延续文化之根,实现文化复兴的时代使命。其次,文化多样性是世界文化发展的重要前提,也是实现本民族文化繁荣进步的重要基石。从广义的角度来看,西方文化是西方人民在社会历史实践中所形成的物质财富和精神财富的总和。从狭义的角度来看,西方文化作为一种意识形态,是一定时期资本主义社会政治和经济的集中反映。因此,一方面,通过广泛开展文化自信教育,培养学生具备开阔的视野和宽广的胸怀,引导其认识到西方文化作为世界文化宝库的重要组成部分,看到其中的有益成分和闪光点,做到各美其美,美人之美;另一方面,帮助学生树立辩证思维和批判意识,看到传统文化的精华与糟粕,看到西方文化中落后和腐朽的部分,看到少数资本主义国家对我国进行文化输出的实质,从而自觉抵制西方腐朽文化的渗透,维护我国文化和意识形态领域安全。

2. 形成深厚的文化情感认同

文化自信的形成是一个多因素共同作用、长期积累的结果。其中,情感认同是文化自信的坚实根基。习近平指出:"加强中华民族大团结,长远和根本的是增强文化认同,建设各民族共有精神家园,积极培养中华民族共同体意识。"[1]文化认同作为一种高层次的心理活动和情感倾向,对文化自信的持久建立具有重要意义。马克思主义是中国共产党人理想信念的魂,要求我们旗帜鲜明地坚持马克思主义的指导地位,自觉用马克思主义理论成果武装头脑,树立为共产主义奋斗终生的远大理想。中华优秀传统文化是中华民族文化认同的根基所在,要求我们对超越国度和时空,具有

---

[1] 中共中央文献研究室编. 习近平关于社会主义政治建设论述摘编[M]. 北京:中央文献出版社,2017:157.

永恒价值的传统文化保持敬畏感和自豪感，并结合时代要求进行创造创新，增强中华文化生命力。红色文化是党和人民宝贵的精神财富，要求我们尊重革命历史、尊重革命先烈，自觉反对民族虚无主义和历史虚无主义，自觉传承和弘扬优秀革命精神和革命传统。社会主义先进文化是新时代的新文化，要求我们坚定走中国道路、自觉把社会主义核心价值观内化于心、外化于行，凝聚为中华民族伟大复兴奋斗的强大力量。新时代大学生文化情感认同的要求是高度一致的，但不同文化在具体要求和内涵上有所差异，要求我们将文化的情感认同融为一体，让中华文化焕发出更强大的生命力、感召力。

3. 积极主动参与文化实践

文化是一种重要的精神力量，能够在人们认识世界和改造世界的过程中转化为物质力量。大学生是新时代最积极、最活跃、最富有创造力的群体，是传承、保护和创新文化的中坚力量，新时代对大学生文化自信有更高更全面的要求。青年要肩负起这一艰巨使命，就必须积极主动的参与文化传承、文化保护和文化创新实践活动，三者彼此联系、层层递进。第一，传承文化是文化发展的基础。文化的创新和保护都离不开文化的传承。新时代大学生是中华文化的传承者，应积极肩负起继承和传播中华文化的重任，自觉学习传统手工艺、传统表演艺术，传统古诗词等，使其在新时代展现出新鲜的生命力和活力；自觉推动中华优秀传统文化走向世界，向世界讲好中国故事、传播好中国声音，增强中华优秀传统文化的国际影响力和感召力。第二，保护文化是实现文化长久发展的保障。文化遗产是不可再生的珍贵资源。随着经济发展进程的加快，传统文化遗产受到了严重的威胁，加强文化遗产的保护刻不容缓。新时代大学生作为中华优秀传统文化的守护者，应从自身做起，从小事做起，自觉学习文化遗产保护知识，规范自身的行为。同时，积极参与宣传和保护文化遗产志愿活动，及时制止和揭露破坏文化遗产的违法行为，守住中华文化的根与魂。第三，创新文化是文化发展的根本，文化传承和文化保护的出发点和落脚点在于文化创新。创新是中华民族最深沉的品质，文化的生命力在于创新。新时代大学生应主动地探索传统文化与崭新时代的契合点，为传统文化注入新的时代内容，推动中华优秀传统文化的创造性转化和创新性发展。同时，文化自信是一种相对的自信,只有在与世界不同国家和地区之间的文化交流和学习过程中才能不断增强。因此,文化创新还必须面向世界、博采众长。"每一个国家和民族的文明都扎根于本国本民族的土壤之中,都有自己的本色、长处、优点。"① 新时代大学生应树立世界眼光,在肯定自身文化独特性和价值性的同时,充分学习和借鉴外来文化的有益成果和有益经验,做到以我为主、为我所用,实现我国文化的大繁荣和大发展。

(二)遵循大学生文化自信教育的原则

实现大学生文化自信的目标,必须遵循大学生思想政治教育规律,学生成长规律和文化发展规律,不断总结大学生文化自信教育实践经验,落实大学生文化自信教育原则。大学生文化自信教育的原则就是在对大学生文化自信教育活动过程中必须遵循的规矩、基准和规范,具体包括文化的科学性与教育方向性相统一,文化的主导性与大学生的主体性相统一,文化的理论性与教育的渗透性相统一,教育的群体系统性与个体针对性相统一。

1. 文化的方向性与教育的科学性相统一

新时代大学生文化自信教育首要必须明确方向性,坚持科学性,将科学性与方向性相统一,在方向性中守住科学,在科学性中把准方向。

方向性是指大学生文化自信教育必须有明确的政治方向,它是大学生文化自信教育的一个根本原则,回答的是教育大学生树立什么样的文化自信的问题。大学生文化自信教育的方向性,就是要教育大学生坚持中国特色社会主义文化根本方向不动摇,坚持中华优秀传统文化创新性发展、创造性转化的方向不动摇,坚持文化包容开放、兼收并蓄方向不动摇,充分发挥文以化人、文以育人的作用与力量,避免大学生文化自信教育迷失方向、南辕北辙。

科学性是指大学生文化自信教育在目标、载体、方法、内容上的科学化教育与管理,聚焦的是怎么样对大学生进行文化自信教育的问题。大学生文化自信教育的科学性,要求在对大学生实施文化自信教育过程中要遵循大学生意识形态形成的规律性,遵循思想政治教育的客观规律性,遵循

---

① 习近平. 在纪念孔子诞辰 2565 周年国际学术研讨会暨国际儒学联合会第五届会员大会开幕会上的讲话[M]. 北京:人民出版社,2014:8.

文化发展的历史规律性，在大学生文化自信教育活动中克服盲目性、主观性和随意性。

方向性与科学性相统一就是把教育大学生树立什么样的文化自信与怎么样对大学生进行文化自信教育更加科学地紧密地结合起来，不断深化大学生文化自信教育。大学生文化自信教育既要坚持马克思主义思想指导地位，坚守社会主义根本方向，扎稳中华文化立场，又要放眼环顾世界，立足当代中国现实，紧密结合大学生思想实际，解放思想，实事求是，通过科学的教育、丰富的载体、有效的措施、创新的机制，把方向性与科学性基本准则协调贯穿大学生文化自信教育的全过程，融入文化自信教育的全部内容中，使大学生坚定共产主义远大理想和中国特色社会主义共同理想，深化中华优秀传统文化、红色文化和社会主义先进文化的认知、认同与积极践行，发挥大学生的思想引领和行为带动作用，努力把自己培养成坚定文化自信、担当民族复兴大任的时代新人。

2. 文化的主导性与大学生的主体性相统一

大学生文化自信教育是大学生主体对文化客体的全面认知、价值认同、积极践行，是一个自发、自觉、自动的系统过程。现实中，思维活跃的大学生受到网络环境和超前思维的影响，接受的文化大多呈现碎片化、片面化、非主流化。因此，必须通过教育手段增强大学生的文化自信意识，突出文化自信的主导地位，合力发挥教育者的主导作用，重视大学生的主体地位，坚持主导性与主体性相统一。

主导性即指向性和规定性，是指一种事物或现象对其他事物或现象的统领、指导和领导，突出强调的是它的统领示范、性质规定和方向导引作用。文化自信教育主导性，从本质上讲就是文化自信教育的指导、引导、领导与统领的地位和作用。文化自信教育的主导性具体体现在教育内容的主导性地位和教育者的主导性作用发挥。一方面，认知文化、坚定文化自信是大学生文化自信教育的基本内容，在文化自信教育实践中处于主导地位。文化汇聚人心、导引方向、塑造品格、激发动能，是国家和民族的精神统领和灵魂指导，直接影响着个体思维培育和实践活动。文化自信是"四个自信"的基础，是深沉持久的力量，对大学生坚定信仰、付诸实践、贡献力量起着引导和推动作用。另一方面，从教育的主客体关系视角，强调发挥教育者在文化自信教育过程中的主导性作用。亲其师，信其道。教育者作为文化自信教育的主体，在具体教育活动中承担着思想引领、情感引导、行为示范的作用。教育者自身的文化认知、文化素养和文化行为直接影响着大学生文化自信意识的树立和文化自信教育活动的成效。

主体性在对象化活动中生成、实现和发展，是人作为主体所具有的自觉性、能动性和超越性。与传统教育相比，现代教育中更加侧重主体性的发挥，尤其强调受教育者主体性地位的凸显。受教育者的主体性就是受教育者在教育过程中对教育目标和教育要求的自觉认同，能够自主调节教育行为，对教育评价作出独立的判断与选择。新时代进行大学生文化自信教育，必须尊重大学生的主体地位，激发大学生主体动能，培育大学生自觉认识文化、主动践行文化的意识，促进大学生在自我发展和自我实现中坚定文化自信。大学生文化自信教育的主体性体现在两个方面：一是大学生对文化自信教育的主体性认识。大学生必须清楚认识到文化自信教育的重要性，必须明确认识到自我教育的必要性，大学生在接受文化自信教育过程中自我意识和自主行为的发挥直接影响着文化自信教育的成效。二是大学生主体地位的认识。大学生这一特殊群体，思维活跃、学习能力强、但也易于冲动，所以当下进行文化自信教育要准确把握大学生群体特点，突出其主体地位，尊重大学生的独立自主性，充分调动大学生的积极主动性，深入挖掘大学生的开拓创新性。

主导性与主体性相统一就是科学把握文化自信教育者、受教育者、教育内容之间的关系。坚持主导性与主体性相统一，突出文化自信意识培育在意识形态领域建设的主导地位，充分发挥教育者的主导作用，激发受教育者的主体性意识。在大学生文化自信教育过程中，教育者要跳出传统教育模式中表现出的"权威"形象、"绝对"地位和"支配"作用，要突出"导"的作用，而非"灌"的塞入，要以思想引领、行为向导潜移默化地帮助大学生自主树立起文化自信意识；尊重大学生个体意识和思维习惯，独立、平等地与大学生开展对话，倾听大学生声音；创新教育方法，改善教育环境，在寓教于乐中传播文化，建立文化自信。

3. 文化的理论性与教育的渗透性相统一

文化作为存在，本身就具有很强的理论性。大学生文化自信教育作为一种文化的对象化活动，是一种理论性很强的教育实践活动，对大学生进行文化自信教育，要抓住文化无时不有、无处不在的存在特点，见缝插针，高效运用大学生的学校、社会、家庭的生活场域，时时渗透，处处渗透，潜移默化地树立起文化自信意识。因此，大学生文化自信教育必须坚持理论性与渗透性相统一的准则。

理论性源于实践性，是实践的总结和升华，反过来又指导实践的前进发展。文化自信本身就是一个庞大的理论体系，它源于五千多年的中华优秀传统文化，熔铸于党和人民的伟大斗争和社会主义建设，是经过实践检验的理论。理论教育是大学生文化自信教育的主要手段，大学生文化自信教育必须始终贯彻理论性准则，坚持以马克思主义为指导，以中华优秀传统文化、红色文化和社会主义先进文化理论为基础，有效实施文化自信教育活动。文化自信教育活动取得的效果，依赖于教育者理论的传授状况，受教育者的内化程度和重视程度，没有理论支撑的文化自信教育就是无源之水、无本之木。同时，还要坚持文化理论的开放性和包容性，坚持马克思主义的批判性，汲取中华优秀传统文化精髓，创新性发展创造性转化传统文化，借鉴国内外行之有效的管理理论和教育方法，使大学生文化自信教育呈现出理论的民族性、科学性和时代性。

渗透性即循序渐进、不动声色地融入。坚持渗透性准则，要求教育者增强渗透意识，创设渗透条件，拓展渗透形式，让受教育者在具体实践中提高理论水平和应用能力。大学生文化自信教育的渗透性就是要遵循大学生的思想发展规律，把文化自信渗透到学校、家庭、社会不同教育环境中，渗透到课堂学习、校园活动、社会实践各个环节中，有机融合教育环境和教育环节，用潜移默化的形式循序进行文化渗透。文化自信教育目的在于帮助大学生树立文化自信意识，坚定"四个自信"，建设社会主义文化强国，目标的实现单纯依靠理论是不够的，文化的认知与认同要靠实践，文化自信意识的形成与提升需要实践，所以，大学生文化自信只有从形式实际出发，从大学生的"需求侧"进行有效渗透，才能增强文化自信教育的针对性和实效性。

大学生文化自信教育的理论性准则和渗透性准则是高度统一的。文化自信教育理论的理性和权威性是大学生文化自信教育中的"有形之手"，是文化认知与文化认同的强大思想武器。文化自信教育渗透性的"软柔"和"无形"是大学生文化自信教育中的"无形之手",行动于无形,作用于无边。大学生文化自信教育仅仅依靠理论传授,单纯灌输的外部力量是绝对不够的,必须充分调动起内因,而内因的崛起往往隐形于日积月累的渗透,强化"有形之手"与"无形之手"紧密结合,坚持理论性与渗透性的统一,才能提升大学生文化自信教育的效果。

4. 文化的系统性与大学生个体针对性相统一

大学生文化自信教育还必须坚持系统性与针对性相统一的原则,既要将文化自信作为一个完整的理论体系对大学生群体统一施教,又要根据文化存在形态的差异特征和大学生的个体情况,适时地、有针对性地进行教育。

系统性是现代教育的基本特点,就是自觉运用系统理论和方法,对教育内容、教育对象进行系统分析,从而抓住整体,抓住关键,通过体系化、系统性的教育取得良好的教育效果。大学生文化自信教育要坚持系统性原则是由文化自信教育过程自身的特点决定的,大学生文化自信教育本身就是一个复杂的系统工程,包括教育者、受教育者、教育内容、教育环境、教育方法等多个要素,这些要素相互关联、相互作用,构成了完整的教育体系。大学生文化自信教育坚持系统性原则是实现大学生坚定文化自信这一教育目标的现实需要,也是文化自信教育内容自身的庞大、复杂特性所决定的。文化自信意识的形成是一个极其复杂的思想运动过程,只有坚持系统的文化自信教育,才能转化为文化认识与文化认同。在这个认识转化过程中,大学生个体性差异会明显表现出来,这就更需要创设系统的教育环境与教育载体,让不同大学生都能在不同起点上共同进步,同步提升。

针对性原则是指在实践活动中遵循个体的差异,选择合理的手段与方法,达到现实需要的目标。针对性突出强调的是针对个性与特性采取的有力措施。大学生文化自信教育面对的群体是大学生,他们的性别、年龄、生源地、家庭环境、父母受教育程度、就读学校类型、学校文化氛围等都不相同,他们思维方式、价值认识、政治觉悟都存在不同程度的差异。因此,在进行文化自信教育过程中,必须以学生为本,注重个体差异,因材施教,有针对性地制定个体化、特色性的教育方案。

要实现大学生文化自信教育的目标,必须坚持系统性和针对性相统一

第七章　优化新时代大学生文化自信教育的实践路径

的原则，二者是不可分割的有机统一体。在大学生文化自信教育活动中，如果缺失系统性原则，就是缺乏全局观念，也就不能从宏观上和整体上把握文化自信教育实践的有序进行，影响大学生文化自信树立。但是，如果只坚持了系统性原则，没有注意到教育对象的差异性，忽视了对个体大学生的分析与教育，势必会导致教育目标未能实现或者目标实现的空洞，影响文化自信教育的整体效果。因此，在大学生文化自信教育中，必须坚持系统性与针对性相统一的原则，宏观系统掌握，微观针对教育。

二、优化新时代大学生文化自信教育的实践路径

（一）完善新时代大学生文化自信教育的体系

1. 加强大学生文化自信教育的领导

加强大学生文化自信教育的领导首先要坚持党对高校的全面领导。高校在部署任何工作时都要清楚地认识到，意识形态决定着一个政党、一个民族、一个国家的生存与发展，它是一个国家文化的灵魂所在。而文化作为一种巨大的精神力量，对高校育人体制的完善起着不容忽视的支撑作用。因此高校应始终明确党的长期领导地位并做好宣传工作。习近平指出："宣传思想工作就是要巩固马克思主义在意识形态领域的指导地位，巩固全党全国人民团结奋斗的共同理想基础。"[①] 面对当前复杂的国际形势，特别是西方思想意识形态的入侵，西方妄图通过文化意识形态的入侵逐渐改变大学生的思想价值观念。为了进一步强化新时代大学生的意识形态培育，高校的首要任务是明确党的意识形态的指导地位并加强对意识形态工作的全面领导，积极完善各项工作机制。从思想文化、价值观念、道德准则等多方面对新时代大学生进行思想培育，高校可通过组织一些活动、课程将意识形态的培育工作潜移默化地融入学生之中，使学生逐渐在校园文化、日常生活中耳濡目染。在不断促进大学生文化自信培育体系完善中，强化意识形态的领导权是育人举措的重点，高校务必要高度重视。

其次，高校应坚持用习近平新时代中国特色社会主义思想对大学生进行文化自信教育。习近平新时代中国特色社会主义思想作为纲领性文件，

---

① 习近平. 习近平谈治国理政（第一卷）[M]. 北京：外文出版社，2018：153.

始终是高校办学治校应遵循的根本思想。习近平新时代中国特色社会主义思想中提出的许多新观点都成功地解决了新环境、新条件下高校所面临的棘手问题，使高校的思想政治教育工作更加先进。第一，青年大学生是社会主义的建设者和接班人。高校一切的教育工作都应该围绕青年大学生展开，每项工作机制都应该促进青年大学生更好的发展。第二，教师作为知识的传播者，是高校教育教学的关键所在。加强大学生文化自信教育的领导主要是加强教育者的领导作用。只有充分发挥教师在育人过程中的积极性、主动性、创造性，高校的育人作用才能充分发挥出来。第三，高校就应加强党委与各部门之间的联系，各部门在党委的领导下，积极落实党的路线、方针、政策。各部门之间相互配合，有助于高校育人机制的构建，有助于大学生文化自信教育体系的不断完善。

最后，要强化大学生文化自信教育的领导作用，就要规范大学生文化自信培育的舆论导引。马克思指出："理论只要说服人，就能掌握群众；而理论只要彻底，就能说服人。所谓彻底，就是抓住事物的根本。"[1] 就高校而言，必须充分认识到保持思想的正确性、先进性的重要作用。高校在大学生文化自信教育中必须坚持以马克思主义为基础，以习近平新时代中国特色社会主义思想为指引，以社会主义核心价值观为核心。通过科学的理论体系，规范大学生文化自信教育的舆论导引。高校党委要认真地学习和掌握马克思列宁主义、毛泽东思想和中国特色社会主义理论体系，特别是领会好习近平系列重要讲话精神，"要把系统掌握马克思主义基本理论作为看家本领"[2]。由此可见，高校要针对当前大学生文化自信教育的现状，积极提升自己的思想水平，不断加深对习近平新时代中国特色社会主义思想的理解，加强对高校大学生的思想政治教育，切实规范对大学生文化自信培育意识形态的舆论导引。

高校是意识形态工作的前沿阵地，高校意识形态工作队伍肩负着学习研究宣传马克思主义，培育和弘扬社会主义核心价值观，推动实现中华民族伟大复兴中国梦的崇高使命，对始终不渝坚持文化自信具有十分重大的

---

[1] 中共中央马克思恩格斯列宁斯大林著作编译局编译. 马克思恩格斯选集（第一卷）[M]. 北京：人民出版社，2012：9-10.

[2] 习近平. 习近平谈治国理政[M]. 北京：外文出版社，2014：153.

战略意义。①为了给高校文化建设提供正确的价值导航，就必须规范大学生文化自信培育舆论导引，应以高校的意识形态文化引领大学生精神文化。高校精神文化主要包括学校的办学理念、历史传承、价值追求、教风学风等师生共同认同的价值观念。高校精神文化在高校文化建设中起着框架式的统摄作用。

规范大学生文化自信教育的舆论导引的最终目的是引导大学生树立正确的文化价值观。使大学生意识到中华优秀传统文化的博大精深，使大学生意识到现代的中华优秀文化面临的是机遇与挑战并存的形势。虽然文化的繁华与衰落是一个阶段性的过程，但振兴中华的重任依然会落在一代代青年身上。西方国际关系学者塞缪尔·亨廷顿（Samuel Phillips Huntington）在《文明的冲突与世界秩序的重建》一书中曾预言未来的世界是文明冲突的世界。他预言未来的世界是由6~8种文明主导的，而其中就包括以中国为核心的大中华文明。②虽然我们不一定认同亨廷顿的"文明冲突论"，但这一观点从一个侧面反映出东方文化对西方文化来说是一种冲击，中华文化依然处在世界领先地位，西方文化的崛起是暂时，中华文化必将实现复兴。高校要通过舆论导引，促进大学生文化使命意识的觉醒，使大学生在汲取传统文化精华中不断提高文化素养，从而提高大学生的文化自信度。

（二）坚持主流媒体，推进文化理论作品供给侧改革

1. 要支持主流媒体对我国文化自信的正面宣传

要抓住网络、电视、电影主流媒体为主线，推动理论作品生产平台的诞生，拓宽理论作品生产的主体。这个主体主要是指生产、创作理论作品的人及企业等社会团体组织。要将文化自信深入到这主流媒体和理论创作之中，紧紧围绕着党中央的政策，坚定自己正确的政治、文化立场，弘扬主旋律，加以正面宣传。

2. 要引导主流媒体学习打造流量思维、线上思维、生态思维

应建立自己的平台和优势，更多地吸引理论爱好者，吸引有利于党建、

---

① 黄蓉生. 文化自信与高校意识形态安全[N]. 光明日报，2016-12-11.
② 塞缪尔·亨廷顿. 文明的冲突与世界秩序的重建[M]. 周琪，译. 北京：新华出版社，1998：102.

国家、社会发展素养、学术素养的各行各业的人才加入这个平台之中。可以建立多种且不同层次的平台和分类的系统，拓宽他们的投稿、发文章的渠道，这样可以接收到更多的优秀稿件。平台技术方面要变得更智能化一些、多一些灵活度。一方面可以方便广大阅读者的使用，另一方面有利于创作者的灵感迸发和创造能力的提升。

3. 要创新理论产品的"衍生品"，带动应用网络技术人才

有了一定的文化自信的理论产品来源，就要有文化自信理论产品的宣传"流水线"。最好是能够在日常的生活中来对广大人民群众，尤其是新时代的大学生进行熏陶：可以将文化自信的理论作品，尤其是文字性的描述，加以改造和创新成一部有趣的漫画书、3D动漫电影或者制作成微视频，比如《马克思主义靠谱》，这样既可以吸引新时代大学生的阅读兴趣，也可以吸引一大应用技术的优秀人才。其次，也可以将理论作品文化自信的内涵应用到我们的传统文化上，例如最近几年非常流行的汉服。许多大学生都身穿汉服，体会汉服带给我们的魅力和惊喜，这些都有着良好的效果。可以选出优秀精彩的作品，给予奖励，这样会激发更多的衍生产品出现、推广、评价反馈系统的良性循环，更能将文化自信的内容具体化、融入我们的日常生活当中去，让我们亲身感受到我们文化独特的魅力，从而增强我们对文化自信心、自豪感、崇拜感。文化是最需要创新的领域。

（三）坚持文化育人，打造高品位的校园文化

高校是一个社会的精神家园，是知识的汇聚地，是为国家和社会培养人才的基地，也是储藏人才的仓库，同时也是文化自信培育的主要阵地和载体。大学校园文化是社会文化的一个子系统，也就是反映社会文化的亚文化。全体师生在这里共同生活、共同学习，从而在这个长期的过程中达成了对高校的共同认可，就会形成他们的价值观念、理想信念、行为规范等，体现了高校所特有的精神风貌、文化特质。高尚的大学校园文化可以提升学校的文化品位。将文化自信融入到校园文化之中，以促进大学生们文化自信意识的觉醒和树立文化自信的信念。

高校课堂属于第一课堂，进行有计划、有目的的传授。校园文化是第二课堂，它有着春风化雨、润物无声的效果。优秀的校园文化能够营造积

极向上的环境、氛围，能够提高人的精神气。比如，北京大学作为新文化运动的中心，作为五四运动的发源地，是最早在我国传播马克思主义、科学和民主思想的学校。一些优秀的共产党人如李大钊、陈独秀、毛泽东和一些优秀的思想家、作家等都在这里学习、工作过。北京大学的校园文化底蕴深厚，文化意识先进，培养出一代又一代的优秀人才。大学校园文化建设的成败关乎这着大学生的成长，关系着能不能够培养出合格的社会主义建设的接班人和建设者，关系着民族文化的未来的发展方向。

在校园文化建设中，学校的环境、教学楼的格调、校徽、校训、校歌、校园活动以及教师的师德师风建设等都属于校园文化。这些都在无形之中或者有形之中，对大学生的世界观、人生观和价值观的养成起到了至关重要的作用。

1. 高校要坚持弘扬主旋律，体现学校的历史文化底蕴和价值追求

校园文化主要起着化人、育人的功能，而这一功能的实现只能通过文化活动为载体来实现。文化活动主要是培养积极进步的校园精神。大学生通过文化活动学习和继承、弘扬优秀传统文化，从中获得、感悟到附着在文化中的思想、意识、价值、理念、精神等。因此，校园文化活动是校园文化建设的一个重要组成部分，是必不可少的一部分，要彰显时代精神，顺应社会发展的潮流，符合大学生们的根本利益；要与社会主义核心价值观内涵相统一，坚持正确的政治立场。高校应积极开展健康向上的、丰富多彩的校园活动，弘扬主旋律，弘扬爱国主义精神，弘扬创新精神，弘扬社会科学人文精神，进而营造良好的校园文化氛围，陶冶情操，净化心灵。校园文化活动不能只是一味地追求时尚，也不能没有特色而随波逐流。校园文化要与本地的或者本校的历史文化底蕴相结合，在校园文化活动中体现大学精神，并使大学生内化于心、外化于行。

校园文化需要正确思想的引导，调动教师参与的积极性。校园文化活动是在管理学生的部门中开展的，管理部门要统一思想，统一管辖，不能只让学生们自己管理。校园文化活动是一种高雅文化，其中也少不了教师所发挥的重要作用。教师教书育人，思想观念较为新颖，修养举止文明高雅，学术严谨，作风务实优良，学识渊博。教师的这些基本素质和素养都是校园文化的一部分，是起到主要的作用的，都会对学生产生潜移默化和持久

深远的影响。教师要为学生做榜样和表率。

2. 打造精品课程,塑造自己的品牌项目

各种校园文化活动要有层次之分,要加强对各种文化活动的引导,在学术、音乐、美术、体育等多个领域都要给予支持,将思想性、娱乐性相结合,让广大学生广泛参与。

校园文化活动要有一定的长期性。大学所形成的文化氛围是需要一定的时间、历史的,校园文化也是在实践中形成的,每个学校和每个学校的校园文化风格也不尽相同,各自有各自的特色。学校开展的一系列的校园文化活动都要既能体现本校的历史文化底蕴,又要立足于现实,进行创新,打造出独特的精品文化活动,让精品文化活动一届一届地传承下去,扩大校园文化活动的影响力,使之成为校园的一道风景线,如学校开展的十佳教师、十佳先进人物评选、十佳歌手大赛活动;各种校园社团,如舞蹈社、吉他社、文学社等。这样精品的校园文化活动,打造了自己校园的文化品牌,为教师、学生、社会创造出了文化价值。因此,校园文化建设要有精品意识,要提高校园文化活动的品位和质量,要结合本校的实际情况,因地制宜,丰富校园文化活动,以此来满足全体教师与学生的实际需要。

(1)加强校园文化活动阵地建设

校园文化要想扩大影响力和范围,就要加强校园文化活动的阵地建设。参加学生社团是大学生生活的重要部分。大学生可以根据自己的兴趣爱好,主动报名参加,能够满足大学生的文化需要。大学生通过亲自去参与、体验各种社团活动,这样才能更好地理解所学的理论知识和生活中的一些必备技能。

大学校园里的社团活动是丰富多彩的,包括学术、艺术和娱乐等活动。目前,校园文化是最主要、最活跃的阵地就是学生社团。每个学校都有不少社团,吸引着具有不同爱好的学生,开展着各种文化活动,极大地丰富了校园文化活动。近年来,共青团组织、教育主管部门等也高度重视学生社团的建设,提倡定期举办社团活动,促进学校社团活动健康发展。

大学社团活动在校园文化中起着重要的作用。首先,社团活动能帮助大学生树立良好的竞争与合作精神,培养大学生的团结精神。其次,可以为大学生成长成才,提供良好的环境。通过开展形式新颖的娱乐活动,学术活动等校园文化活动，使大学生的生活变得多姿多彩，激发大学生的兴趣与爱好，与此同时，也能使得大学生从中提高自己的动手动脑的能力，将所学的理论知识与生活实践相结合。这些活动能培养大学生们的合作与竞争意识、团队意识、整体意识，能提高大学生们处理问题的能力，提高自己的表达能力、沟通能力和人际交往能力等方面，有利于促进大学生们的健康成长。

（2）营造温馨和睦的宿舍文化氛围

在大学校园生活中，宿舍生活是占据重要地位的。宿舍的文化也是校园文化的一部分。宿舍是学生们生活、休息、学习、娱乐放松的空间，是大学生们养成良好习惯的重要场所，对于校园文化建设来说是必不可少。宿舍文化活动是大学生们自愿、主动参与的一项活动。随着学校宿舍条件的改善，大学生的宿舍文化也丰富多彩，宿舍文化是能够塑造大学生独立人格的培养场所，是大学生生活美好、健康安全的体现。优雅清新的环境营造求知迫切的氛围，形成温馨和睦的宿舍氛围，让同学们形成团结合作的精神意识，培养学生们正确积极的兴趣爱好。这是宿舍文化建设的最直接的目的与目标。因此，学校要充分利用宿舍这一载体，加强对宿舍文化的建设、开展一些有趣的宿舍文化活动，从而调动同学们的积极性、参与度，营造一个温馨、和睦、高雅的宿舍文化。

（四）坚持家风化人，营造和谐温馨的家庭氛围

1. 要爱家庭

爱家庭，也就是指每个人都要热爱自己的家庭。家庭是一个人心灵的归宿，是一个人梦想的发源地。家庭是维系家庭成员之间血缘关系的重要载体，是家庭成员共同努力的动力与源泉。家庭成员都是我们在这个世界上的至亲、都是和我们有着血缘关系的人，我们要善待家里的老人、尊敬自己的父母、关爱自己的兄弟姐妹。这就是爱的力量。只有来自家庭的爱，我们自己才能慢慢地懂得爱、理解爱和学会爱。只有来自家庭的爱，我们才能有爱的归宿，才能有灵魂的归依，才能有梦想的产生。只有来自家庭的爱，我们才能爱自己所爱，他人所爱，才能把小爱变成大爱，来爱自己的国家，来爱自己的民族，来爱自己的同胞兄弟姐妹。同时，家庭是社会的基础，社会关系的形成也是由每个家庭关系、每个家庭成员所构成的。

习近平指出："家庭和睦则社会安定，家庭幸福则社会祥和，家庭文明则社会文明。"①家庭的和睦、家庭的幸福、家庭的文明程度与社会的和谐、社会的安定、社会的文明的程度是紧密相连的，不可分割的。家庭的和睦、幸福是社会安稳、进步的基础。

2. 要重家教

重家教，也就是指重视家庭教育。大家都知道一个人的修养主要是受到家庭教育重家教的影响。在一个家庭中，父母起到决定性的作用。父母是自己孩子的第一任老师，父母日常的一言一行，无时无刻不在影响着孩子。父母一定要重自己的言行，父母要担得起这份责任，给孩子良好的家庭环境、注重孩子的家教。父母要赡养孝敬自己的父母，爱护晚辈，注重培养孩子良好的生活和学习习惯，为孩子树立好的榜样。父母应该清楚理解家教对于孩子的成长和发展的重要性，要重视对孩子品德修养的培养。父母对孩子的家教是要教会孩子成为一个怎样的人。习近平指出："孩子们从牙牙学语起就开始接受家教，有什么样的家教，就有什么样的人。家庭教育涉及很多方面，但最重要的是品德教育，是如何做人的教育。"②

3. 要正家风

正家风，也就是指扬正家风风气。家风是展示一个温馨和谐幸福家庭的重要标志，家庭不仅仅是在给人们提供了最基本的住处地方，更是人们在工作和学习上感到心累的时候对人们心灵的慰藉。家庭是人们内心深处最温暖的港湾。正的家风、好的家风应该是向善的、向上的、朴素的。只有正的家风、好的家风，才能培养出优秀的下一代；只要正的家风、良好的家风，家庭才能和谐、美满、幸福；只有正的家风、良好的家风才能有社会的文明风尚、社会的好风气。

爱家庭、重家教、正家风都是属于家庭文化教育的内容。家庭文化教育中蕴含着中华民族传统道德、传统文化的丰富资源，我们应该挖掘这些宝贵的思想政治教育资源，通过自己的言行，教育家庭成员。

---

① 习近平. 习近平谈治国理政（第二卷）[M]. 北京：外文出版社，2017：353-354.
② 习近平. 习近平谈治国理政（第二卷）[M]. 北京：外文出版社，2017：354.

（五）加强大学生理性消费观和集体主义价值观教育

针对部分大学生形成畸形消费观并且滋生拜金主义，应从强化大学生理性消费观教育和加强大学生集体主义价值观教育两个方面加以解决，以加强大学生文化自信。

1. 强化大学生理性消费观教育

消费是我们日常生活中必不可少的行为，伴随人的一生。由于市场经济功利性导致部分大学生在日常生活存在侈浪费、攀比消费、盲目消费、追风消费、享乐消费等不合理的消费行为和消费方式，十分不利于大学生正确价值观的建立和身心的健康成长，因此必须要对大学生进行理性消费价值观教育。树立理性的消费观，首先要引导大学生树立正确消费意识，根据合理诉求进行消费，有利于端正大学生的消费心理，从而有效地指导其消费行为，做到绿色消费。其次要让大学生明确盲目消费的严重后果，对自己、对家人都具有不良影响。就像校园中存在的"校园贷""裸贷"等案例，都是由于大学生不理智的消费行为，再加上对其盲目借款消费的后果认识不到位而引发的。因此，要加强对大学生理性消费观的教育，拒绝盲目消费，拒绝过度消费。

2. 加强大学生集体主义价值观教育

集体主义价值观认为人的价值体现在对社会、集体的服务与奉献方面。作为培育人们集体主义价值观的主要方式，诸如个人利益服从集体利益、局部利益服从整体利益以及热爱集体、奉献社会为主要内容的说教宣讲，在人们的社会行为愈发理性，愈发以个人利益为重的当今社会，已显得过于简单和空洞，产生不了太大的作用，因此，必须重新认识和准确把握集体主义的当代内涵。在培育方式上，应改变已有的灌输式的说教宣讲，积极探索不仅符合时代特征，而且符合大学生心理需求的培育方式：既要倡导和弘扬公而忘私的集体主义，更要承认和尊重拥有个人利益基础的集体主义，在集体主义的原则下实现个人与集体关系的和谐，实现集体利益与个人利益的共同发展。

（六）理性应对外来文化冲击

1. 提升文化辨析能力，防范历史虚无主义

文化辨析能力是当今大学生应该具备的基本能力，也是增强大学生文化自信的重要基础。首先，大学生要丰富自己的文化知识体系，对中华优秀传统文化有清晰的认识和认知，不断提高自己的文化素养。同时，教师要引导大学生区分糟粕文化，引导大学生主动弘扬中华优秀传统文化、推动文化的创新性转化，树立正确的文化价值观，面对不同文化选择时依然能够坚定文化自信，培养大学生形成自己的文化思维。教师要提升大学生的文化鉴别能力，判断各类文化思潮的优劣，对不同文化现象采取不同文化态度。

像历史虚无主义这种唯心主义的错误思潮，否定了人类历史发展过程，否定了马克思主义的指导思想，具有不同类型、不同侧重、迷惑性强危害性大等特点。对历史虚无主义的辨析，教师要带头发挥引领作用，对于思潮的辨析要客观、明确，态度坚决，反对一切诋毁、侮辱中国形象的言行。教师要发挥好高校教材的权威性，通过教材里鲜活的历史故事和客观呈现，加深大学生对中华文化的印象和了解，让大学生的文化辨析能力在文史读物的浸润中得到提升，防止落后、腐朽的文化影响大学生成长。历史虚无主义之所以有这么大的负面影响力，往往是因为它带着强烈的政治意图，打着历史学"创新"的旗号，虚构历史、编造谎言、污蔑、丑化历史人物，达到扰乱国家秩序、瓦解社会根基的不良目的。因此大学生要有清楚的政治意识和高超的文化辨析能力，同历史虚无主义坚决斗争，必要时运用法律来规范、匡正思想行为，正本清源，遏制不良思潮的传播，及时消除对社会的影响。

2. 以本国优秀文化为主体，理性应对外来文化

大学生文化自信教育有一个中心，就是围绕我国优秀传统文化，开展文化教育活动。这些文化不仅思想深邃，内容丰富，更重要的是为中国人民提供了为人处世、立身行世的准则，是中国人民精神的归宿。当前大学生文化自信培育就是要立足我国优秀传统文化，发扬好，传承好，对外来文化理性应对，用自己的思维去辩证看待，促进文化自信的提升。

恩格斯提出："一切批判的第一个条件——不抱偏见。"[①] 理性应对外来文化就是让大学生对于外来文化不是全盘否定，也不是全盘吸收，而是对文化中有碰撞有冲突的地方要有自己的文化评判标准，懂得什么是"精华"，什么是"糟粕"，批判地继承以丰富自己的文化素养。这就要求大学生建立文化辩证思维。对待一切事物，一切问题都要用马克思主义的辩证观去评判。任何东西都有两面性，用辩证的眼光去看会得到客观、全面的认识，这才是大学生文化自信培育的重要目标之一。对于外来文化的精华，我们要善于学习，懂得借鉴，用尊重、平等的眼光去看待，取长补短、扬长避短，为我所用，做到以我为主又兼收并蓄。

3. 加强文化安全教育，形成正确的文化观

当今社会主流文化、外来文化、娱乐文化、地方文化相互交织，情况复杂。改革开放发展的正确方向和网络全球化的趋势让各种文化相互碰撞，互相激荡。各种文化思潮应运而生，广泛传播，对我国大学生的文化观造成了很大冲击。提高大学生的文化安全教育，树立牢固的文化安全意识，在面对各种文化选择，文化冲击时，能够保持清醒的头脑、正确的文化判断并认识到文化安全的重要性，形成正确的文化观，是当前我们应该纳入文化教育的重要举措。

加强大学生文化安全教育，要让高校教师运用好文化课程，对国际发展形势、文化内容、应对措施等各方面知识系统讲解，提高大学生文化安全意识，对文化有充分了解。通过对我国历史文化的正面引导与学习，让大学生形成正确的文化观。教师在思想上高度重视，率先垂范，通过课堂、班会、团会、团建等各种活动向大学生宣传，结合不同内容深入讲解，让大学生明白文化安全也是国家安全的重要部分。坚持我国自身文化主体性，对威胁我国文化主体性的文化要谨慎对待，辩证看待，不盲目认同。大学校园是文化传播的重要场所，浓厚且积极的文化氛围能够促进大学生对于文化的感知。在这样的环境影响下，弘扬优秀传统文化，对正确文化观的树立将起到事半功倍的效果。

[①] 中共中央马克思恩格斯列宁斯大林著作编译局编译. 马克思恩格斯全集（第二十一卷）[M]. 北京：人民出版社，1965：219.

参考文献

[1] 尼·布哈林. 尼·布哈林文选（中册）[M]. 北京：人民出版社，1981.

[2] 马尔库塞. 现代文明与人的困境——马尔库塞文集[M]. 李小兵，译，上海：三联书店，1989.

[3] 张琼，马尽举. 价值多元化与社会主义核心价值观[M]. 北京：中国社会科学出版社，1995.

[4] 费孝通. 反思、对话、文化自觉[J]. 北京大学学报（哲学社会科学版），1997（03）.

[5] 陈学名，等. 社会水泥——阿多诺、马尔库塞、本杰明论大众文化[M]. 昆明：云南出版社，1998.

[6] 塞缪尔·亨廷顿. 文明的冲突与世界秩序的重建[M]. 周琪，译. 北京：新华出版社，1998.

[7] 罗伯特·基欧汉，约瑟夫·奈. 权力与相互依赖[M]. 门洪华，译. 北京：北京大学出版社，2002.

[8] 费孝通. 文化自觉的思想来源与现实意义[J]. 文史哲，2003（03）.

[9] 冯天瑜. 文化守望[M]. 武汉：武汉大学出版社，2006.

[10] 黑格尔. 精神哲学[M]. 韦卓民，译. 武汉：华中师范大学出版社，2006.

[11] 张耀灿，郑永廷，吴潜涛，骆郁廷等. 现代思想政治教育学[M]. 北京：人民出版社，2006.

[12] 刘建军，曹一建. 思想理论教育原理新探[M]. 北京：高等教育出版社，2006.

[13] 张耀灿、陈万柏. 思想政治教育学原理（第二版）[M]. 北京：高等教育出版社，2007.

[14] 韩勃．江庆勇．软实力：中国视角[M]．北京：人民出版社，2009．

[15] 田海舰，邹卫．社会主义核心价值观论纲[M]．北京：人民出版社，2010．

[16] 张艳秋．理解媒介素养：起源、范式与路径[M]．北京：人民出版社，2012．

[17] 卓敏．文化自觉视域下大学生思想政治教育研究[D]．广州：广东商学院，2012．

[18] 谢晓娟．文化多样性与当代中国软实力建设[M]．北京：人民出版社，2015．

[19] 约瑟夫·奈．软实力[M]．马娟娟，译．北京：中信出版社，2015．

[20] 曾狄，黄齐．论高校思想政治理论课的基本性质[J]．思想政治教育研究，2015（02）．

[21] 吕开东．基于文化自觉的大学生网络思想政治教育策略研究[J]．思想教育研究，2015（02）．

[22] 艾四林．构建有效支撑思想政治理论课建设的学科体系[J]．思想理论教育导刊，2015（11）．

[23] 田旭明．当代中华民族凝聚力研究[M]．北京：人民出版社，2016．

[24] 刘林涛．文化自信的概念、本质特征及其当代价值[J]．思想教育研究，2016（04）．

[25] 高德毅，宗爱东．课程思政：有效发挥课堂育人主渠道作用的必然选择[J]．思想政治教育理论导刊，2017（01）．

[26] 江先锋．"课程思政"背景下高校教师人文阅读的缺失现状与复位路径：基于上海7所高校的实证研究[J]．渭南师范学院学报，2017（05）．

[27] 樊建新．社会思潮与文化安全[J]．红旗文稿，2017（07）．

[28] 闵辉．课程思政与高校哲学社会科学育人功能[J]．思想理论教育，2017（07）．

[29] 秦志龙，王岩．论坚定文化自信的三个基本问题[J]．科学社会主义，2017（10）．

[30] 李东朗．革命文化是党和人民宝贵的精神财富[J]．人民论坛，2017（17）．

[31] 张绍元，李晓慧. 文化自信——中华优秀传统文化核心思想理念读本[M]. 北京：中国言实出版社，2018.

[32] 刘丽敏. 高校思想政治工作中的文化自信教育探析[J]. 思想教育研究，2018（01）.

[33] 沈壮海. 论文化自信[M]. 武汉：湖北人民出版社，2019.

[34] 林志友，章冠博. 中国特色社会主义文化自信的多维审视[J]. 社会主义研究，2019（04）.

[35] 杨丽，盛新娣. 文化自信现实性的本质内涵与提增路径[J]. 中南民族大学学报（人文社会科学版），2019（05）.

[36] 冯刚，王振. 以文化人在国家治理现代化中的价值意蕴[J]. 北京大学学报（哲学社会科学版），2019：（06）.

[37] 吕毅，刘海芳. 论思想政治课教师的文化自信[J]. 思想政治课教学，2019（07）.

[38] 卢黎歌，隋牧蓉. "八个相统一"：推动思想政治理论课改革创新的遵循原则[J]. 学校党建与思想教育，2019（09）.

[39] 汤玲. 中华优秀传统文化、革命文化和社会主义先进文化的关系[N]. 红旗文稿，2019（19）.

[40] 杨光斌. 从抗疫斗争看中国的国家治理理论及其比较优势[J]. 理论导报，2020（07）.

[41] 冯连军，朱宝林. 高校思政课教师的主体地位、现实困境和发展向度[J]. 学校党建与思想教育，2020（13）.

[42] 曾洁荣. 新时代高校思想政治理论课改革创新探赜[J]. 学校党建与思想教育，2020（15）.

[43] 周流沙. 实现中国梦必须弘扬中国精神[J]. 社会主义论坛，2021（11）.